城乡社会保障理论与实践研究

徐　强◎编　著

中国建材工业出版社
北　京

图书在版编目（CIP）数据

城乡社会保障理论与实践研究 / 徐强编著. -- 北京：中国建材工业出版社，2024.1

ISBN 978-7-5160-3858-1

I. ①城… II. ①徐… III. ①城乡一体化－社会保障制度－研究－中国 IV. ①D632.1

中国国家版本馆CIP数据核字（2023）第203688号

城乡社会保障理论与实践研究

CHENGXIANG SHEHUI BAOZHANG LILUN YU SHIJIAN YANJIU

徐 强 编著

出版发行：中国建材工业出版社

地　　址：北京市海淀区三里河路11号

邮　　编：100831

经　　销：全国各地新华书店

印　　刷：北京雁林吉兆印刷有限公司

开　　本：710mm×1000mm　1/16

印　　张：13.5

字　　数：250千字

版　　次：2024年1月第1版

印　　次：2024年1月第1次

定　　价：78.00元

本社网址：**www.jccbs.com**，微信公众号：**zgjcgycbs**

前　言

我国社会保障制度构建改革发展已经历了约40年的曲折历程，显示了社会保障体系改革的复杂性。这项涉及制度安排和路径依赖的工程，远远超越了国内外决策者、管理者和专业人士的预期，也超出了国际机构和知名专家的估计。在建设社会主义和谐社会的过程中，深化社会保障制度改革势在必行。

我国正面临着经济结构转型的挑战和人口老龄化的趋势，这使得社会保障体系的建设面临着现实和长远的双重考验。因此，在我国社会保障制度改革发展的现实基础上，强化城乡社会保障的整合思路和实施策略，构建与经济发展水平相适应的综合性城乡社会保障体系，以及相应的长效机制，具有重要的学术和实践意义。这不仅是我国建设社会主义和谐社会过程中亟待解决的重大课题，也是确保社会稳定和可持续发展的重要保障，更是推动经济与社会协调发展的内在要求。

本书从城镇和农村两个角度对社会保障制度进行研究，多维度地揭示我国的养老、医疗等实际问题，并对将来社会保障体系的发展提出建议与展望。

目　录

第一章　城乡社会保障理论基础

城乡社会保障是一个涵盖城市和农村居民的保障体系，旨在提供社会保险、社会救助和社会福利等服务，以确保人们在各种生活情况下的基本生活需求和社会权益得到保障。这一体系的理论基础涉及多个领域。

第一节　城乡社会保障理论体系

一、社会保障理论的演变

城乡社会保障理论的基础可以追溯到社会保障的整体理论发展。从最早的慈善模式，到工业革命后兴起的社会保险制度，再到包含社会救助和社会福利的综合保障体系，这一过程反映了对于不同群体需求的不断认知与满足。

社会保障理论的演变是一个丰富而复杂的过程，从古至今，经历了多次转变与发展，不断适应着社会结构的变化与人们需求的变迁。最早的社会保障可以追溯到古代社会中的亲情、部落互助和宗教慈善，人们通过家庭、部落和宗教团体来获得一定的保障和支持。随着社会的演进，尤其是工业革命的发生，城市化和产业化的迅速扩展催生了更加复杂的社会问题，也促使了社会保障理论的深化和转变。

工业革命后，城市化和大规模生产带来了新的劳动组织形式，工人阶级的兴起也引发了对劳工权益的关注。这时期，社会保障开始演变为更为系统和集中的劳工保险制度，旨在为工人提供医疗、失业、养老等方面的保障。随着社会主义思想的兴起，社会保障被纳入了国家计划和公共政策的范畴，成为社会公平和经济发展的一部分。在农村，也逐渐形成了农村合作医疗、养老保险等初步的社会保障形式。

随着现代社会的复杂性增加，社会保障的范围逐渐扩大，不仅包括劳工，还包括失业人员、贫困人群、老年人、残障人士等不同群体。从最初的强调劳动者权益，到如今更加注重全民覆盖和社会公平，社会保障理论也在不断演进。近年来，人口老龄化、科技进步和全球化等新挑战也在推动社会保障理论不断创新，以适应时代的需求。

总之，社会保障理论的演变历程是一个从简单到复杂、从局部到整体的过程。

它不仅受到社会经济发展的影响，还受到人们对公平、正义和人权的不断追求的影响，从而形成了多样化、全面化的社会保障体系，为现代社会的可持续发展提供了坚实的基础。

二、社会保障的多样性

社会保障并不仅仅包括社会保险，还包括社会救助、社会福利、就业服务等。探讨城乡社会保障理论基础需要研究如何整合不同领域的资源，以提供全面的保障体系。社会保障的多样性体现在其覆盖范围、服务内容、运作方式等多个方面，这种多样性的存在是为了更好地满足不同人群的多元化需求，从而构建更为包容和全面的社会保障体系。

首先，社会保障的多样性在于其覆盖范围。社会保障并非仅仅关乎劳工，也应覆盖失业者、贫困人群、老年人、残障人士等多个群体。这涉及不同人群在不同生命周期内的各种需求，如劳动者需要失业保险和工伤保险，老年人需要养老金和医疗保障，残障人士需要特殊救助等。其次，多样性还表现在社会保障的服务内容。社会保障不仅仅是提供金钱上的帮助，也包括医疗保健、职业培训、教育支持等多个方面的服务。例如，医疗保障可以涵盖预防保健、医疗费用报销、基本药物供应等，而职业培训则有助于提升失业人员的就业能力。再次，多样性还体现在社会保障的运作方式上。社会保障可以通过社会保险、社会救助、社会福利等不同渠道提供保障。社会保险通常是强制性的，以缴纳保费为基础，提供养老、医疗、失业等不同领域的保障；社会救助则是针对特殊困难群体提供的临时性帮助；社会福利则强调社会的福祉，提供教育、住房、文化等方面的支持。最后，社会保障的多样性还需要考虑不同地区、不同文化和不同经济状况下的差异。不同地区的社会保障体系可能会因地区特点而有所不同，以适应当地的实际情况。

因此，社会保障的多样性体现在覆盖范围、服务内容、运作方式以及地区差异等多个层面。这种多样性的存在有助于更好地满足不同人群的需求，促进社会的公平与发展。

三、城乡差异与平等

城乡社会保障理论需要平衡不同地区、不同群体之间的差异。城市和农村之间的发展不平衡，导致了不同的社会保障需求。理论基础研究需要探讨如何在平等原则下满足城乡居民的基本保障需求。城乡差异与平等是城乡社会保障体系建设中需要平衡的重要问题。城乡之间的发展差异在经济、社会和文化等方面都存在，这就要求在保障城乡居民权益的同时，充分考虑不同地区、不同群体的特点，实现社会保障的平等目标。

首先，经济差异是城乡差异的核心。城市地区通常拥有更多的就业机会、更高的收入水平和更发达的社会资源，而农村地区的发展水平相对较低。因此，在社会保障体系中，需要适当地考虑城乡居民的经济差异，提供针对性的保障政策。例如，对于农村地区的居民，可以设立适应农村经济特点的养老保险制度，以确保他们的退休生活质量。其次，教育和医疗等公共服务的差异也需要关注。城市地区通常拥有更好的教育和医疗资源，而农村地区的教育和医疗条件相对较差。为实现城乡居民的平等权利，社会保障体系应当提供平等的医疗和教育保障，以弥补城乡差异。此外，就业机会和职业发展也是城乡差异的一方面。农村地区的就业机会相对较少，农民工等群体往往在城市从事低收入、低技能的劳动。在社会保障体系中，应当关注这些特殊群体的权益，提供相应的社会救助和培训机会，帮助他们实现更好的职业发展。

平等并不意味着实施“一刀切”的政策，而是要在保障城乡居民权益的基础上，根据不同地区、不同群体的实际情况，进行差异化的政策设计。这可以通过灵活的政策制定、差异化的资源配置和精准的扶贫措施来实现。因此，城乡差异与平等是城乡社会保障体系建设需要平衡的问题。通过考虑经济、教育、医疗、就业等多个方面的差异，制定差异化但平等的政策，可以实现城乡居民在社会保障方面的公平权益。

四、可持续发展

社会保障体系必须建立在可持续的基础上，这需要充分考虑经济、社会和环境因素。城乡社会保障理论基础研究应当关注如何在保障居民需求的同时，保持经济稳定和资源可持续利用。社会保障的可持续发展是一个重要的目标，它要求在满足当前需求的基础上，保障未来世代的福祉，同时也要充分考虑经济、社会和环境的平衡。实现社会保障的可持续发展需要在多个方面进行深入思考和实践。

首先，经济可持续性是社会保障的核心。社会保障体系必须建立在稳健的财政基础上，以确保长期的可持续性。这涉及财政政策的合理规划，确保社会保障基金的充足和稳定。同时，需要寻找多元化的财务支持方式，避免过度依赖某一种资金来源，以降低风险。其次，社会可持续性也是至关重要的。社会保障体系应当促进社会的稳定和和谐。这意味着要关注不同群体之间的平等和公平，防止贫富差距过大，确保社会各阶层都能够分享社会发展的成果。同时，社会保障也要关注弱势群体的需求，包括贫困人群、残障人士、失业者等，以保障社会的整体稳定。环境可持续性也是不可忽视的因素。社会保障体系的运作不能对环境造成过大的负担，应当遵循低碳、环保的原则。例如，在医疗保障方面，鼓励健康生活方式和预防保健，减少医疗资源的过度消耗。同时，社会保障政策也可以促进绿色产业的发展，创造更多的就业机会。最后，社会保障的可持续发展还需要政策的灵活性和适应性。随着社会的不断变迁，新的挑战和问题可能会出现，需要及时调整和改进社会保障政策。这需要政府、企业和社会各界的合作，共同寻找解决方案，以适应新的情况。

总之，社会保障的可持续发展需要在经济、社会和环境多个方面进行平衡。这是为了保障当前和未来世代的福祉，确保社会的稳定和繁荣。在制定和实施社会保障政策时，需要充分考虑这些方面的因素，以实现真正的可持续发展。

五、公共政策与法律框架

城乡社会保障的实施需要明确的公共政策和法律框架。理论基础需要探讨如何建立合适的政策和法规，以促进保障体系的健康发展。公共政策与法律框架在城乡社会保障体系的建设和运行中扮演着至关重要的角色。有效的公共政策和健全的法律框架可以确保社会保障体系的公平性、合法性和可持续性，同时也为各项保障措施提供了指导和约束。

首先，公共政策在城乡社会保障中起着引领和规划的作用。政府应当通过明确的公共政策目标和优先领域，指导社会保障体系的建设和发展。这可能包括确保基本医疗、教育、住房等权益，提升就业机会，改善社会福利等。政策制定者需要考虑不同地区、不同群体的实际情况，制定有针对性的政策，以满足多样化的需求。其次，法律框架为城乡社会保障提供了法律依据和保障。法律规定了社会保障的权利和义务，保障了公民的合法权益。法律框架应当包括社会保障的基本原则、参与主体、权益保障机制、违法违规处理等内容。它的制定需要充分考虑社会保障的多样性，保障各类人群的合法权益，同时也要防范滥用和腐败等问题。此外，公共政策和法律框架也需要与经济发展相协调。城乡社会保障体系的建设必须符合国家经济能力和发展阶段，避免财政压力过大，确保经济的可持续发展。同时，政策和法律也应当鼓励社会投入，吸引私人资本，实现多元化的资金来源。

公共政策和法律框架的实施需要政府、社会机构和民众的共同参与。政府在制定和调整政策法律时应当充分听取各方意见，确保政策法律的科学性和合理性。同时，社会机构可以发挥监督和评估的作用，确保政策法律的有效落实。公共政策和法律框架在城乡社会保障体系中具有不可替代的作用，为保障措施提供了指导和保障，确保了城乡居民的合法权益得到保护，为社会的平稳发展提供了坚实的基础。

六、社会变迁与社会保障创新

随着社会的不断变迁，城乡社会保障理论也需要不断创新。新兴的问题如人口老龄化、城市化等都对保障体系提出了新的挑战，理论基础应当考虑如何应对这些变化。社会变迁对城乡社会保障体系构建和优化产生着深远的影响。随着科技、经济、文化等多方面的变化，社会的结构和需求也在不断演变，这要求社会保障体系能够灵活应对变化，以满足人们新的需求和挑战。

首先，人口结构的变化是社会变迁的核心。随着人口老龄化趋势的加剧，养老保障问题成为一个日益突出的挑战。社会保障体系需要适应老龄化人口的需求，提供充足的养老金、医疗保障和长期护理等服务，确保老年人的生活质量。其次，城市化带来的人口流动也对社会保障提出了新的要求。农村劳动力向城市迁移，城市社会保障体系需要考虑如何为农民工等人群提供足够的保障。同时，农村地区也需要建立更为完善的社会保障体系，为留守老人和儿童等提供保障。同时，技术进步和产业结构的变化也影响了就业形态和劳动力需求。新兴产业和职业的涌现，可能导致传统产业的工人下岗和劳动力的转移。社会保障体系需要为失业人员提供更加全面的支持，包括职业培训、再就业指导等，以适应就业市场的变化。

此外，社会变迁还会对家庭结构、社会关系和生活方式等方面产生影响。家庭结构的多样化可能导致对子女教育、老人看护等需求的变化，社会保障需要为家庭提供更多元的支持。同时，社会变迁可能引发社会不平等问题，社会保障体系需要加强社会救助和扶贫措施，确保弱势群体的权益。

总之，社会变迁对城乡社会保障体系提出了新的挑战和机遇。社会保障体系需要灵活应对人口老龄化、人口流动、就业变化、家庭结构变化等多方面的变化，为人们提供全面、多样化的保障服务。通过不断创新和调整，可以使城乡社会保障体系与社会变迁保持同步，为人们创造更好的生活条件。

第二节　马克思主义的再分配观

社会保障作为一种重要的社会政策手段，在马克思主义的框架下，被视为一种再分配的工具，旨在实现资源、权力和机会的更加公平的分配。通过提供基本福利、保障劳动者权益、促进社会稳定和实现社会主义理想，实现资源、权力和机会的更加公平的分配。然而，要实现社会保障的再分配目标，需要在制度和政策层面不断进行改革和完善，以逐步实现社会的公平与正义。

一、削减社会不平等

马克思主义关注社会的阶级差异和不平等，认为资本主义社会中富者日益富裕，贫者日益贫穷。社会保障被看作是缓解这种不平等的手段之一，通过提供贫困人群的医疗、教育、住房等基本需求，实现资源的再分配，从而促进社会的平等和公正。

社会不平等是资本主义社会的一个根本问题，马克思主义认为这种不平等是由于生产资料私有制和剥削关系导致的。少数人占有了大部分社会财富和权力，而大多数人则在相对贫困中挣扎。社会保障被视为纠正这种不平等的手段之一，通过财富再分配和社会服务提供，减轻弱势群体的负担，实现资源的更为公平分配。

在削减社会不平等的过程中，社会保障关注的不仅仅是经济层面，还包括教育、医疗、住房等基本权益。通过提供免费或低成本的教育和医疗服务，社会保障可以帮助弱势群体提升自身素质和竞争力，减少因贫困而导致的不平等现象。

此外，社会保障的目标也包括改善就业机会和劳动条件，以提升劳动者的收入水平和社会地位。通过确保劳动者的基本权益，如工资保障、工时限制等，社会保障可以防止劳动力被过度剥削，实现劳动者与资本家之间更加平衡的力量关系。

在社会不平等的削减过程中，马克思主义社会保障观也强调政府的作用。政府需要制定合理的税收政策，从富者身上收取更多的税款，用于支持弱势群体的福利和社会服务。同时，政府还应当监管市场，防止垄断和不正当竞争，以保障市场中各方的利益平衡。

削减社会不平等是马克思主义社会保障观的重要目标，旨在通过资源再分配、提供基本服务和改善劳动条件，实现社会的公平和正义。这需要政府、社会机构和公民的共同努力，以建立更加平等的社会结构，促进社会的稳定和可持续发展。

二、保障劳动者权益

马克思主义认为劳动者在生产中创造了财富，但在资本主义制度下，工人阶级往往遭受剥削和压迫。社会保障作为一种保障劳动者权益的手段，通过提供失业保险、工伤保险、养老保险等，确保劳动者在就业和退休时都能够获得必要的保障。保障劳动者权益是马克思主义社会保障观的核心使命之一，其重要性不仅体现在个体劳动者的福祉，更关系到整个社会的稳定和发展。马克思主义社会保障观强调通过制度、法律和政策手段，确保劳动者在就业和工作过程中的合法权益得到充分尊重和保护，以下更为详细地探讨保障劳动者权益的丰富内涵：

首先，保障劳动者权益体现在合理工资和工时的保障。马克思主义认为劳动者是创造财富的主体，应当获得与其付出的劳动相符的报酬。社会保障制度应确保劳动者获得公平的工资，防止过度劳累和不合理的工时安排，从而保障劳动者的身体健康和劳动价值的体现。其次，保障劳动者权益包括工伤和疾病保障。社会保障应为劳动者提供工伤保险和医疗保险，以应对工作中可能出现的意外事故和健康问题。这不仅有助于保障劳动者的身体健康，还体现了社会对劳动者的关心和尊重。养老保障也是保障劳动者权益的重要方面。通过建立养老金制度，社会保障应确保劳动者在退休后能够获得足够的养老金，维持基本的生活水平。这不仅是对劳动者长期辛勤劳动的回报，更体现了社会对老年劳动者的尊重和关怀。失业保障是保障劳动者权益的另一个方面。社会保障制度应当提供失业保险和再就业培训，帮助失业劳动者渡过难关，重新融入就业市场。这有助于减轻失业造成的经济压力，保障劳动者的基本生活需求，同时维护社会的稳定。

此外，社会保障还关注促进劳动者职业发展和平等机会。通过提供平等的职业发展机会和反对性别歧视，社会保障帮助劳动者实现自我价值，不仅有利于个体，也有助于维护社会的平等与稳定。总之，保障劳动者权益是马克思主义社会保障观的核心内容之一，通过确保合理工资、工时、工伤保障、养老保障、失业保障和平等机会等措施，旨在维护劳动者的尊严、权益和劳动价值，实现社会的公平、公正和稳定发展。这需要政府、社会机构和雇主的共同努力，以确保劳动者在就业和工作过程中能够享有基本的权益和保障。

三、实现社会主义理想

马克思主义追求社会主义社会的建立，社会保障在这一理想中具有重要地位。社会主义社会中，社会保障可以通过公有制和计划经济方式实现资源的公平再分配，满足人们的基本需求，推动社会的共同富裕和共同发展。实现社会主义理想是马克思主义社会保障观的核心使命之一，旨在通过社会保障制度的建立和完善，逐步实现社会主义社会的核心价值观，包括公有制、共同富裕和人的全面发展。这一目标涵盖了社会制度、经济发展、文化意识形态等多个层面。

首先，社会主义理想要求实现公有制经济。马克思主义认为，生产资料的公有制是社会主义的基础，通过社会保障制度，可以推动国有经济和集体经济的发展，实现生产资料公有化，从而为社会创造更公平的资源分配格局。

其次，实现共同富裕是社会主义理想的重要内容。社会保障制度通过资源再分配，缩小贫富差距，确保社会成员在经济和社会资源的分配中能够共享发展成果。这有助于创造一个更加平等和公正的社会环境，实现全体人民的共同富裕。

再次，人的全面发展也是实现社会主义理想的核心要求。社会保障观强调提供基本教育、医疗、文化等服务，推动人的全面发展，让每个人都能够充分发挥自己的潜能，实现人的全面幸福。

社会主义理想还包括消除社会阶级分化和实现人的平等。社会保障制度通过提供基本保障，为弱势群体创造平等的机会，缩小社会阶级差距，实现社会的和谐和平等。

最后，社会主义理想强调人与人之间的团结和合作。社会保障制度不仅在经济领域提供保障，还有助于培养社会主义核心价值观，推动社会成员逐步从个人主义向集体主义、共同富裕的理念转变，实现社会的和谐共处。

实现社会主义理想是马克思主义社会保障观的重要目标之一，其内涵包括公有制经济、共同富裕、人的全面发展、平等和团结合作。通过社会保障制度的建立和完善，可以逐步实现这一理想，推动社会向着更加公平、公正、和谐的方向发展。这需要政府、社会机构和公民的共同努力，以营造一个实现社会主义理想的良好环境。

四、促进社会稳定

马克思主义认为社会矛盾是社会变革的动力，但也强调通过调和矛盾来实现社会的稳定。社会保障可以缓解社会阶层之间的紧张关系，减少社会冲突，维护社会的和谐稳定。促进社会稳定是马克思主义社会保障观的核心目标之一，其重要性不仅在于维护社会秩序，更在于为社会可持续发展创造稳定的环境。通过建立和完善社会保障制度，可以化解社会矛盾，减少不平等，维护社会的和谐和稳定。

首先，社会保障制度的建立和完善有助于缓解社会矛盾。在社会中，不同阶层和群体之间存在着各种利益关系和矛盾。社会保障通过资源再分配，缩小贫富差距，为弱势群体提供基本保障，有助于缓解社会矛盾，化解阶级对立，维护社会的稳定。其次，保障劳动者权益也是促进社会稳定的重要手段之一。社会保障制度通过确保劳动者在就业和工作中的合法权益，减少劳资冲突，维护劳资关系的和谐。这有助于减少罢工和抗议活动的发生，维护社会的稳定和秩序。社会保障制度在提供基本服务的同时，也有助于提高社会成员的生活质量。人们得到基本医疗、教育等服务后，更有安全感和满足感，有助于减少社会不满情绪，维护社会的稳定。此外，社会保障制度可以为失业人员提供保障，减轻失业对个体和家庭的经济压力。这有助于降低失业造成的社会不稳定因素，降低社会动荡的可能性。

社会保障还有助于培养社会主义核心价值观，强调共同富裕和团结合作。这有助于消除社会内部的不信任和分化，维护社会的和谐稳定。促进社会稳定是马克思主义社会保障观的重要目标之一，通过资源再分配、保障劳动者权益、提供基本服务等手段，可以化解社会矛盾，减少不平等，维护社会的和谐和稳定。这需要政府、社会机构和公民共同合作，共同营造一个稳定、和谐的社会环境。

五、超越资本主义制度

马克思主义认为，资本主义制度本质上存在着不平等和剥削，因此社会保障不能仅仅是暂时的调节手段，而应该是实现社会主义、超越资本主义的一种途径。通过社会保障，可以逐步实现生产资料的公有化，消除剥削，最终实现社会主义理想。

马克思主义认为，资本主义制度存在着内在的矛盾和不平等。在资本主义社会中，生产资料私有制和利润追求导致贫富分化、阶级对立和剥削现象的存在。为了超越这一制度，马克思主义社会保障观强调以下关键要点：

1. 社会财富公有化：马克思主义认为，超越资本主义制度需要实现生产资料的公有化，使财富不再被少数人垄断。社会保障制度在这一过程中具有重要作用，通过资源再分配，确保财富和资源更加平等地分配给全体社会成员，减少贫富差距，实现共同富裕。

2. 社会阶级消除与社会主义核心价值观：马克思主义追求消除社会阶级分化，实现人人平等的理想。社会保障制度通过提供基本服务和福利，有助于减轻社会不平等造成的社会冲突，培养社会主义核心价值观，推动社会成员逐步从个人主义向集体主义和共同富裕的理念转变。

3. 生产关系的转变：超越资本主义需要实现生产关系的根本变革，从个体追求利润的生产方式，转变为社会共同劳动、共同受益的生产方式。社会保障制度在此过程中的作用是，在确保劳动者权益的基础上，推动生产关系从私有制向公有制的转变。

4. 社会矛盾的化解与和谐稳定：马克思主义认为，社会主义制度的建立能够化解资本主义制度中的社会矛盾，减少社会不安定因素，实现社会的和谐稳定。社会保障制度通过提供基本生活保障和服务，化解社会内部矛盾，有助于构建稳定的社会秩序。

5. 人的全面发展与社会主义理想：马克思主义社会保障观追求人的全面发展，认为社会主义制度能够创造更好的环境，实现每个人的潜能和权益。社会保障制度在提供教育、医疗、文化等方面发挥作用，推动人的全面发展，进一步达到社会主义理想。

综上所述，马克思主义社会保障观的目标是超越资本主义制度，通过社会保障制度的建立和完善，实现社会财富的公有化、社会阶级的消除、社会主义核心价值观的培育等，从而铺就实现社会主义理想的道路。这需要全社会的共同努力，逐步实现生产关系和社会制度的转变，以实现社会的和谐、平等和稳定发展。

第二章　城乡社会保障现状研究

第一节　我国社会保障制度发展现状

一、社会保障覆盖面

中国社会保障覆盖面的不断扩大，是我国长期以来坚持人民至上、全面发展的政策体现。随着改革开放的不断深入和经济发展的迅猛增长，中国在社会保障领域取得了显著进展。从最初的城镇职工基本养老保险制度，到后来的城乡居民基本养老保险、医疗保险、失业保险等多层次、全覆盖的社会保障体系，中国已经取得了显著的成就。现在，绝大部分城乡居民都可以享受到基本的养老、医疗、失业、工伤和生育等社会保障服务，覆盖范围持续扩大，受益人数逐年增加。

然而，中国社会保障覆盖面的扩大也面临一些挑战。由于人口老龄化的加剧和劳动力市场的变化，社会保障体系需要不断调整和优化，以更好地满足不同群体的需求。同时，不同地区之间的发展差距也导致社会保障覆盖面存在一定的不均衡性，需要进一步加强政策协调和资源配置。中国社会保障覆盖面的不断扩大是我国社会进步的重要体现，但也需要持续的努力和改进，以确保每个人都能享受到全面、公平、可持续的社会保障服务。

二、社会保障待遇水平

社会保障的待遇水平正在稳步提升，这是中国持续发展的重要方面之一。随着国家经济的增长和社会进步，社会保障体系得到了不断加强和改善。

1. 养老保险

国家多次对企业退休人员的基本养老保险待遇进行了统一调整，以稳步提升基本养老金水平。自党的十八大以来，中央颁布、实施、改革和完善了基本养老保险制度的总体方案，实现了企业职工基本养老保险全国统筹，城乡居民养老保险制度统一，以及机关事业单位和企业养老保险制度并轨，进一步完善了多层次、多支柱的养老保险体系。截至 2022 年年末，我国基本养老保险参保人数达 10.5 亿人。

个人养老金制度于 2022 年正式启动实施，标志着我国的多层次、多支柱养老保险制度框架基本建立。2022 年年底，个人养老金制度在 36 个先行城市和地区开始实施。在政府部门和社会各界的共同努力下，广大群众的积极参与下，自实施以来的 3 个月内，已有 2817 万人加入了该制度。

在 2023 年，根据早期一年的实施部署，人力资源和社会保障部将与相关部门共同努力，进一步加强政策宣传和解读，总结经验，完善政策，积极稳妥地推进该制度的实施。这一举措旨在进一步提升我国社会保障体系的健全程度，确保广大人民群众能够获得更为稳定和可靠的养老保障。

2. 医疗保险

（1）职工医保。主要由基本医保、大额医疗费用补助和补充医疗保险（公务员补助、企业补助保险）组成。按照《中华人民共和国社会保险法》规定，用人单位及其职工强制参保。单位缴费为工资总额的 6% 左右，在职人员按本人工资的 2% 缴费，按月缴费。达到医疗保险规定退休条件的人员不缴纳基本医保费。灵活就业人员（即自由职业者）可以选择以个人身份参加职工医保。具体可咨询当地医保经办机构。

（2）居民医保。主要由基本医保、大病保险组成，采取政府补助和个人缴费相结合的方式，个人缴费标准由国家规定。不属于职工医保参保范围的人员，都应参加居民医保，按年度缴费。

3. 最低生活保障

为加大低保制度落实力度，特别是解决“应保未保”“政策保”等问题，《关于进一步做好最低生活保障等社会救助兜底保障工作的通知》（以下简称《通知》）提出，不得随意附加非必要限制性条件，不得以特定职业、特殊身份等为由，或者未经家庭经济状况调查核实直接认定申请家庭符合或者不符合条件。针对个别地方“保人不保户”问题，《通知》提出，申请家庭符合条件的，不得仅将个别家庭成员纳入低保范围。为保障失业人员基本生活，《通知》明确，采取“劳动力系数”方式核算申请家庭收入的地方，要客观考虑家庭成员实际情况，对确实难以就业或者较长时间无法获得收入的，根据家庭实际困难情况综合判断是否纳入低保范围。

4. 生育保险

持续发挥生育保险的保障功能，该制度覆盖用人单位及其在职职工，旨在支付生育医疗费用和生育津贴待遇。截至 2022 年，全国范围内有 2.4 亿人参加了生育保险，而生育保险待遇的支出达到了 891 亿元。

生育保险在社会保险体系中充当了互助共济的重要角色，通过将雇佣女职工所需支付的生育相关费用分摊到所有用人单位，实现了用人单位用工成本的公平分担，从而减轻了雇佣女性员工的经济负担，同时也有助于消除就业中的性别歧视问题。特别值得注意的是，针对女职工的“三孩”生育保险待遇得到了特殊重视。

对于参保女职工生育三个孩子的情况，各地需要全面贯彻落实生育保险待遇政策，确保符合规定的生育医疗费用和生育津贴得到应有的支付。同时，要求各地及时将符合条件的参保女职工的生育医疗费用和生育津贴纳入生育保险待遇支付范围，确保支付金额足额。此外，还需要同时关注城乡居民的生育医疗费用待遇，落实新生儿参保政策，确保待遇的衔接和结算得以及时实现。生育保险制度持续为女职工提供重要保障，有助于平衡用工成本，促进就业平等，同时也需要不断优化和改进，以更好地满足广大女职工的实际需求。

我们要多措并举完善和落实积极生育支持措施。2022 年 7 月，国家医保局等 17 个部门联合印发《关于进一步完善和落实积极生育支持措施的指导意见》，明确提出将灵活就业人员纳入生育保险覆盖范围，指导地方综合考虑基金可承受能力、相关技术规范性等因素，逐步将适宜的分娩镇痛和辅助生殖技术项目按程序纳入基金支付范围。

第二节　以劳动保险为主的社会保障阶段

一、初期阶段

在社会保障体系的发展历程中，劳动保险作为一种社会保障手段，旨在为劳动者提供在工作中可能遇到的风险和不确定性情况下的经济保障。这一阶段的社会保障主要集中在劳动者的工伤保险和失业保险领域，强调了保障劳动者在工作过程中的权益和福利。

在这个阶段，劳动保险的实施对于保护劳动者的基本权益具有重要意义。工伤保险旨在在劳动者因工作受伤或患病时提供医疗救助和一定的经济补偿，确保他们能够得到适当的治疗和照顾，避免因工作伤害而陷入经济困境。失业保险则为在失业时提供一定的经济支持，减轻失业对个人和家庭的负担，促进劳动力市场的稳定和可持续发展。

然而，劳动保险初级阶段也存在一些挑战和不足。这种形式的社会保障在覆盖范围、保障水平以及制度健全方面存在局限性。特别是在扩大保障范围，提高保障水平，以及构建更为完备的社会保障制度方面，需要进一步的努力和改进。

社会保障初级阶段中以劳动保险为主，为保障劳动者在工作中的权益和福利提供了基本的保障机制。在进一步发展和完善社会保障体系的过程中，需要克服社会保障制度的不足，更好地满足社会各界的需求，实现全面的社会保障目标。

二、完善阶段

社会保障体系的发展在初级阶段基础上逐步完善，形成了更为综合和多元化的社会保障框架。在这个完善阶段，社会保障的范围和内容得到了拓展，不仅关注劳动者的权益，还关注了其他弱势群体的需求，使社会保障更加全面和包容。

完善阶段的社会保障不再局限于劳动保险，而是涵盖了养老保险、医疗保险、失业保险等多个领域，形成了一个更为复杂和多层次的保障体系。在完善阶段，社会保障体系还注重跨区域和跨群体的公平性。不同地区和人群之间的差异得到更好的纠正，以确保每个人都能享有基本的社会保障权益。政府在制定政策和规划时，更加注重资源的合理配置，以满足各个领域和群体的不同需求。

总之，社会保障的完善阶段在初级阶段的基础上进一步发展，形成了更为综合和多元化的保障体系，涵盖了更多领域和群体。这一阶段的社会保障体系致力于实现全面覆盖和公平分配，为每个人提供基本的经济保障和福利，促进社会的稳定和可持续发展。

第三节　以社会保险为主的社会保障阶段

以社会保险为主的社会保障阶段标志着社会保障体系向更加综合、稳定和可持续的方向发展。在这个阶段，社会保险成为主要的保障手段，以保障人们在各种风险和不确定性情况下的基本生活需求。

社会保险的核心是养老保险、医疗保险、失业保险等，涵盖了人们生命周期不同阶段可能面临的风险。养老保险在个体退休后提供经济支持，确保他们能够保持相对稳定的生活水平。医疗保险则在健康问题出现时提供医疗费用补偿，减轻医疗支出的负担。失业保险在失业时提供一定的经济援助和职业服务，帮助个体尽快重新就业。

在这个阶段，社会保障不再仅限于特定群体，而是朝着普惠性的方向发展。社会保险计划的覆盖范围扩大，包括了不同职业、行业和收入水平的人们，确保每个人都能享受到基本的保障。政府在这一过程中扮演着重要角色，通过制定政策、监督执行和合理分配资源，确保社会保障的有效运行和公平实施。

然而，以社会保险为主的社会保障阶段也面临挑战。其中之一是如何平衡公共财政的可持续性和个人的权益。保障体系的扩大可能会增加财政压力，需要政府采取适当措施，保证保障体系的可持续性。此外，社会保险体系的建设还需要建立有效的管理和监督机制，以防止滥用和不当行为。

综合而言，以社会保险为主的社会保障阶段代表了社会保障体系向更加全面和可持续的方向发展。通过覆盖范围的扩大和保障水平的提高，人们在面临各种风险和挑战时能够得到更为可靠的支持，从而实现社会的稳定和繁荣。

第四节　中国社会保障制度的收入再分配效应

一、社会保障制度的收入再分配实践

社会保障制度的收入再分配实践在现代社会中扮演着关键角色，旨在促进社会公平、减轻贫困问题，以及推动经济的可持续发展。这一实践的核心在于通过重新分配社会中不同阶层和群体的收入，创造更为均衡的财富和资源分配格局。

首先，税收政策在社会保障制度中具有重要地位。政府可以通过渐进税率，征收高收入人群更高的税收，然后将所得资金用于提供公共服务，如教育、医疗、基础设施等。这种方式不仅减轻了低收入人群的生活负担，还促进了公共服务的普及和质量提升，有助于社会的整体发展。

其次，社会保险和福利计划也是收入再分配实践的重要方面。失业保险、养老保险、医疗保险等为人们在不同生命周期内的风险提供了经济保障，减轻了个体因疾病、失业等问题而可能面临的不确定性。此外，福利计划针对特殊群体，如残疾人、儿童等提供补助，帮助他们融入社会，实现平等参与。

然而，这一实践也面临一系列挑战。首先，如何在保障弱势群体的同时，避免高收入群体对再分配政策的抵制，是一个需要考虑的问题。高税收可能降低高收入人群的投资和创业意愿，从而影响经济的活力。其次，保障制度的可持续性需要保证。过度的福利和保障可能导致财政负担加重，影响社会稳定。

要解决这些问题，政府需要制定明智的政策，平衡不同利益之间的关系。同时，要强化监管，防止制度滥用和资源浪费。教育和培训也是重要一环，通过提高人们的就业能力，减少失业，从而减轻社会保障制度的压力。

综合而言，社会保障制度的收入再分配实践在促进社会公平、减轻贫困问题方面具有重要作用。通过税收政策、社会保险和福利计划等多种手段，实现收入的更加均衡分配，促进社会的繁荣和可持续发展。然而，实践过程中需要平衡不同利益，保障制度的可持续性，以及提升人们的就业能力和自我发展能力。

二、中国式现代化下社会保障制度的收入再分配

在中国式现代化的背景下，社会保障制度的收入再分配发挥着重要作用，旨在实现经济增长与社会公平的有机结合。这种发展模式强调通过积极的政府干预，促进经济现代化的同时，保障社会各阶层的利益，以实现全面的社会进步。

首先，中国式现代化注重在经济发展的基础上构建全面的社会保障体系，实现收入再分配的目标。随着经济的快速增长，政府将部分财政收入用于养老保险、医疗保险、失业保险等社会保障计划，为全体人民提供基本的福利和保障。这有助于减轻低收入人群的负担，实现社会的基本公平。

其次，中国式现代化的发展模式强调区域间的均衡发展，以及城乡差距的缩小。社会保障制度的收入再分配在这方面发挥着关键作用。政府通过将社会保障政策覆盖到农村地区，提供农村居民养老、医疗等方面的支持，有助于改善农村人口的生活水平，缩小城乡差距。

此外，中国式现代化强调人才培养和人力资源的提升。社会保障制度的收入再分配在这方面也起到重要作用。通过教育、培训等手段，提升劳动者的技能和能力，帮助他们更好地适应市场变化，提高就业能力，从而实现更为可持续的经济增长。

然而，中国式现代化的社会保障制度在实践中也遇到了一些挑战。如何在快速的经济变革中保障社会稳定，以及如何平衡经济增长与环境保护之间的关系，都需要政府在制定政策时进行合理权衡。同时，社会保障制度的可持续性也需要保障，以确保长期的社会稳定。

总之，中国式现代化下的社会保障制度的收入再分配在促进经济增长与社会公平之间发挥着关键作用。通过建立全面的社会保障体系，缩小城乡差距，提升人力资源水平，实现经济的可持续增长和全面进步。然而，在实践中仍需解决挑战，平衡不同利益，确保政策的合理性和可持续性。

第三章　城乡社会保障与和谐社会

第一节　社会保障与和谐社会的关系

一、社会保障的基本功能

1. 保障功能

所谓社会保障的保障功能，是指通过特定的制度安排诸如收入补偿、支出补偿以及互助互济等为那些因各种原因而导致收入中断或收入减少的社会成员提供基本的生活保障，使这些社会成员免于陷入贫困。在现代社会，保障公民的基本生活，使每个社会成员享有最为基本的权利——生存权利，是我们建立社会保障制度最直接的目的。从世界各国建立社会保障制度的历史过程来看，虽然在不同的国家或在不同的时期，社会保障制度也曾出现过这样那样的问题，然而，社会保障的保障功能已被证实为有效，成为促进社会和谐与可持续发展的重要途径。这一保障功能可以被视作社会保障职能中最为原始和根本的方面。有学者认为这一功能起源于人类原始社会。在生产力极为低下的人类社会早期，由食物匮乏所引起的生存压力以及面对自然界的各种可能危及人类生存的风险，任何个体都难以仅仅凭借个体的力量来抵御这些压力和风险，因此，由人类的集体行动形成的氏族制度，是当时的最好制度。通过平均分配产品，起到保障每个成员的生命安全的作用。无论人们是否认同社会保障起源于原始社会这种观点，但起源于人类社会初期社会成员之间的互助互济行为，确实是人类社会得以繁衍和生存的条件，也成为了现代社会保障制度的源泉。在现代社会，社会保障制度从法律的层面保证了社会成员能够获得最为基本的生活资料，并将其作为每一个公民的基本权利，从而保证了每个社会成员享有平等的发展机会。

在现代社会，社会保障在保护弱势群体和实现社会公平方面发挥着至关重要的作用。由于社会成员在先天禀赋和后天机遇方面存在差异，无论国家、社会、时间如何变化，总会存在一部分社会成员处于相对不利地位，形成了所谓的弱势群体。一旦个体成为弱势群体的一员，相对劣势地位将导致其失去发展机会，从而引发各种社会和经济问题。此外，无论国家经济水平如何，自然灾害及其他事故难以避免。然而，这些灾害对社会成员的影响程度却并不均等，从而导致部分人面临生存和发展困境。社会成员相互间的互助以及政府的介入逐渐显现，以尊重和保障公民的基本生存权利，这已成为社会保障的核心职能之一。

2. 再分配功能

效率和公平是市场经济下社会必须妥善处理的永恒主题，实现效率和公平之间的协调是建设和谐社会的重要内容。在市场经济下，每一个微观主体都试图追求自身利益的最大化，但是由于各种各样的原因所致，微观主体从事市场经济活动的结果并不总是与自己的最初愿望相一致的，于是出现了社会成员之间的贫富差别。如果这种差别超过了一定的程度，就可能引起社会的不稳定，继而破坏社会经济健康发展的条件和秩序，从而导致效率的损失。而当社会成员之间的收入差别被控制在一定的程度之内时，便能够保证社会经济健康发展的条件和秩序的正常。这就是效率和公平之间的辩证关系。这种关系已经被古今中外众多的思想家所认识并加以阐发，并通过一定的制度安排来保证效率与公平的适度均衡。这种制度安排就是社会保障制度。政府秉持收入分配公平原则，借助国家政权的权力来调整劳动者之间的利益关系，对国民收入分配格局进行调整和控制，这体现了社会保障的再分配功能。

社会保障制度的再分配功能是通过以下几个方面得以实现的：第一，对劳动者个人不同时期的收入进行再分配，其中包括在劳动者从事职业工作期间获得的收入，以社会保险税或社会保险费的形式纳入社会保险基金参与再分配，当劳动者年老丧失劳动能力或遭遇其他风险而丧失劳动收入时，由社会统筹的社会保险基金保障其基本的生活需要。在完全积累制的社会保险基金模式下，个人收入再分配意味着将个人在不同生命周期阶段获得的收入进行重新分配，即在生命周期中有收入时期将收入的一部分进行积累，以保障其丧失收入时的基本生活需要。第二，社会保障的再分配功能涵盖了对社会成员之间的收入进行再分配。这种再分配体现在不同收入水平的社会成员之间以及不同地区的社会成员之间的收入再分配。通过对高收入者征收累进的所得税、对低收入者或无收入者提供生活保障，使高收入者的一部分收入转移到低收入者和无收入者手中，从而实现缩小社会成员的收入差距，促进社会成员之间的收入公平。第三，通过特定的社会保障制度安排，实现了社会成员代际之间的收入再分配。例如，在社会保险基金的现收现付模式下，通过代际转移的方式实现了收入再分配。这种方式使下一代创造的财富中的一部分以养老金的形式转移给了上一代。

从目前世界上社会保障制度比较成熟的国家来看，社会保障支出在政府财政支出当中一般都占有很大的比重。在福利国家模式下，社会保障支出通常是最大的一项支出。在一些西欧和北欧国家，政府财政支出中有超过 45% 用于社会保障支出，即使在奉行“经济自由主义”的美国，社会保障支出也占政府财政支出的约30%。加拿大的这一比例为39%，日本为37%，澳大利亚为35%。此外，在这些国家，社会保障税往往是政府收入的主要税种，充分反映了社会保障再分配功能的重要性。近年来，我国对社会保障的投入大幅度增长，目前大约占国家财政支出的12%。尽管在中国的社会保障事业发展史上，这样的比例已经达到了相对较高的水平，但与世界上其他国家相比，这个比例仍然属于较低的范畴。

我国自改革开放以来，随着经济的发展，收入差距也在不断扩大，迅速崛起的新富阶层、收入持续增长的城镇居民与收入低水平徘徊的大部分农民形成了鲜明的反差。除了少数位于城乡结合部的农民较多地享受到了经济发展和城市化进程的成果以外，大多数农民依然是整个社会中最弱势的群体。因此，完善社会保障制度，充分发挥社会保障的再分配功能，任重而道远。

3. 稳定功能

社会保障的稳定功能主要在于确保社会生活的稳定。通过一系列制度安排，社会保障系统向需要帮助的人群提供支持，包括缺乏生活来源、失去劳动能力、遭受自然灾害的人们，保障他们的基本生存需求。这涉及养老、医疗、工伤保险、灾害赔偿、失业救济、残疾安置等方面，有助于减轻他们的后顾之忧。这种稳定功能有助于有效地减少潜在的社会矛盾，实现国家和社会的稳定，为经济发展创造良好的环境。因此，社会保障制度被喻为社会的安全网和保护伞。社会保障通过援助弱势群体，增强了他们的社会安全感和信任感，有助于减少社会不稳定因素，缓解社会矛盾，维护社会秩序的稳定和国家的安定。现代社会保障制度的产生，旨在适度调和当时的社会阶级矛盾。在当前很多国家，社会保障已被写入宪法，作为公民的基本权利。

除了安定社会生活的作用，社会保障的稳定功能也体现于其具有能够自动缓和经济波动的“内在稳定器”的作用。当经济处于衰退和萧条时期，经济状况的恶化使许多人由于减薪或失业而致收入大幅下降，甚至完全丧失收入，收入低于制度规定的最低生活标准的人群增加，社会保障支出也因为向这些人群提供援助而呈现大幅增加，而同时，由于社会保障的收入主要来自于工资税，普遍的收入下降则使得社会保障的收入减少。在经济繁荣时期，情况则正好相反，就业率上升，许多在萧条时期收入低于最低生活标准的人，此时由于收入的增加而不再需要社会保障的救济，而使社会保障支出的压力大为缓解。同时社会保障资金则因为人们收入的提高而迅速增加。

按照西方主流经济学凯恩斯主义的原理，经济周期性波动主要由于宏观经济当中的总需求所导致，经济的衰退和萧条主要是由于总需求的不足，经济的过热则是由于总需求的过大所造成的。因此，缓和经济波动的措施就是根据情况适时调节经济中的总需求，即在经济衰退和萧条时适当刺激总需求，在经济高涨和过热时适当抑制总需求。而在经济衰退和低迷时期，社会保障的支出相对增加，而在经济繁荣和过热时期，支出则相对减少，这恰恰契合了凯恩斯主义的调节和稳定宏观经济的机制。这使得社会保障系统具备了“自动稳定器”的特性，能够调节和减轻经济波动。因此，社会保障制度被许多西方国家视为一种重要手段，用来调节宏观经济。

二、完善社会保障与构建和谐社会的关系

构建社会主义和谐社会是从全面建设小康社会、开创中国特色社会主义事业新局面的全局出发，提出的一项重大任务。这一任务既符合我国改革发展关键时期的要求，也体现了广大人民的共同利益。所谓和谐社会，即“民主法治、公平正义、诚信友爱、充满活力、安定有序、人与自然和谐相处”的社会。其核心理念是人与人、人与社会的和谐。为实现这一目标，必须确保社会公平正义，推动经济社会协调发展，让全体人民共享发展成果，从而创造一个各尽所能、各得其所、和谐相处的社会。这种构建和谐社会的目标，促进了社会均衡发展、凝聚了人民力量、推动了社会进步。加强社会公平、提升人民生活水平、保障人权和社会公正，是建立更加和谐、稳定和可持续的社会主义和谐社会的要求，是每个社会成员都能共享社会发展的伟大成果的要求。社会发展的最初目的是充分实现全体社会成员的根本利益。社会成员既有共同的利益，也有不同的群体和不同个体的独立利益，而且不同群体之间的独立利益是存在差别的，当这种差别被控制在一定的范围之内时，才能体现出全体社会成员的共同利益，如果这种差别过大，所谓的全体社会成员的共同利益便无从谈起。因此，在建设社会主义和谐社会过程中，要把全体社会成员的共同利益放在首位，同时必须要体现和兼顾不同群体和不同个体的独立利益，必须协调好各方面的利益关系，才能真正实现全体社会成员共享社会发展成果的目标。

从社会保障的发展历程以及社会保障的基本功能来看，完善社会保障制度与加强和谐社会建设在理念上是一致的。社会保障制度的发展是为了解决社会中存在的不平等问题，保障弱势群体的基本生活需求，促进社会公平和稳定。这体现了关注人民福祉、促进社会和谐的初衷。而和谐社会的构建也追求人与人、人与社会之间的和谐，要求社会各阶层之间的平衡与共享。社会保障的基本功能，如

提供养老、医疗、失业等保障，正是为了让人民在各个方面都能够平等地享受社会成果，从而减少社会不平等，促进社会稳定。因此，从这两者的角度来看，完善社会保障制度与加强和谐社会建设在根本理念上是一致的，都关注于人民的幸福、社会的稳定和可持续的发展。这些努力都有助于创造一个更加公平、和谐的社会。

正因为如此，党的十六届六中全会审议通过的《中共中央关于构建社会主义和谐社会若干重大问题的决定》，才明确将社会保障列为构建社会主义和谐社会的主要目标和任务之一，并提出2020年要达到“社会就业比较充分，覆盖城乡居民的社会保障体系基本建立”的目标。党的十七大报告也明确提出：“必须在经济发展的基础上，更加注重社会建设，着力保障和改善民生，推进社会体制改革，扩大公共服务，完善社会管理，促进社会公平正义，努力使全体人民学有所教、劳有所得、病有所医、老有所养、住有所居，推动建设和谐社会。”党的二十大报告第九部分从社会建设的视角提出了“增进民生福祉，提高人民生活品质”的总体要求，其中，健全社会保障体系与完善分配制度、实施就业优先战略、推进健康中国建设的四大战略性举措，更加聚焦民生体系建设。从报告对社会建设的总体要求来看，既保持了一贯性，如强调“坚持尽力而为、量力而行”和“着力解决好人民群众急难愁盼问题”，同时也提出了新的要求，即增强均衡性与可及性，扎实推进共同富裕。从公共服务均等化的角度来看，我国的社会保障体制建设已初步实现了权利均等和内容均等。下一步，应集中精力提升服务水平、可及性和均等化水平。社会保障制度的改革需从解决“是否存在”的问题转向解决“质量如何”以及“公平程度”的问题，同时是否有助于有效推进共同富裕也将成为评价社会保障体制改革成果的重要标准。

社会保障与社会和谐密切相关，这使得我们在构建社会主义和谐社会过程中必须高度重视社会保障制度建设。通过健全和完善社会保障制度，我们能够有效地化解现实生活中的问题和矛盾。我国改革开放以市场经济为导向，市场经济的特点之一是竞争。市场竞争提升了效率，推动了整体社会经济发展，城乡居民的收入水平和生活水平也得到显著提升。然而，市场竞争也带来了社会成员、城乡、地区之间的收入差距扩大，引发了一些不和谐因素。目前，我国经济社会发展中的不和谐表现为贫富差距扩大、劳动关系失衡、城乡劳动者利益冲突激化以及地区发展差距扩大等问题。如果这些问题不得到解决，可能对经济改革带来巨大阻力，甚至可能失去社会支持。因此，在建设和谐社会的大背景下，完善社会保障制度成为重要任务。社会保障制度的完善有助于化解不和谐因素，促进社会公平和稳定。通过提升社会保障的覆盖面和水平，减小收入差距，改善劳动关系，缩小城乡和地区之间的差距，我们可以为经济发展提供更牢固的社会基础，推动我国更好地走向和谐的发展道路。

社会保障制度被视为协调社会各阶层、不同群体的经济利益关系的重要机制。它在一定程度上弥补了社会发展中因意外灾祸、竞争失败和疾病等原因引发的不公平现象，维护了社会成员在发展过程中的公平。此外，社会保障制度也能减少社会成员发展结果的不公平性，通过对收入和分配的合理调节，促进整个社会经济的协调发展。因此，完善社会保障体系有助于一定程度上缩小我国存在的地区差距、城乡差距和贫富差距，将这些差距控制在相对合理的范围内。它能够解决市场经济下初次分配带来的社会分配不公平问题，让全体社会成员能够共享经济发展成果。社会保障制度有利于平衡利益分布，缓解利益矛盾，消除部分社会成员的不安全感，填补市场缺陷，促进社会公平。这种制度也有助于推动市场经济改革深化，为和谐社会的形成提供有利环境，获得社会大众对市场经济变革的更多支持。

实现社会和谐的前提是维护社会公平正义和实现社会发展成果的共享。这要求经济建设与社会全面进步协调发展，使全体人民能够共享经济社会发展的成果，从而形成一个人人各尽所能、各得其所的和谐社会。在这个背景下，构建社会主义和谐社会的核心价值取向就是维护社会公平正义与实现社会发展成果的共享。

社会保障制度的健全与完备，在很大程度上反映了一个社会的和谐程度。国家拥有健全的社会保障制度，通常意味着贫富之间的对抗、劳资之间的矛盾不会十分激烈，社会关系通常是和谐有序的。相反，社会保障制度不健全的国家，内部矛盾常常突出，社会稳定常常受到挑战。社会保障作为国家干预收入分配、协调社会经济发展的重要工具，具有缩小差距、化解社会矛盾、实现共享发展成果等多方面的特殊功能。它构成了和谐社会的核心制度安排。因此，完善社会保障制度不仅具有现实的紧迫性，还具有长远的战略意义。这一举措有助于推动社会公平与正义的实现，减少社会不平等，缓解社会矛盾，促进社会和谐的发展，进一步实现共同富裕的目标。

三、构建社会保障安全网

构建社会保障安全网，是实现社会和谐与可持续发展的关键一步。在这一进程中，首先要确保“老有所养”这一理念真正落到实处。老年人是社会的宝贵资源，而养老问题关系到他们的尊严和幸福。通过建立完善的养老保障体系，提供养老金、医疗服务等多重支持，可以保障老年人基本生活需求，让他们晚年生活有尊严、有保障，从而减轻家庭的负担，促进家庭和谐。同时，着力解决“看病就医难题”也是构建社会保障安全网的重要内容。健康是人民幸福的重要组成部分，为了实现全民健康，社会保障体系需要覆盖到医疗领域。加强基层医疗服务，降低医疗费用负担，推动医疗资源合理配置，都是解决看病就医问题的关键举措。通过构建一个全面覆盖、多层次的医疗保障体系，人们在面临疾病时能够获得及时、合理的医疗保障，这不仅有利于个人的健康，也有助于减少社会不平等，促进社会的和谐发展。

（一）让老有所养落到实处

实现老有所养是社会保障的重要使命，是确保老年人晚年生活的质量和尊严的具体体现。在构建社会保障安全网的进程中，落实老有所养的理念显得尤为重要。老年人是社会的智慧财富，为了满足他们的基本生活需求，建立健全的养老保障体系至关重要。这包括建设养老院、老年人日间照料中心等设施，提供适应老年人生活特点的服务。此外，也需要建立可持续的养老金制度，确保老年人的经济来源，使他们能够在晚年生活中得到充分的支持。通过这些措施，可以让老年人充分享受社会发展成果，保障他们的基本权益，实现老有所养的目标。这不仅有助于维护老年人的尊严，也促进了社会的和谐与稳定。

然而，老有所养不仅仅是物质层面的问题，还包括了社会文化和情感层面。我们需要建立一个尊重老年人的文化，让他们感到自己仍然有价值，仍然可以为社会做出贡献，需要社会教育和意识形态的改变，以减少老年人面临的孤立和歧视。同时，家庭和社会的支持也是关键，亲情和社区的温暖可以给老年人带来更多的幸福感和满足感。

因此，老有所养是一个全面的任务，需要政府、社会组织和每个人的积极参与。只有通过多方面的努力，我们才能真正实现老年人的尊严和幸福，同时促进社会的和谐与稳定。这不仅仅是一种道义义务，更是一种智慧的投资，因为老年人是社会的宝贵资源，他们的幸福和满足感将反过来影响整个社会的福祉。

（二）着力解决看病就医难题

近年来，我国医疗保障事业发展取得突破性进展，建立起世界上规模最大、覆盖全民的基本医疗保障网。“2023 年 2 月 10 日起，河北省实施医保新规，取消参保人员到京津跨省异地就医备案手续。河北参保人员在京津相关定点医疗机构看病就医，可持医保电子凭证或社会保障卡免备案直接结算。”“近年来，看病就医更方便，医药负担更轻了，已成为很多城乡居民的切身感受。”

“新时代十年，我国积极推动卫生健康事业从以治病为中心向以人民健康为中心转变，着力解决群众看病难、看病贵问题，成效持续显现。”着力解决看病就医难题是构建社会保障安全网的重要方面，关乎人民的健康和幸福。医疗服务作为基本民生需求，必须得到充分关注和保障。在社会保障体系中，要采取一系列措施来缓解人们面临的看病就医难题。这包括加强基层医疗服务的建设，提高基层医疗机构的能力，使基层就医成为便捷的选择。此外，还应推动医疗资源的合理分布，促进医疗服务的均等化。降低药品和医疗费用，提供医疗救助，也是解决看病就医问题的重要手段。通过构建多层次的医疗保障体系，人们在生病时能够得到及时、负担得起的医疗服务，从而减轻了看病就医的难题。这不仅有利于人们的健康，也有助于促进社会的和谐发展。在社会保障的体系中，着力解决看病就医难题是一项紧迫的任务，也是体现社会公平和正义的重要举措。

（三）把更多人纳入社会保障体系

将更多人纳入社会保障体系是实现社会公平和可持续发展的紧迫任务。根据联合国数据，全球超过 40% 的人口缺乏基本社会保障，而在发展中国家，这一比例更高达 80%。在中国，虽然已经建立了覆盖广泛的社会保障体系，但仍然有相当数量的人没有获得充分的保障。

特别是在农村地区和弱势群体中，社会保障覆盖率相对较低。根据中国人力资源和社会保障部的数据，截至 2021 年，农村居民养老保险覆盖率仅为 56%，远低于城镇居民的覆盖率。类似地，失业保险、医疗保险等社会保障项目在一些地区和人群中的普及程度也不尽如人意。

扩大社会保障的覆盖范围，需要政府加大投入，制定更加全面的政策。例如，加强农村地区的社会保障建设，推动农村居民养老保险制度的完善和普及，加强对弱势群体的关爱，提供更多的医疗保障和福利。同时，也需要鼓励企业加强员工社会保障，确保每个劳动者都能享受到基本的保障和权益保障。

通过这些措施，可以有效减少社会不平等，提升人民的幸福感和满意度，促进社会的和谐稳定。扩大社会保障的覆盖范围不仅是一项社会责任，也是实现可持续发展目标的必要举措。

目前，各地社会保障的扩面工作已将焦点转向灵活就业人员和新业态就业人员等群体。为了弥补灵活就业人员社会保障制度的不足，内蒙古自治区采取了一系列政策举措。根据内蒙古自治区人力资源和社会保障厅副厅长徐睿霞的介绍，该地区在鄂尔多斯市实施了灵活就业人员参加企业职工基本养老保险缴费补贴试点。通过这项试点工作，更多的灵活就业人员能够便捷地获得社会保障。截至 2022 年年底，共有 63.67 万人次受益于灵活就业人员参保缴费补贴计划。

四、加快健全多层次社会保障体系

习近平总书记指出："社会保障是保障和改善民生、维护社会公平、增进人民福祉的基本制度保障，是促进经济社会发展、实现广大人民群众共享改革发展成果的重要制度安排，发挥着民生保障安全网、收入分配调节器、经济运行减震器的作用，是治国安邦的大问题。"党的二十大明确了未来五年我国发展的主要目标任务，其中包括"多层次社会保障体系更加健全"，并对健全社会保障体系作出战略部署。这为我们在新征程上推动社会保障事业高质量发展指明了方向。

改革开放以来，我们党把社会保障作为改善人民生活的基础民生工程，稳步推进社会保障体系建设，取得了重大进展。新时代，我们党把社会保障体系建设摆上更加突出的位置，对我国社会保障体系建设作出顶层设计，在社会保障领域进行了一系列改革探索，改革的系统性、整体性、协同性进一步增强。我国建成了世界上规模最大的社会保障体系，为人民创造美好生活提供了重要保障，为打赢脱贫攻坚战提供了坚强支撑，为如期全面建成小康社会、实现第一个百年奋斗目标提供了有利条件。

当前，我们已经踏上全面建设社会主义现代化国家的新征程。推进独具中国特色的现代化进程，意味着我们正面临前所未有的创新性任务。这一事业必然会面临各种可预见和不可预见的风险挑战，以及可能的困难和障碍，甚至可能会遭遇意想不到的巨大挑战。在这个过程中，我们需要保持警惕，像应对汹涌的海浪一样应对各种挑战，努力克服困难，保持坚定的信心，积极应对风险，保持冷静和清醒的头脑，从而在浩浩荡荡的现代化征程中稳步前行。健全多层次社会保障体系是推进中国式现代化的重要内容。社会保障体系是人民生活的安全网和社会运行的稳定器。只有健全多层次社会保障体系，才能为广大人民群众提供有效保障，充分激发亿万人民的积极性、主动性和创造性；才能为广大人民群众生产生活提供稳定预期，促进整个社会和谐有序运行，为推进中国式现代化创造良好社会环境和条件。

社会保障包括基本保障和补充保障，其中基本保障由政府主导并负责管理，旨在保障人民群众的基本生存、基本发展、基本尊严；补充保障主要通过市场机制和社会力量实现，旨在满足人民群众多样化、个性化的保障需求。贯彻落实党的二十大精神，我们要树立战略眼光，顺应人民对高品质生活的期望，适应人的全面发展和全体人民共同富裕的进程。我们需要预测未来 5 年、15 年乃至 30 年内我国可能出现的人口老龄化加剧、人均预期寿命提高、受教育年限增加、劳动力结构变化等发展趋势，以及由此可能引发的新情况和新问题。在此基础上，我们要加快健全覆盖全民、统筹城乡、公平统一、安全规范、可持续发展的多层次社会保障体系。通过不断推动幼有所育、学有所教、劳有所得、病有所医、老有所养、住有所居、弱有所扶，我们可以取得新的进展，以确保人民在各个方面都能得到充分的保障和支持。

基本保障在整个社会保障体系中处于基础地位。当前，要通过深化改革进一步完善基本保障制度。一是根据人民群众的保障需求及其变化趋势，稳步建立长期护理保险制度，不断健全儿童福利制度，完善基本保障项目体系，织密社会保障安全网，为人民生活安康托底。二是优化基本保障项目设计，扩大生育保障惠及范围，加快实现职工基本养老保险和职工基本医疗保险法定人群全覆盖，积极推动灵活就业人员、新业态从业人员参加职工社会保险制度，建立健全分层分类的救助制度体系，逐步缩小不同群体之间的基本保障待遇差距，增强制度公平性、可持续性以及对经济社会发展和人口结构变化的适应性。同时要坚持实事求是，既尽力而为又量力而行，把提高社会保障水平建立在经济和财力可持续增长的基础之上，确保社会保障制度持续健康运行，实现社会保障与经济社会发展良性互动。

在完善基本保障制度的同时，还要准确把握人民群众多层次多样化保障需求，发展补充保障。当前，我国人口发展呈现少子化、老龄化、家庭小型化等特征，人民群众对养老金、医疗服务、照护服务和意外伤害等方面的保障需求随之增加。为此，需要营造适宜的环境、条件和氛围，促进各类补充保障健康发展。一是正确引导并支持人民群众立足自身实际，在已有基本保障项目及其水平的基础上，制定适合自己的补充保障计划。二是通过完善规章制度，采用科学有效的监管手段，规范补充保障供给者的经营行为，为社会公众提供优质便捷的保障服务。三是支持相关机构提高补充保障产品和服务的供给能力，促进补充保障产品和服务与基本保障项目有机衔接。

第二节　经济社会转型与社会保障

经济和社会的转型过程中，由于市场经济下的竞争加剧，不可预知的动荡和风险对人们生存和发展的威胁增加，对社会保障的需求相应增加。同时由于我国经济和转型时期的某些特定的背景，更加进一步凸显了完善社会保障制度的重要性与必要性。

一、人口老龄化与社会保障

人口老龄化主要表现在：老年人口规模大，中华人民共和国成立以来，我国的医疗卫生条件和生活水平不断改善，居民的预期寿命从1950年的40岁提高到了2020年的77岁。特别是改革开放以来，我国经济和社会发展的进步使得我国的人口预期寿命提高速度超过了一般国家。在老年人口方面，我国65岁以上的老年人口在2000年时占全球的21.4%，达到了8838万人，成为全球老年人口最多的国家之一。到2022年年底，我国60岁及以上的人口达到28004万人，占全国人口的19.8%，其中65岁及以上的人口达到20978万人，占比14.9%。与一些已步入老龄化社会的发达国家相比，中国的老龄化速度较快。从人口抚养比来看，预计2025年我国老龄抚养比将达到20.9%，超过世界平均水平和欠发达国家平均水平，低于发达国家的水平。此外，我国老龄化现象在经济水平相对较低的情况下就显现出来，这与一些发达国家在人均GDP较高时步入老龄化社会的情况不同。例如，2000年我国的人均GDP仅约为860美元，而一些发达国家在类似情况下的人均GDP已超过2500美元。这表明我国老龄化进程具有独特性，挑战更加严峻。同时，农村老龄化水平高于城镇，这是中国人口老龄化同发达国家的重要区别。由于我国自20世纪50年代开始的工业化是以优先发展重工业为导向的，重工业的发展是以资金密集和技术密集为特征的，所以我国曾长期人为设置城乡人口流动的制度性障碍，其导致的直接后果是当我国步入老龄化社会时，我国仍然存在农村人口大于城镇人口的现象，与此相应的是农村地区的老年人口也显著多于城镇地区。这种情况在我国的老龄化进程中具有重要意义。

随着城市化进程的推进，虽然城镇老年人口也在增加，但农村地区的老龄化问题更为突出。这对于社会保障体系的建设和老年人口服务提出了更为复杂和紧迫的要求，需要通过全面的政策和措施来应对农村地区的老龄化挑战，确保老年人的基本生活需求得到满足，维护社会的和谐稳定。在未来的发展中，我们还需要更加关注农村地区的老年人口，加强农村社会保障体系的建设，促进城乡老年人的共同富裕和幸福生活，而许多发达国家，在其步入老龄化社会时，农村人口的比重已经很低了。

根据中国人口与发展中心的预测，在未来的几十年内，虽然我国的劳动年龄人口的绝对数量继续增长，但在2030年以后将逐渐下降。而劳动年龄人口的比重则持续下降，65岁以上的老年人口的比重则较快上升。

人口老龄化对社会保障产生了直接的影响，其中一个主要方面是经济需求的增加。一是养老保险基金面临着巨大的压力，随着大量老年人进入养老金领取阶段，养老保障基金的需求急剧上升。这使得社会养老保障体系面临财务挑战，需要有足够的资金用于支付养老金，以满足老年人的基本生活需求。养老金需求的增加，医疗保障也受到影响。随着人口老龄化，慢性疾病和医疗保健需求增加，导致医疗保险支出上升。老年人的医疗保健需求通常更加频繁和复杂，这对医疗保障体系的负担带来了显著的增加。此外，人口老龄化也引发了长期护理和社会福利的需求增加。随着老年人口的增加，需要提供更多的长期护理和福利服务，以满足老年人的日常生活需求，这也对社会保障体系提出了更高的要求。二是由于老年人的患病率远高于中青年，因此老龄化也必将带来医疗保险基金需求的快速增加。尤其是在未富先老的情况下，社会保险基金的支付危机日益凸显。

二、就业模式变革与社会保障

经济社会转型过程中，我国的就业模式发生了巨大的变化，非正规部门就业或非正规就业正在逐渐成为吸纳劳动力的主要途径，尤其是低素质劳动力就业的一种主要方式。非正规就业者是一个庞大的劳动群体，应该是一个不争的事实。

与正规就业相比，非正规就业存在着以下特点：第一，就业机会不安全。非正规就业的需求具有不确定性，比如各种临时性和季节性的工作。而非正规就业者大多为低技能劳动者，其劳动供给具有非排他性，在劳动者之间存在较强的替代性，这也导致了非正规就业机会的不稳定性。第二，劳动回报较低。非正规就业者大多从事简单劳动，劳动报酬较低。第三，权益缺失。非正规就业者劳动条件恶劣，缺乏有效的法律保护，基本上被排除在社会保障体系之外。

非正规就业者无疑是劳动力市场上的弱势群体，他们在劳动力市场上随时面临着各种风险，他们理应是社会保障制度最应覆盖的目标人群。而现实的状况是，目前许多非正规就业人员不包含在社会保障制度中。这些劳动者本应该得到社会保障的保护，但因各种原因，仍然无法获得充分的保障，缺乏社会安全网的支持。这使得他们不仅面临劳动权益和社会保障权益的双重缺失，还面临着相应的劳动就业风险和社会保障风险。无论从维护社会公平出发，还是从构建城乡统筹劳动力市场出发，这种状况都是极其不利的。

非正规就业造成社会保障缺失的主因在于我国现有社会保障体系主要面向正规就业，难以覆盖非正规就业人群。现行制度从框架到具体细节都针对传统正式就业模式而设计，建立在稳定就业和连续缴纳的前提上，难以适应非正规就业中不稳定和劳动关系不规范的特点。尽管政府近年来开始关注解决非正规就业者的社会保障问题，许多地方也出台了针对这一群体的参保政策。中央政府也发布了一些相关政策，但在全国范围内，缺乏综合性且统一的非正规就业社会保障政策，限制了各地的实践。

各地相继出台的地方性的政策和改革方案，迄今为止仍未取得满意的结果。以农民工作为非正规就业群体的例子，可以看到他们在参加城镇养老保险方面存在困难。要加入养老保险，通常要求成为合同制工人；此外，一旦与企业终止劳动关系，养老保险关系必须重新处理，如果重新就业，还需要重新参保。然而，在现实中，大多数农民工难以满足城镇养老保险的参保条件。即使参保，如果在不同地区流动，保险档案转移困难，导致大部分人只能退保。此外，非正规就业人员在其他方面也受到现行社会保障制度的限制。例如，缴费金额与退休待遇之间的不匹配影响了他们对社会保险的预期。另外，现有正规就业的社会保障制度主要面向单位，而不是个人，个人参保手续繁琐，这让很多有意参保的非正规就业者望而却步。这些问题都表明现有制度无法满足非正规就业群体的需求。

针对非正规就业群体的社会保障制度改革之所以效果不佳的另一个原因，是在制度设计方面，往往将非正规就业人员纳入社会保障体系仅视为解决城镇人员社会保障基金缺口的手段，而忽视了非正规就业群体的特点。这种做法只关注通过让非正规就业者参保来增加社会保障基金的收入，却往往未充分考虑非正规就业者的实际情况。事实上，构建适用于非正规就业群体的社会保障制度应当是基于他们在社会边缘地位的特点，为他们提供必要的社会保护，旨在实现社会公正和和谐。当然，让非正规就业群体参加社会保险从客观上确实有助于增加社会保障基金的收入，但单纯以此为出发点，容易忽视制度改革的更深层次目标。

因此，非正规就业群体的社会保障制度改革需要更多地考虑到他们的实际需求和特殊性，而不仅仅是作为填补社会保障基金缺口的手段。这样的改革才能更好地满足非正规就业群体的保障需求，实现社会公平和可持续发展。但如果只看到这点而忽视了非正规就业群体的特点，改革也就不能真正解决问题，在“扩面”之后出现的“退保潮”也就难以避免。

在非正规就业群体的社会保障方面，目前主要的问题在于：第一，虽然城乡一元化是社会保障制度的内在要求，一元化社会保障制度具有管理简便、成本低、效率高等优势；然而，考虑到我国的现实情况，在目前阶段，建立城乡一体化的社会保障制度还不具备必要的客观条件。特别是考虑到城市就业部门中正规和非正规就业并存的情况，这两种就业部门在经济发展水平、收入水平和就业条件等方面存在明显差异。这直接导致两类部门存在不同的保障需求和负担能力。城市就业部门的二元性使得建立一元化社会保障制度面临诸多挑战。正规就业部门相对稳定，有较高的收入，较好的福利待遇，而非正规就业部门的收入相对较低，劳动关系不稳定，社会保障需求迥异。将两者统一纳入同一制度需要平衡不同的需求，以确保公平和合理性。此外，考虑到城乡发展差异以及不同地区的情况，一元化制度的实施还需要综合考虑地方差异性。因此，在目前情况下，建立一元化城乡社会保障制度需要更多的调研和深入思考，以确保能够平衡不同部门和地区的特殊情况，实现社会保障的公平和可持续性。第二，目前的制度设计中政府的投入太少，仅仅依靠雇主和劳动者个人的投入，在非正规就业模式下，企业与个人负担能力都显不足。在非正规就业群体较集中的领域，一些企业由于生产规模较小、市场不稳定以及盈利微薄等原因，往往难以确保按时足额缴纳社会保险费用。而对于劳动报酬本就较低的非正规就业者而言，原本参保缴费的能力就不高，又由于劳动力市场总体呈现的供过于求的态势，名义上由雇主缴纳的保险费还有可能通过各种方式转嫁给劳动者承担，导致企业和个人两方面都缺乏参保积极性。

当前，非正规就业呈现多样化发展趋势。短期、派送、自主、独立、远程、兼职、项目合同、季节、家庭等新型就业方式层出不穷。然而，传统社会保障制度针对常规单位雇员的规定难以适用于这些非传统就业形式，因此有必要有针对性地对相关保障条款进行优化。

三、收入分配差距与社会保障

社会财富如何分配，不仅关系到每一个社会成员的切身利益，也关系到改革发展的大局，与社会的和谐与稳定息息相关。改革开放40多年来，我国的经济取得了持续的快速发展，居民收入大幅度增长，贫困人口显著减少。但是，在取得了辉煌的成绩同时，也面临着社会成员之间收入差距持续扩大的问题。城乡之间、地区之间、群体之间、行业之间的收入差距都有持续扩大的趋势。这一问题已经日益引起了人们的关注，成为全社会普遍关心的问题。

1. 城乡差距

进入21世纪以来，随着我国经济水平的提升，我国经济发展的制约因素已由供给不足演变为需求约束，特别是在当前复杂的国内外环境下，居民消费需求增长逐渐乏力。在这种背景下，2020年中央政治局常务委员会首次提出了“构建以国内大循环为主体，国内国际双循环相互促进”的新发展格局，旨在进一步挖掘内部市场潜力，发挥内部市场的优势。随后的“十四五”规划和2035年远景目标更明确提出了扩大内需的战略，加强消费在国民经济中的支撑作用，并提出了相应的发展路径。因此，如何促进社会消费需求的增长，继续拉动国民经济的高质量增长，成为当前亟需解决的重要问题。

城乡收入差距作为影响我国居民消费需求增长的重要因素，备受关注。尽管随着城乡改革的深入推进，农村居民收入同城镇居民收入的差距在缩小，但在绝对数值上仍存在较大差异。根据统计数据，2021 年我国城镇居民人均可支配收入为 47412 元，而农村居民的人均可支配收入为 18931 元，差值达到 28481 元，相较上一年的 27011 元减少了 1470 元。然而，农村居民收入仅为城镇居民收入的 39.9%，两者之间仍存在显著差距。

2. 群体间差距

社会贫富分层明显。20 世纪 80 年代，“万元户”还曾经是一种荣耀，到 20 世纪 90 年代，拥有 100 万元即为富翁。而到了今天，虽然没有确切地统计到底有多少亿万富翁，但要说中国已出现了一个“富裕群体”已是不虚，这一现象确实不容忽视。富裕群体的范围涵盖了一部分私营企业主以及部分国有企业的高层管理人员、文艺和体育界的明星等。另外，贫困群体的存在也是一个不争的事实。贫困群体还包括城镇亏损企业的职工、失业和下岗职工等。根据专家研究，城镇居民中收入最高的 10% 家庭所持有的财产总额已达到城镇居民财产总额的 50%，然而，低收入 10% 家庭的财产仅占总额的 1%。这显示了不断扩大的收入差距趋势。我国的收入差距扩大速度较快。与国外情况不同，即使在相对充分的市场经济环境中，财富积累和收入差距的扩大也需要较长时间的经济发展。然而，我国的收入差距扩大速度非常迅猛，几乎在不到一代人的时间内，贫富差距就已明显拉大，似乎在很短时间内出现了突显的“富裕群体”。

3. 地区间差距

传统体制时期，国家试图实行平衡发展战略，国家的投资和财政转移支付都体现了向落后地区的倾斜，但是效果并不明显。改革开放以来，国家放弃了原来的平衡发展战略，改而实行不平衡发展战略，政策明显倾向于支持沿海地区，导致这些地区得以快速发展，结果是沿海地区与内地的经济发展差距被快速拉大。

4. 行业间差距

明显的收入差距扩大表现为垄断行业的高收入，这些行业的垄断特征是自上而下、全方位的，形成了网络式的收入格局。这些企业的职工收入高出非垄断企业几倍，这些行业无论绝对工资额和工资增长速度都明显高于其他的许多行业。而且，除了丰厚的收入之外，垄断行业往往还享有高福利。

分析收入差距过大的原因，大致可以概括为：第一，经济转型时期，利益分配的机制逐步由政府主导型转变为市场主导型，工业基础雄厚，科技力量强大，交通方便，人才聚集的东部地区，占有天时地利的优势。加上东部地区的文化优势，发展自然快了许多。西部地区的生存环境相对较为恶劣，同时工业、科技和教育水平相对落后，长期依赖政府的扶持，观念落后，在市场竞争中处于劣势，东西部地区的收入差距就显现出来了。第二，由于制度性障碍的存在，农村人口城市化进程受阻，至今农村人口仍然超过全国总人口的60%，城乡收入差距在这种背景下越拉越大。第三，政府公共政策有所缺失，是收入差距存在过大的重要因素。在公共政策的取向上，明显表现为投入不足，尚未形成真正的“安全网”。

市场经济条件下，收入初次分配中的差距是难以避免的，作为公共利益代表者的政府，必须通过完善的公共政策，尤其是社会保障政策对初次分配的结果进行调整，妥善处理社会各个阶层、群体的利益关系，化解社会矛盾，为改革开放和经济发展创造良好的环境。但从实际的情况来看，现存社会保障制度尚存在着诸多不完善之处，甚至存在着扩大收入差距的现象。

四、产业结构升级与社会保障

产业结构升级与社会保障之间存在着紧密而复杂的相互关系，两者的协调发展对于实现可持续的经济增长和社会稳定至关重要。

首先，产业结构升级是推动经济发展的重要动力。随着科技进步和市场需求的变化，国家通常会鼓励产业结构向高附加值、知识密集型产业转变，从而提高经济竞争力和创新能力。然而，产业升级往往伴随着技能需求的变化和劳动力的再配置。这可能导致一些人在短期内面临失业风险，特别是那些从事传统产业的劳动者。在这个过程中，社会保障的作用尤为重要。社会保障体系可以提供失业救济、培训补贴等支持，帮助受到产业升级冲击的人重新融入劳动力市场，减轻其经济负担。

其次，社会保障体系有助于平衡产业升级带来的不平等。随着一些新兴产业的崛起，可能会出现高薪和低薪职位之间的收入差距扩大。社会保障制度的完善可以缓解这种不平等，通过税收和福利政策来调节收入分配，确保收入差距不会失控。这有助于社会的稳定和和谐发展。

最后，产业结构升级和社会保障的协同发展也能够促进人力资源的优化配置。产业升级常常需要各类人才，而社会保障体系的支持可以鼓励人们更加愿意接受培训和学习新技能，从而适应新的产业需求。这有助于提高整体人力资本的质量，推动创新和可持续发展。

总之，产业结构升级与社会保障之间存在着不可分割的联系。国家需要在推动产业升级的同时，加强社会保障制度的建设和完善，以实现经济的持续增长和社会的稳定。这需要政府、企业和社会各界的共同努力，确保经济发展的红利惠及更多的人群，维护社会的和谐与进步。

第三节　统筹城乡社会保障的目标和途径

一、统筹城乡社会保障的内涵与意义

统筹城乡社会保障的准确含义究竟是什么？在社会保障的理论研究或是实践工作中，所谓统筹的概念，有两方面的含义。一是指社会保障的资金筹集层次，即统一筹集、管理和使用社会保险基金并自我平衡的单位所处的层次，比如县级、地（市）级、省级、全国等层次的统筹，以及涉及社会保障的统一规划，如城乡社会保障的统筹。在这里，“统筹”一词不仅涵盖了不同行政层级的协同规划，也包括将城镇和农村视为一个整体来设计和实施社会保障制度，避免城乡之间的割裂。

一个国家或经济社会所采取的社会保障模式，必定与其经济体制、经济社会结构相对应、相联系。在我国传统体制下，采用的是城乡完全分开的社会保障模式，其中最显著的特征是城乡之间的明显分割和身份差异。这种模式下，城市居民和农村居民的社会保障待遇存在较大差异。城乡内部的社会保障也存在平均主义的特点，即对每个群体内部的人员实行相同的政策待遇。同时，城乡之间的社会保障不公平现象也显著，造成了城乡之间的巨大不平衡。如果从统筹的含义来说，这种城乡二元的保障模式也是一种规划和筹划，也就是当时的统筹模式。当然，若以社会保障制度的规范要求加以考量，传统体制下的二元保障模式的不合理之处是显而易见的，但它却是符合当时计划经济体制要求的。经济转型以来，市场化的改革与城市化的进程同时展开，人口老龄化的压力也与日俱增，无论是经济体制还是经济社会结构都发生了巨大的变化，保障的模式自然也要有相应的变化，需要根据已经发生了重大变化的经济和社会背景重新规划和筹划，这就是今天我们所讨论的统筹城乡社会保障制度的意义。

虽然我国的改革始于农村，但从总体上而言，是以城市经济改革为中心的。尽管最初的社会保障制度建设仅仅是作为经济体制改革的配套措施，但经过二十多年的发展，特别是在近十年的时间里，城镇社会保障体系得到了迅速的壮大，已经基本形成了以五大社会保险制度为主体，包括针对老年人、儿童、残疾人等目标人群的社会福利制度，以最低生活保障、灾害救助、流动乞讨人员救助等为主要内容的社会救济制度，还有其他诸如住房公积金、经济适用房、廉租房等住房保障制度以及优抚安置制度等在内的社会保障制度体系。虽然城镇社会保障也还存在着一些有待完善之处，比如制度不够健全、管理基础比较薄弱、未来资金支付压力大、部分社会群体保障待遇不尽合理等问题，但就制度框架而论，我国的城镇社会保障体系基本上已经涵盖了现代社会保障制度的所有内容。这一进展表现在城镇职工基本养老、医疗保险以及失业、工伤和生育保险等方面的建立和完善。这些社会保险制度的发展已经基本奠定，构建了城镇居民的社会保障体系。同时，在社会救助领域，城镇居民低保等社会救助制度也在不断地进行改进和完善。这些制度的发展体现了政府对弱势群体的关心与扶持，使他们能够克服困难，逐步融入社会。这一过程反映了城镇社会保障的全面增强，旨在缩小社会保障方面不同群体之间的差距，实现社会更大程度的公平和包容性。

与城镇社会保障体系相比，农村社会保障仍然存在着较大的制度缺失和责任缺失。经济转型过程中，农村经济社会发生了巨大的变化，传统体制下的农村保障模式赖以存在的经济基础不复存在，但新的社会保障的制度供给显然不足。由于在相当长的时间内，在农村社会保障领域，政府的责任存在缺失，特别是中央政府在财政上对农村社会保障的投入不足，致农村社会保障的责任只能着重于农民自身的家庭保障和土地保障以及地方政府的财政投入。

说到农民的所谓家庭保障，与其说是一种保障模式，还不如说是社会保障缺失情况下的无奈选择。家庭内部的代际供养缺乏制度的约束，虽然说子女有赡养老人的义务，但当出现子女不尽此义务时，最多会受到道德层面的谴责，但并不能保证老人得到保障。何况，若从社会公平的角度而论，城镇人口也有家庭，也应该提倡家庭保障，为何城镇要建立完整的社会保障体系呢？

农民有政府授予的土地一度成为农村社会保障缺失的解释，但土地保障功能的不充分性是显而易见的。农业靠天吃饭的特点使得土地的经营性收益极为有限，在许多经济落后的地区，即便农民每天辛勤劳作尚难以维持生存，如何希望在面临天灾人祸或丧失劳动能力时能凭借土地提供保障？而土地的财产性收益也因为农民没有土地所有权而难以实现。此外，土地在农村被视为农村居民生存权的重要支柱，因此拥有一定数量的土地对每位农村居民而言都是基本生存权的体现。在农村，根据人口变动的情况对承包土地进行调整变得十分必要。此外，每户农户所拥有的承包土地虽然数量有限，但已经根据土地的肥沃程度和位置的远近进行了划分，以确保每位村民在基本生存权方面能够公平享有。这种情况显示，试图将土地集中经营以提高土地收益并加强土地的保障功能是不切实际的。

必须纠正城乡社会保障体系发展中严重的不平衡，加强构建农村保障体系，建立能够替代土地保障的社会保障制度，已经成为近年来学界、政府以及整个社会的共识。然而，在构建农村社会保障体系方面，中央政府的责任仍然显得不够充分。目前，主要依赖地方财政来推进农村社会保障体系的建设。然而，由于我国经济发展的不均衡性，各地方政府的财力存在着明显差异。许多贫困地区因为资金供应困难等问题，使得农村低保资金难以落实。此外，新型农村合作医疗制度（简称“新农合”）也需要逐步规范化运行。有些地方存在着配套资金不足、管理能力不足的问题。保障水平过低也难以有效地防止农民可能因疾病而陷入贫困或重返贫困。在养老领域，20 世纪 90 年代初试行的农村社会养老保险制度存在着明显缺陷，而新型农村社会养老保险制度（简称“新农保”）也尚未形成统一的方案，农村养老保险方面的制度缺陷也十分明显。总的来看，农村社会保障制度发展滞后，农民仍然面临着基本社会保障不足的问题。

除了农村社会保障制度的缺失以外，城市化进程中人口的社会保障权益缺失，也是亟待解决的重大问题。经济转型以来的城市化进程中，为了追求更高的比较收益，许多农民离开传统农业领域，投身城市的非农产业，寻求更好的就业机会。在理论上，如果没有制度性的障碍，农业人口的非农化和农村人口的城市化是可以同步实现的。然而，在我国，由于城乡社会保障制度的双重性质，城市化进程中缺乏能够应对市场风险的社会保障安排，导致处于非农化过程中的农民被边缘化，结果造成农村剩余劳动力的非农化和农村人口的城市化出现了分裂的局面。这一背景下，农村人口在城市化过程中的预期成本大幅增加，农村人口的城市化动力也显著降低，从而放缓了我国的城市化进程。因此，只有将进城农民纳入社会保障体系，有效地应对农村人口在城市化过程中可能面临的失业、疾病、养老等多种市场风险，降低农村人口城市化的预期成本，才能为农村剩余劳动力的流动提供制度保障。

统筹城乡社会保障制度建设在我国全面建成小康社会的进程中扮演着关键角色，直接影响着“五个统筹”政策的落实，具有重要的现实和历史意义。经过四十多年的改革开放和现代化建设，我国的综合国力大幅增强，人民的生活总体上已达到小康水平。然而，城乡二元结构仍未消除，城乡差距甚至有进一步扩大的趋势。虽然社会保障制度的宗旨是扶贫、促公平、保稳定，但其典型的二元结构特征仍然存在。

因此，统筹城乡社会保障制度、逐步建立全覆盖的社会保障体系，使城乡居民能够平等地获得社会保障，让城乡人民共享改革开放和现代化建设的成果，成为我国社会保障制度建设至关重要和紧迫的任务。这不仅是为了实现城乡社会公平，也是为了社会稳定和国家长治久安。通过统筹城乡社会保障制度，推动城乡一体化发展，才能够更好地促进国家的可持续发展和全面建设社会主义现代化国家的目标。

二、统筹城乡社会保障的目标与原则

从确保公平正义的角度来说，实现利益均衡，实现和谐社会，需要从关注和改善民生出发，不断完善社会保障制度，逐步调整城乡之间的社会保障差异，最终建立起综合性的城乡一体化社会保障制度，这是统筹城乡社会保障的核心目标。尽管在当前情况下，在短期内实现完全的城乡社会保障一体化具有挑战，但把这作为追求的方向，制定阶段性目标，并通过创新理念和制度，逐步朝着城乡一体化社会保障的目标前进，这应是我国社会保障改革的重要方向。

制度的创新首先取决于理念的创新，没有理念的创新，制度的创新就无从谈起。我国社会保障改革进程中有一种错误的认识，就是将社会保障看成是一种负担，将社会保障与国家竞争力、企业竞争力对立起来，比如有的企业不为农民工提供社会保障，认为唯有如此才能保证企业的竞争力。在统筹城乡社会保障问题上，必须摒弃这种错误认识。我国的改革开放进行至今日，国民经济有了长足的发展，而社会保障领域则进展缓慢，与上述错误认识不无关系。事实上，许多国家发展的历史证明，只有在一个有保障的社会里，人们才会有比较稳定的安全预期，才能理性消费，才能保证国民经济持续健康地发展。

统筹城乡社会保障制度建设的目标在于将农村和城市社会保障作为有机统一的整体进行规划，逐步建立覆盖全社会的社会保障体系，使得城市和农村居民能够平等享受社会保障。在这一过程中，重点应集中在以下两个方面：首先，针对农村务农人口，建立基本的社会保障体系，包括医疗保险、最低生活保障和养老保险，以解除农村农业人口的后顾之忧。逐步提升农村社会保障水平，缩小城乡社会保障差距，最终实现城乡居民在社会保障方面的平等。其次，对于目前游离于城乡之间的农民工群体，应建立适应过渡性阶段的制度模式，并设计与城市社会保障体系和农村社会保障体系相衔接的制度渠道，以确保这部分人群能够逐步融入社会保障体系中。通过这些努力，可以实现城乡社会保障制度的统筹发展，促进社会公平和稳定。

根据以上所提出的目标和我国目前的现实条件，统筹城乡社会保障过程中应遵循以下的基本原则：

第一，统筹城乡社会保障要根据我国的国情。党的十七大报告中概括了我国在发展过程中的新的阶段性特征，也就是我国目前的基本国情。在统筹城乡社会保障制度时，必须根据我国的基本国情，旨在缩小城乡和区域发展差距，促进经济社会协调发展。目标是实现城乡一体化，但需要在现实的基础上稳步推进，避免过于急功近利。全体国民都应纳入社会保障体系，但也要考虑到我国人口众多、经济不发达、不平衡的情况。解决城乡社会保障问题时，要逐步消除制度上的城乡、区域和群体差异。但不能忽视我国的现实情况，急于实现城乡一体化可能不切实际。综合考虑国情和现实，平衡各种因素，是实现城乡社会保障制度统筹发展的核心。

第二，统筹城乡社会保障需要充分发挥政府的作用。社会保障的有效性在很大程度上取决于政府的角色和作用。政府在社会保障方面的作用不仅仅是提供资金支持，更重要的是制定政策、规划和管理整个社会保障体系。政府可以通过设立合适的法律法规，确保社会保障制度的稳定和可持续发展。同时，政府还应该积极监督和评估社会保障的执行情况，确保资金使用的透明和效率。政府还可以促进信息共享，优化资源配置，提高社会保障的覆盖范围和质量。在统筹城乡社会保障的过程中，政府的引导和推动作用尤为重要。通过政府的积极参与，可以确保社会保障制度的公平性和可行性，进一步促进城乡社会保障的统筹发展。

各国社会保障制度建设经验表明，政府在社会保障制度中所表现的不同职能会直接影响到该国社会保障制度的发展方向。如果政府在社会保障中没有承担应有的责任，那么社会保障制度不但不能发挥其增进社会福利的作用，反而有可能会造成社会福利的减少。目前我国农村社会保障制度还处于起步阶段，农村居民和农民工的社会保障存在缺失，在农村社会保障领域，政府的责任往往在政策性文件中有所提及。然而，这些文件通常使用概括性的语言来描述政府在农村社会保障中的责任，却未明确规定具体的职责。这种情况导致政府责任的履行缺乏明确性，进而影响了农村社会保障制度建设的推进。这种模糊的政府责任承担导致了不确定性，也是农村社会保障相对城市社会保障建设进展缓慢的重要因素之一。因此，为了加快农村社会保障制度的建设，需要政府在政策文件中更具体地规定其责任，确保政府的作用明确，责任落实到位，从而为农村社会保障的发展提供更有力的支持。

虽然近几年来，农村社会保障和农民工的社会保障问题越来越多地受到政府的关注，许多地方政府出台了一些适合农村或农民工的社会保障措施。但这些措施大多系地方政府根据各自的情况制定，一方面造成了社会保障制度的“碎片化”，另一方面由于经济发展水平的不均衡，各地方政府财力存在较大的差异，根据各自财力制定的措施自然也存在很大差别，实际上导致了不同地区社会保障差距的进一步扩大。因此，协调城乡社会保障需要充分发挥政府，特别是中央政府的职能。

第三，统筹城乡社会保障必须以人为本、关注民生、分步推进。统筹城乡社会保障应发挥政府作用，特别是中央政府的作用。实现城乡社会保障一体化是渐进的过程，受资源限制，需分阶段实现。阶段性目标次序应以人为本、关注民生，优先解决最困难群体的福利问题，如农村居民的生存难题。社会保障层次包括养老、医疗、工伤保险，以及福利、救济、最低生活保障。城乡社会保障一体化应按层次逐步推进，步调在纵、横向区域间有差异，考虑区域发展不平衡。

第四章　农村社会保障

农村社会保障是我国社会发展的重要组成部分，其意义不仅仅局限于保障农村居民的基本生活需求，更涵盖了促进农村经济的持续增长和农民生活水平的提升。随着我国城乡一体化进程的不断推进，农村社会保障的建设变得愈加紧迫而重要。农村社会保障的完善对于缩小城乡差距、促进农村人口流动和经济活力释放至关重要。通过建立覆盖全体农村居民的社会保障体系，可以减轻农民在生老病死等风险面前的后顾之忧，激发他们更多地参与农村经济建设与社会发展。这有助于推动农村经济的多元化发展，增加农村居民的收入来源，提高农村的社会文明水平，实现城乡融合发展的目标。

农村社会保障也有助于维护社会的稳定与和谐，可以有效减少社会不公平现象，增强农村居民的获得感和幸福感，促进社会各阶层的和谐共处。此外，农村社会保障的建设还能为农村人口流动提供有力支持，帮助农民更加自信地融入城市社会，推动城乡一体化的进一步深化。总之，农村社会保障是我国社会建设中的重要环节，其完善不仅关系到农村居民的幸福感和获得感，也对我国整体的可持续发展产生着深远影响。需要政府、社会、企业等各方共同努力，建立健全的农村社会保障体系，为农村发展和社会和谐稳定注入更多正能量。

第一节　有利于农村发展

一、农村社会保障与农地使用效率

农村社会保障在促进农村发展方面具有重要的积极作用。随着我国城乡一体化的深入推进，农村社会保障不仅是保障农村居民基本生活的需要，更是推动农村发展的关键因素之一。

首先，农村社会保障有助于增强农民的发展信心。通过建立健全的社会保障制度，农村居民可以更加安心地投身于农村经济的发展。有了社会保障的支持，农民在面对风险和挑战时能够更加从容，从而更积极地参与农村产业的发展和创新。其次，农村社会保障可以促进农村人力资源的优化配置。农村社会保障制度的完善可以吸引更多的年轻人留在农村从事各种产业，减少劳动力的外流，有利于农村劳动力的稳定和可持续利用，推动农村经济的多元化和现代化发展。此外，农村社会保障还有助于提高农民的消费能力。随着社会保障的逐步完善，农村居民的收入水平将得到提升，消费需求将逐步释放，为农村经济的增长注入新动力，推动农村产业结构的优化升级。

因此，农村社会保障对于农村发展具有积极而深远的影响。通过建立健全的社会保障体系，可以提升农民的发展信心，促进农村人力资源的优化配置，增强农村消费能力，进而推动农村经济的可持续发展，实现乡村振兴的目标。

二、农村社会保障与农村稳定发展

农村社会保障是农村稳定的重要支撑，对于维护农村社会和谐稳定具有关键作用。农村社会保障不仅关乎农民的基本生活水平，更关系到整个农村社会的稳定发展。

首先，农村社会保障可以缓解农民的后顾之忧。在面对老龄化、疾病、意外等风险时，有健全的社会保障制度作为支撑，农民能够更加安心地从事农村产业和生活，不必过度担忧风险对家庭和个人的影响，从而保持稳定的心态和积极的生活态度。其次，农村社会保障可以减少社会不平等和冲突。在缺乏社会保障的情况下，贫富差距扩大、资源分配不公等问题可能引发社会不满情绪和冲突。通过建立覆盖全体农村居民的社会保障体系，可以弥补社会保障的不平等现象，减少社会矛盾，维护社会的稳定和谐。此外，农村社会保障还有助于促进农村经济的可持续发展。在有了社会保障的前提下，农民更愿意投身于农村产业的发展，从而推动农村经济的多元化和现代化。稳定的社会环境也有利于吸引外部资源和投资，为农村经济的发展提供更多的支持。

总之，农村社会保障与农村的稳定息息相关。健全的农村社会保障制度可以减轻农民的后顾之忧，减少社会不平等和冲突，促进农村经济的可持续发展，为农村社会的稳定做出积极贡献。

三、农村社会保障与农村人口素质

农村社会保障与生育政策的实施以及国民素质的提高密切相关，它们相互促进、相互影响，共同构筑着农村社会的可持续发展。

首先，农村社会保障与生育政策紧密相连。建立健全的农村社会保障制度能够为农村家庭提供经济支持和保障，缓解家庭养老、医疗、教育等方面的负担，从而为家庭做出合理生育决策提供更多空间。有了社会保障的支持，农村家庭更能够积极响应国家的生育政策，合理规划生育，实现人口数量和结构的优化。其次，农村社会保障与国民素质的提高相互促进。健全的社会保障制度不仅为农村居民提供经济支持，还能改善他们的教育、医疗等基本生活条件。这有助于提升农村居民的教育水平和健康状况，提高他们的综合素质。而提高国民素质也会促使政府和社会更加重视农村社会保障的建设，为农村居民提供更优质的社会保障服务。

因此，农村社会保障在生育政策的实施和国民素质的提高中具有重要作用。通过建立健全的社会保障制度，可以为农村家庭提供支持，促进合理生育，同时也能为农村居民提供更好的教育和医疗条件，提高他们的国民素质，为农村社会的可持续发展创造更有利的条件。众所周知，教育和人力资源素质的投入，和一个国家的生产力有着最直接密切的关系，毋庸赘述。

第二节 有利于中国化进程的发展

一、农村社会保障与中国城市化进程

农村社会保障与中国的城市化进程密切相关，它在推动城市化的过程中发挥着重要的作用，同时也受到城市化的影响。

首先，农村社会保障是城市化进程的支撑。随着城市化的推进，大量农村人口涌入城市，他们面临着工作、住房、医疗、养老等多方面的挑战。建立健全的农村社会保障制度可以为农民工提供更稳定的就业保障、医疗保障和养老保障，增强他们进城务工的信心，促进城市化进程更加顺利地进行。其次，城市化也对农村社会保障提出了新的要求。随着农村人口进城，传统的农村社会关系发生变化，家庭结构被扰乱，养老模式受到冲击。因此，需要在城市化的背景下，适应新的社会变革，调整和完善农村社会保障制度，使之能够更好地满足城市化过程中农村居民的需求。同时，农村社会保障也影响着城市化的质量和可持续性。如果农村居民在城市化过程中得不到充分的社会保障，他们可能面临较大的生活压力，甚至成为社会不稳定因素。因此，构建覆盖城乡居民的社会保障体系是保障城市化过程中社会稳定的重要一环。

总之，农村社会保障与中国的城市化进程紧密相连，相互影响、相互促进。通过建立完善的农村社会保障制度，可以支持和推动城市化进程，同时也需要在城市化的背景下调整和完善社会保障制度，以实现城乡居民的全面保障，促进城市化的高质量、可持续发展。

二、农村社会保障与国家的积累和消费水平

农村社会保障在国家的积累与消费水平方面具有重要影响。通过建立健全的

农村社会保障制度，可以促进农村居民的收入稳定增加，提升其消费能力，从而对国家的整体消费水平产生积极影响。

首先，农村社会保障可以提升农村居民的收入保障。在现代化建设过程中，农村经济不断发展，但农村居民的收入水平相对较低。通过社会保障制度，可以提供养老、医疗、失业等方面的保障，降低农村居民面临的风险，增加其家庭收入的稳定性。这将有助于提高农村居民的消费信心，促进其增加消费支出。其次，农村社会保障有助于缩小城乡差距，提升农村地区的消费水平。由于长期以来农村社会保障的不足，农村地区的收入分配不均问题较为突出。通过建立完善的农村社会保障体系，可以提高农村居民的社会保障水平，减少贫困现象，进而促使农村地区的整体消费水平得到提升。此外，农村社会保障对于国家整体的消费环境也具有重要影响。稳定的社会保障制度可以降低个人家庭面临的风险，减少家庭储蓄倾向，鼓励更多人将储蓄转化为消费，从而推动整体消费水平的提升，促进国家积累与消费的平衡。

因此，农村社会保障与国家的积累与消费水平密切相关。通过建立完善的农村社会保障制度，可以提升农村居民的收入保障，缩小城乡差距，改善整体的消费环境，进而促进国家的积累与消费的良性互动。

三、农村社会保障与国家农业保护政策

农村社会保障与国家农业保护政策的实施存在紧密的关联。建立健全的农村社会保障制度可以为国家农业保护政策的顺利实施提供支持和保障。

首先，农村社会保障可以提升农村居民的稳定性和安全感。农村社会保障制度的完善可以减轻农村居民因自然灾害、农业波动等原因所面临的风险，降低因不稳定收入而导致的生活不确定性。这样，农村居民在农业生产过程中更有信心，愿意积极参与农业活动，从而有利于国家农业保护政策的实施。其次，农村社会保障可以增强农村人才的吸引力。农村社会保障制度的完善可以为农村居民提供更好的福利待遇，改善其生活水平，从而提升其留在农村从事农业生产的动力。这有助于保障农村的人力资源，促进农业的稳定发展，符合国家农业保护政策的目标。此外，农村社会保障也能够减轻农民在农业生产中的风险压力，使他们更愿意采用先进的农业技术和方法，提高农业产出。这与国家农业保护政策的推进相互促进，有助于提升农村农业的竞争力。通过建立完善的农村社会保障制度，可以提升农村居民的稳定性和安全感，增强农村人才的吸引力，减轻农民的风险压力，从而为国家农业保护政策的实施创造有利条件。

第三节　农村社会保障与城乡发展

一、农村社会保障与城乡的协调发展

农村社会保障作为一个重要的社会保障领域，密切关系着城乡的协调发展。在我国，城乡差距是一个长期存在的问题，城市与农村之间的发展水平、基础设施、社会服务等方面存在明显不平衡。而农村社会保障的不完善加剧了城乡之间的不平衡现象。缺乏足够的社会保障，农村居民在面对疾病、失业、养老等风险时更容易陷入困境，这可能导致一些农村居民被迫离开农村，进入城市谋求更好的生活，进一步加剧了城市化进程。

要实现城乡协调发展，必须加强农村社会保障制度建设，使农村居民享有与城市居民相当的社会保障待遇。通过建立覆盖城乡居民的社会保障体系，可以缓解农村居民的后顾之忧，提高他们的生活质量和获得感。这不仅能够减少农村居民进城谋求社会保障的压力，也能够促使更多农村居民留在农村，积极参与农村经济建设，推动农村的发展。通过加强农村社会保障制度建设，可以促进城乡之间的均衡发展，实现城乡协调发展的目标，为我国的现代化建设创造更加有利的社会环境。

二、农村社会保障与人口老龄化

农村社会保障在现代社会中具有重要意义，特别是在应对人口老龄化挑战方面起着关键作用。随着我国人口老龄化进程的加速，农村地区的老年人口比例日益增长，养老、医疗等需求也不断增加。农村社会保障系统的健全与完善，将直接影响老年人群的生活质量和社会稳定。

一个完善的农村社会保障体系可以为老年人提供充足的养老金、医疗保障等服务，从而减轻老年人的经济负担，提升其生活品质。同时，这也可以鼓励年轻一代在农村地区定居和发展，为农村社区提供更多的劳动力和发展动力，实现城乡人口平衡和可持续发展。

农村社会保障的建设还能够减少农村老年人口的贫困风险，提升其社会地位，增强其参与社会活动的能力。这有助于防止老龄化过程中可能出现的社会不稳定因素，维护社会和谐与稳定。

因此，农村社会保障制度的建设不仅仅是为了满足老年人的基本生活需求，更是应对人口老龄化挑战的必要举措。通过建立健全的社会保障体系，可以为农村老年人提供安全感，促进农村的可持续发展，同时为国家应对人口老龄化挑战提供坚实的基础。

三、关系到城乡居民的共同福利

没有富足而稳定的农村，就没有稳定而繁荣的城市。大量的新迁入城市的人口如果在生命波折期没有保障，即使拥有社会保障的城市公民也将被各种不安定的因素所包围，社会损失的将不仅仅是农村居民的利益。

第五章　城镇社会保障

第一节　城镇化与社会保障

一、城镇化

城镇化也称为“城市化”，目前在学术界尚未形成统一定义。从生产要素的流动角度看，指劳动力（L）、资本（M）、技术（T）等生产要素从生产力发展水平比较低的农村地区向生产力发展水平比较高的城市地区转移的市场经济活动过程，也是第一产业向第二产业、第三产业过渡转变的过程；从人口学的角度看，城镇化的过程则是将农村人口转换成城市人口的过程；而从区域地理环境变化的角度看，城镇化的过程也就是将自然区域或农村地区变为城市地区的过程。

城镇化作为一个多维度的概念，涵盖了人口、经济、地理环境和社会文明等多个方面。在我国，城镇化的发展路径可以归纳为四种。首先，通过对外开放吸引外资企业的方式实现工业化和城市化；其次，依靠小商品经营和个体私营企业发展，推动工业化和城市化进程；再次，通过大城市的扩散作用，推动乡镇企业的发展，进而实现工业化和城市化；最后，通过开发森林和矿产资源，建立国有大中型企业，推动工业化和城市化进程。这些不同的路径展示了我国城镇化的多样性和复杂性，各地区可以根据自身特点选择适合的发展路径。

二、城镇化水平

城镇化水平是衡量一个国家或地区范围内，城市发展与农村发展整体构成情况的指标，直接表征城镇化发展所达到的阶段。城镇化作为一个国家或地区经济发展的重要标志之一，具有显著的意义。它不仅反映了人口从农村向城市的迁移趋势，更重要的是折射了社会的组织程度和管理水平。城镇化的推进往往伴随着农村人口向城市的流动，这反映了劳动力在城市工业和服务业中的需求增加。同时，城镇化还意味着城市基础设施的建设和提升，以及城市化管理的逐步完善。通过城镇化，社会的生产力得到提高，经济结构逐渐优化，社会组织和管理水平也得以提升。

城镇化水平可以从三个方面进行度量：一是地区范围内的城镇数量；二是地区人口中，城镇人口数量在总人口数量中的占比，反映人口向城市地区聚集的过程和程度；三是城镇用地占区域总用地的比例，反映城镇地区基础资源的占用情况。城镇化水平的具体量化方法有多种，包括人口比例法、调整系数法、城市指标体系法等。其中，人口比例法分为两种，一是城镇人口比重指标法，二是非农业人口比重指标法，这两种方法比较通用；调整系数法的核心是以市镇非农业人口占市镇人口总数的比重代表城镇化水平，最大限度地消除人口统计口径方面存在的偏差；城市指标体系法选取人口聚集规模及人口构成、经济聚集规模及构成、基础设施发达水平、社会服务水平、社会保障及安全保障、生态环境质量和市民意识等七个要素，按不同权重计算得到城镇化发展系数。

三、社会保障

关于社会保障，不同的国家、不同的学者认为其有不同的涵义，国际劳工组织也没有给出规范的定义。实际上，即便是同一个国家，经济和社会发展阶段不同，社会保障的涵义也可能存有明显差别，根本原因是社会保障无论是在体系结构上，还是在具体功能覆盖上都有很大的差异。具体到我国，自中华人民共和国成立以来，社会保障制度先后发生过一系列的发展变化，直到 2011 年 7 月《中华人民共和国社会保险法》正式实施，社会保障制度逐渐进入平稳发展阶段。学者蔡汉波认为，社会保障是国家通过立法形式，对国民财富进行再分配，满足全体社会成员的基本生活需求的制度的总称。社会保障的本质是追求和保证公平，主体责任承担者是国家或政府，我国的社会保障制度包括社会保险、社会救助、社会优抚和社会福利等方面的内容。

四、社会保障水平

社会保障水平指一个时期、一定地域范围内全体社会成员享有的社会保障待遇的整体情况或高低程度，涵盖待遇状况、制度成熟度状况、基金运作状况和综合管理状况，反映社会保障体系功能的强弱，也是经济和社会发展水平的重要标志。社会保障水平的度量方法有三种：一是社会保障支出占 GDP 的比重，反映社会保障的深度；二是人均社会保障支出额度，反映社会保障的广度；三是基于政府管理的角度，以年度社会保障支出占年度财政预算总额的比例来表示，其优点是直接反映政府部门在推进社会保障体系建设方面的资金投入力度，间接反映区域社会保障所处层级。

第二节　社会保障、城镇化、就业之间的关系

一、社会保障与城镇化发展的关系

汪国华（2014）认为，目前我国社会保障制度仍是以身份设计和地域设计为基础，存在二元分割的状况，对城镇化的发展构成一定程度的制约。要统筹好两者的协调发展，建立有效的实施路径。杨赛男（2015）提出，要加快我国城镇化发展，需要首先构建与之相适应的社会保障体系，优先解决流动人口公共医疗保障问题，建立跨地域社会保障对接机制，同时在政府财政投入上加大支持力度。邢嘉威（2014）认为，我国社会保障领域存在三方面的基本问题：城乡差距大，财政支出水平低，覆盖面有待拓宽，对城镇化的快速发展构成负面影响。主要解决途径是构建城乡社会保障一体化体系，增加就业财政补助支出，扩大社会保障支出覆盖面。王筱欣、杨臣（2015）研究了社会保障支出与城镇化之间的关系。作者选取社会保障支出与基金支出两个指标，以 2014 年的时间序列数据为样本，运用 VAR 模型进行实证分析。主要结论是：城镇化对社会保障支出的影响显著，后者对前者也有一定的影响，但影响程度相对较小。建议加快社会保障建设步伐，为城镇化发展提供有利环境。

俞卓（2015）认为，城镇化推进过程中，加快了产业结构升级，有效地解决了劳动力就业问题，带动了内需，政府和企业具备了在社会保障方面的物质资源投入。反过来，社会保障水平提高，公众追求更高质量生活的愿望普遍增强，增加了城镇化发展的内在推动力。薛维然（2015）认为，长期以来，我国城乡“二元”制社会结构的基本形态对经济和社会发展构成了一定程度的制约，给社会保障体系建设带来压力。在这种情况下，城镇化发展既是缓解“二元”制社会结构现状，又是实现经济转型升级的基础手段和根本途径，两者之间互为条件，相互促进。建议在政策调整、财政投入、法律规范等方面统筹推进。孔霜霜、邱文凯（2016）选取 2007—2015 年社会保障和城镇化业务发展数据，以社会保障支出增长率和城镇化水平增长率的比值作为适应性分析系数进行研究，结果表明：两者之间具有内在的适应性关系，后者对前者有促进作用。但由于政策力度不够、经济发展区域不平衡等原因，两者之间的适应性关系还不明显。作者建议一方面要加快提高社会保障水平，但也要适度控制，以便与城镇化实现协调发展。白秋苹（2017）选取 1994—2015 年时间序列数据为样本，构建 VAR 模型，实证研究城镇化与社会保障之间的相互关系，结论表明两者之间存在长期协整关系，提高社会保障水平，直接带动内需，

促进居民消费。而城镇化水平的提高，又可以在资金投入、人口管理、制度规划、资源统筹等多个方面促进社会保障体系的完善。黄耀东（2017）认为，今后一二十年内我国城镇化程度不断加深，为社会保障水平的提高创造了有利条件，但也提出了一定的挑战，必须按照城镇化发展要求，深化社会保障体制改革，实现两者之间的良性互动，共同促进经济增长和社会发展。文雨辰（2016）认为，社会保障体系建设本身也是城镇化发展的重要组成部分和标志，在传统城镇化模式向新型城镇化模式转型的过程中，社会保障体系要先行发展，在资金、土地、政策等多个方面予以倾斜，使越来越多的人口和地区切身体验城镇化发展的直接成果。

二、社会保障与就业之间的关系

围绕社会保障和就业的关系问题，国内学者也进行了大量研究。其中，学者们多以社会保障支出水平的高低代表社会保障水平。

徐晓莉（2015）选取新疆地区 2008—2014 年的社会保障和城镇就业人口数据为样本，通过最小二乘法，实证研究社会保障水平与就业之间的关系。结果表明，新疆社会保障支出与城镇就业水平正向相关，要提高就业水平，须首先增加社会保障财政支出。谭伟（2016）采用向量自回归方法（VAR），以 2000—2015 年社会保障和就业数据构成时间序列，实证分析两者之间的动态关系。结果表明：社会保障支出与就业互为因果，互为依托，存在长期协整关系；同时，通过脉冲响应分析，作者发现社会保障支出与就业水平之间显著正向相关，在其他条件不变的情况下，前者每增加 1 %，后者增长 0.061%。谢瑰（2017）研究了社会保障支出水平对就业的影响。作者以 2002—2016 年相关数据为样本，通过协整检验和误差修正模型证实，两者之间存在长期稳定的趋势关系，且互为格兰杰（Granger）关系。田宋（2015）实证研究了社会保障支出对就业的影响。作者选取 2010—2015 年贵州省业务数据为样本，采用向量自回归法（VAR）。结果发现：社会保障支出和就业不存在长期稳定趋势关系，财政社会保障支出能够消解最初对就业产生的负效应。

三、就业与城镇化发展之间的关系

就业与城镇化发展有着密不可分的关系，就业是城镇化发展要解决的基本问题之一，没有健康稳定的就业状态，在某种程度上就失去了城镇化发展目的和支撑。同样，城镇化发展得好，反过来也会给就业带来结构上、模式上和质量上的提高，并带动宏观经济的良性发展。围绕就业与城镇化发展的关系，学者们也进行了丰富的研究，基本情况如下。

王莉、范徐飞（2017）以1985—2016年国内就业水平和城镇化数据为样本，实证研究两者之间的关联关系。结果表明，第一产业就业结构与城镇化水平提高无明显关系，但第二产业和第三产业就业结构改善，有利于城镇化发展。林昌华（2016）利用2006—2011年福建省城市面板数据为样本，构建Tobit模型研究不同产业的就业情况对区域城镇化效率的影响。结果发现，不同产业的就业结构对城镇化效率的影响不同，其中，三次产业的就业结构对城镇化效率存在差异化影响：第一产业就业结构的影响不明显，第二产业的就业结构影响关系不确定，而第三产业的就业结构均是正向影响。黄颖（2019）以2008—2018年四川省21个市的城镇化发展面板数据为样本，分析就业结构对城镇化发展的影响关系，结论是，就业结构与城镇化发展相辅相成，如果城镇化发展水平还未成熟，即便短时间内非农就业情况明显改善了，但缺少配套的就业者薪资待遇体系及租住房屋等基础设施，城镇化的发展质量也会受到抑制。

第三节 新型城镇化进程中城乡社会保障制度

在新型城镇化进程中，大量农村人口涌入城市成为城市新居民。然而，由于户籍等限制，这些农村居民在城市中并不能享受与城市居民相同的社会保障待遇，引发了一系列问题。为应对这一挑战，我国近年来陆续推出了旨在促进城乡社会保障协调发展的政策和制度。尽管社会保障制度朝着更加公平的方向发展，但仍然存在一些实施过程中的不足和缺陷。针对这些问题，需要在制度建设层面积极作出调整，提高城乡社会保障制度的针对性和操作性，以更好地满足不同居民的需求，同时保持统筹性。这有助于推动城乡社会保障制度朝着更加平等和全面的方向发展。

一、新型城镇化概况

（一）统筹发展的新型城镇化

新型城镇化是在城镇化进程中更加注重统筹发展的城镇化。随着经济社会的发展，城镇化已经成为现代化进程中不可或缺的一部分。然而，传统城镇化模式可能会导致一些问题，如城市扩张不当、资源浪费等。为了更好地解决这些问题，新型城镇化强调了统筹发展的理念。

新型城镇化的核心思想在于实现城乡协调发展，促进经济、社会、环境等各方面的均衡增长。这意味着不仅要关注城市的经济发展，也要注重农村地区的改善，确保农民在城镇化进程中更多地获益。同时，新型城镇化强调生态环境的保护，避免因城镇化而导致的环境恶化问题。

在新型城镇化中，政府扮演着更加积极的角色，通过规划和政策引导，推动城镇化朝着可持续的方向发展。这包括合理规划城市扩张、提升城市建设质量、改善城市基础设施等方面。与此同时，也要关注农村地区的发展，提高农民的生活水平，推动农村产业结构升级和农村经济的可持续发展。

综合而言，新型城镇化强调统筹发展的理念，旨在实现城乡协调发展、经济社会的均衡增长以及生态环境的保护。这是适应现代化进程的需要，也是促进国家可持续发展的重要举措。

（二）现阶段新型城镇化建设的基本情况

当前阶段，我国新型城镇化建设正处于积极推进的阶段，旨在实现城乡协调发展、经济社会的均衡增长以及生态环境的保护。这一发展目标是为了更好地满足人民群众对美好生活的向往，促进国家可持续发展，提升城乡居民的生活水平。

新型城镇化建设在政策层面得到了明确的指导和支持。我国政府通过出台一系列文件和计划，强调要加强城乡规划，提高城市发展质量，加强基础设施建设，促进城市产业升级，改善人居环境，推动乡村振兴。这些政策的实施为新型城镇化提供了有力支撑。

在实际建设中，新型城镇化强调推动城市功能提升。许多城市积极发展现代产业，提升科技创新能力，培育新的经济增长点。同时，城市基础设施也得到了加强，包括交通、能源、环保等方面的建设，提升了城市的综合竞争力。

农村改革也是新型城镇化的重要组成部分。通过推动农村土地制度改革、发展农村产业、加强农村基础设施建设，我国在乡村振兴方面取得了一系列积极成果，促进了农村经济的持续增长和农民生活水平的提升。

需要指出的是，新型城镇化建设还面临一些挑战和问题，如城市化进程中的土地问题、户籍制度问题、社会保障问题等。解决这些问题需要政府各部门的协同努力和系统性改革。总之，当前新型城镇化建设在政策支持和实际推动下取得了积极进展，通过促进城乡协调发展和经济社会的均衡增长，我国正在逐步实现更加可持续、更加和谐的城乡发展格局。

二、新型城镇化进程中城乡社会保障制度发展困境

在新型城镇化进程中，城乡社会保障制度的发展现状受到了广泛关注。城乡社会保障制度的不平衡和不完善问题已经成为制约城乡居民公平享受社会保障的

瓶颈之一。

一方面，城乡社会保障制度在发展中出现了差异。城市地区社会保障制度相对完善，覆盖范围广，各项社会保障待遇相对较高，而农村地区社会保障制度相对薄弱，覆盖面较窄，社会保障水平较低。城乡居民在社会保障权益上的差距依然较大，城市居民相对更有保障感。另一方面，城乡社会保障制度的融合和统筹仍存在挑战。虽然我国在近年来出台了一系列政策文件，力求实现城乡社会保障制度的统一和融合，但由于城乡居民的户籍差异、经济发展水平不均等因素，城乡社会保障的整合仍然面临困难。城乡社会保障制度的融合需要解决不同地区之间的协调问题，确保各类社会保障待遇的公平分配。

（一）社会保障制度不公平依然存在

新型城镇化进程中，城乡社会保障制度的发展情况引发了人们对社会保障制度的公平性问题的关注。这一问题在城乡居民之间产生了不同的社会保障待遇，从而加剧了社会保障制度的不公平现象。

首先，城乡社会保障制度在发展速度和水平上存在差异。由于城市地区的经济发展相对较快，社会保障制度也相对完善，城市居民享有更高水平的社会保障待遇。而在农村地区，由于经济基础较弱，社会保障制度相对不足，农村居民的社会保障水平相对较低，这种差异导致了社会保障的不公平。其次，户籍制度限制了城乡居民的社会保障权益。城乡居民的户籍差异使得他们在享受社会保障待遇时面临不同的限制。农村居民要想在城市地区享受同等的社会保障待遇往往面临诸多难题，这也加剧了城乡社会保障制度的不平衡。此外，城乡社会保障制度的统筹性尚未达到预期目标。尽管政府出台了一系列政策措施，力求实现城乡社会保障制度的整合和统一，但由于城乡居民之间的差异性，制度融合仍面临一定的挑战。这也导致了城乡社会保障制度在覆盖范围和待遇水平上的不公平。

因此，在新型城镇化进程中，城乡社会保障制度的不公平问题需要得到关注和解决。政府需要进一步加大力度，通过制度创新和改革，逐步实现城乡社会保障制度的公平化发展，使所有城乡居民都能够平等地享受到社会保障的待遇，从而推动社会保障制度朝着更为公平的方向发展。

（二）社会保障制度与新型城镇化发展不协调

社会保障制度与新型城镇化发展之间存在一定的不协调问题，这主要表现在制度覆盖、待遇水平和城乡居民权益保障等方面。

首先，新型城镇化进程中，大量农村人口涌入城市，成为城市新居民。然而，受限于户籍制度等因素，这些农村居民在城市中并不能享受与城市居民相同的社会保障待遇。这导致了城乡居民之间在社会保障权益上的差异，进一步加剧了城乡二元社会的现实。其次，新型城镇化的发展使得城市化程度提高，但社会保障制度的建设相对滞后。尤其是在基础设施、医疗保障、养老保险等方面，城市社会保障体系的建设需要时间，而新进城市居民往往难以即时融入这些制度，导致了城市居民的社会保障待遇相对不足。此外，不同地区的社会保障制度发展水平差异较大。一些发达城市的社会保障制度较为完善，而一些中小城市和农村地区的制度建设相对滞后，造成了城乡之间在社会保障方面的差距，这与新型城镇化的整体发展目标不够协调。

因此，社会保障制度与新型城镇化发展确实存在一定的不协调问题。为解决这一问题，需要加强政府部门的协调与指导，推动社会保障制度与城镇化发展相互适应，使城乡居民在社会保障权益方面能够得到平等、公平的保障，进而促进城乡居民的共同福祉和社会和谐。

（三）城乡社会保障体系建设资金缺口较大

在新型城乡化进程中，城乡社会保障体系建设所面临的一个重要挑战是资金缺口较大。随着人口流动和城市化的推进，对社会保障制度的需求不断增加，但相应的资金投入却往往难以跟上。

首先，农村地区的社会保障制度建设需要大量资金投入，包括基本养老保险、医疗保障、失业保险等。然而，农村经济相对落后，财政收入有限，导致了社会保障体系建设资金的不足。特别是一些中小城市和偏远地区，由于财政压力较大，往往无法充分保障农村居民的社会保障权益。其次，随着城市化进程加速，城市居民的社会保障需求也在不断增加。城市社会保障体系需要投入更多的资金来满足居民的养老、医疗、失业等需求。

资金缺口不仅影响了城乡社会保障体系的建设进程，还可能导致社会保障待遇的不足，影响到居民的生活质量和社会稳定。为解决这一问题，政府需要加大财政投入，通过政府预算、社会保险费等渠道筹集资金，优先保障社会保障体系的发展。同时，也可以探索引入多元化的资金来源，鼓励社会资本参与社会保障领域，以减轻资金压力，确保城乡居民都能享有公平、可持续的社会保障待遇。

第四节　就业环境下的城镇化社会保障

一、就业与社会保障政策

2021 年，人力资源和社会保障部等八部门联合印发《关于维护新就业形态劳动者劳动保障权益的指导意见》，提出“放开灵活就业人员在就业地参加基本养老、基本医疗保险的户籍限制”。

就业体制与社会保障政策之间的互动变化在新型城镇化进程中具有重要意义，随着城乡人口的流动和就业结构的变化，就业体制和社会保障政策之间的关系也在逐步调整和演变。在过去，我国的就业体制主要以单位为基础，企业为职工提供稳定的就业和相应的社会保障待遇。然而，随着市场经济的发展和城乡居民的流动，传统的单位就业模式受到了冲击，城乡劳动力的流动性增强，导致了就业关系的多元化。在这一背景下，社会保障政策也面临调整，需要适应新的就业形态和就业关系。

新型城镇化进程中，城市化推动了更多的农村居民涌入城市，寻求更好的就业机会。这就需要社会保障政策能够适应城市居民和农村居民的不同需求。一方面，政府需要通过建立更为灵活的社会保障制度，为不同就业形态提供相应的社会保障覆盖，包括城市正式就业、城市非正式就业、农村外出务工等。同时，也需要关注失业保险和职业培训等方面，帮助就业者更好地适应就业市场的变化。

另一方面，社会保障政策的变化也会影响就业体制。社会保障政策的改革可能会对企业的用工成本和人力资源管理产生影响，从而影响企业的用工决策。例如，社会保障费率的调整可能会影响企业的用工成本，进而影响到招聘和员工福利政策。因此，就业体制和社会保障政策之间的互动是一个相互影响、相互调整的过程，需要政府、企业和个人之间的协调合作。

因此，新型城镇化进程中，就业体制和社会保障政策之间的互动关系日益密切。适应新就业形态、保障不同居民的社会保障权益，需要不断调整和完善社会保障政策，以应对就业市场的变化。

二、养老保险覆盖面仍存在结构性失衡

养老保险是社会保障体系中的重要组成部分，然而，在我国养老保险制度的建设过程中，的确存在着一些结构性失衡的问题。这种失衡主要体现在养老保险覆盖面的不均衡、缴费基数的差异以及制度设计的挑战上。

首先，养老保险覆盖面的不均衡是一个突出的问题。我国的养老保险体系分为城镇职工基本养老保险和农村居民养老保险两大部分，其中城镇职工养老保险覆盖较为广泛，而农村居民养老保险的覆盖相对较窄。这造成了城乡之间的社会保障差异，农村居民的养老保障水平相对较低，难以满足老年人的基本生活需求。

其次，缴费基数的差异也是结构性失衡的一个方面。城镇职工的养老保险缴费基数通常较高，而农村居民养老保险的缴费基数相对较低。这导致了在退休后

能够领取的养老金金额存在差距，不同群体之间的待遇不均衡。同时，部分城镇职工也可能因为在非正式就业中缴费基数较低，导致退休后的养老金水平较低。

最后，养老保险制度的设计也面临挑战。随着人口老龄化的加剧，养老保险体系可能面临支付能力不足的风险。此外，经济发展水平和就业状况也会影响养老保险制度的可持续性。一些欠发达地区可能难以提供充足的养老保障，进一步加剧了城乡、地区之间的差距。

我国养老保险制度在覆盖面、缴费基数和制度设计等方面存在结构性失衡的问题，这需要政府和相关部门加强改革和完善，以确保养老保险制度更加公平、可持续，并能够满足不同群体的养老需求。

第六章　社会保障与返贫风险

第一节　我国贫困变动状况

一、中国贫困发生率变动情况

在我国改革开放初期，农村贫困发生率高达30.7%。1978年，设定的贫困标准是每人每年收入低于100元，这个标准是基于当时的物价水平设定的。到了2000年，农村贫困发生率已经下降至3.5%。与此同时，这22年间，全国居民的人均工资提高了14.23倍，居民消费水平指数也上涨了3.91倍。所以贫困线的划定标准就要根据实际情况进行调整。随着我国的贫困发生率以及贫困人口逐年下降，社会发展呈现出大好趋势，因而在2010—2020年，我国扶贫的目标从解决基本生活需要逐渐延伸至“不愁吃、不愁穿，义务教育、基本医疗、住房安全有保障”，衡量的角度也更加多元化。绝对贫困不断在缩小，并在2020年年底被彻底消灭，这一情况的转变并不代表未来贫困不会出现。现在，社会人力资本、卫生人力资本和教育人力资本正不断代替过去单纯的人力资本，成为以后减贫过程中需要注意的关键因素，但是受到以前攻克绝对贫困难题的方式影响，在培育新社会资本以及人力资本时会出现后续持续发力不足和碎片化的问题，这也可能引发未来的返贫问题和贫困脆弱现象，特别是在现行的识别方法难以精准判定的情况下，这可能导致大量潜在贫困人口被忽视。而如何使用有效机制进行贫困脆弱人口的筛查，将未来贫困发生的可能性消灭在萌芽状态是研究的重中之重。

二、中国农村居民返贫风险现状

虽然中国在2020年已经实现全面脱贫，但是在2020年我国的平均返贫率为15%左右，且偏远地区的返贫率则会更高，某些原深度贫困地区的返贫率甚至已经超过50%。除此之外，潘文轩（2020）研究发现，从返贫的区域来看，返贫现象不仅出现在西部经济落后的地区，还出现在经济较发达的中部地区以及东部地区，例如秦巴山区、山西太行地区、四川、云南等地。除此之外，根据国家统计局监测报告，2015年返贫与新增贫困的比例为41：59，其中人口来源主要是脱贫不稳定户以及贫困边缘人群。在2017年12月27日，由中国社会科学院发布的《扶贫蓝皮书：中国扶贫开发报告（2017）》中指出，由于中国居民中占比大多数的低收入农户收入增长乏力，导致我国整体的返贫压力上升。根据2021年人民政协报专家学者栏的报道，从返贫原因看，因病返贫是最主要原因。例如：2015年我国因病返贫的人口占比48%；2016年由于这一原因返贫的人口占比为30%；2017年因病返贫的人口占比达到36%。再从返贫风险较高的易发主体来看，主要发生在家庭劳动力较少，需要抚养的子女较多，重大疾病家庭以及收入低或者以务农为主的家庭。特别是在脱贫后收入在3500 ～ 5000元的家庭，其转移收入比重高，工资收入比重低，需要特别关注。

三、返贫风险的影响因素

（一）因病返贫

众所周知，疾病是中国脱贫史上最难攻克的一道关卡，疾病会消耗大量的时间成本以及社会资源，其造成的经济压力也是导致返贫的主要原因之一，农村的医疗卫生条件简陋，预防以及抵御疾病的能力不足，脱贫户需要为生计奔波劳作，对生活质量的把控能力较低，又因为缺乏健康生活方式意识，十分容易染上疾病，在卫生条件有限的情形下疾病容易恶化，在诊断初期往往就是疾病晚期，从而带来较大的经济压力。一方面，在贫困人口脱贫后，国家会相应减少对其进行资源投放和倾斜，甚至取消一些帮扶政策，其虽然拥有基本医疗保险，但是报销比例较低，自费比重较大，生活开销也需自行承担，且需要其余劳动力进行看护和后续治疗，因此在自身经济压力较大的同时也会减少其他家庭成员创收。另一方面，预防教育知识的缺失以及整体卫生环境得不到改善，也会使其陷入返贫风险的旋涡之中，未能从源头对疾病发生进行有效遏制。以上因素将增加曾经脱贫人口再次陷入贫困的风险，使他们陷入贫困、脱贫、受病痛困扰再次陷入贫困的恶性循环中。

（二）老龄化压力及负担代际传递

一方面，我国人口老龄化越来越突出，且随着时间的推移，老年人年龄逐渐增长，身体素质会越来越差，创收能力减弱，以前可以依靠自己劳动创收，或者就近务工，或者发展农业生产维持自身的生活水平和经济条件保持在贫困线以上，随着时间的推移经济条件可能会逐渐恶化。另一方面，伴随年龄的增长，老年人需要进行药物或者诊疗来维系身体健康，日常开销增大，而依靠自己的收入无法维持，因而会将经济压力转移到子女身上，有时需要子女贴身照看，正常生活不能保障，此情形十分容易导致返贫现象。且这种返贫不仅是老人自身的返贫，还会对子女的生活也造成负面影响，亦可能发生返贫。

（三）缺乏内生动力

一方面，是脱贫户的“等靠要”思想较为顽固，自我主动脱贫致富的精神和意志不强，脱贫户往往会自怨自艾，不愿意积极主动拼搏，寻找资源和机会，例如，会觉得自身的年纪较大比不过社会上的年轻人，也不会劳动作业过程中的各项技能，容易放弃，也会因为自身信息闭塞导致落后社会发展，但是在新技能的科普中又不愿主动报名学习，觉得自身接受程度低难以学会，也难以变现，依靠政府兜底，不思进取，得过且过。另一方面，在政府的帮扶之下勉强越过脱贫线，自己不寻求其他的生活来源以及经济保障，导致脱贫结果不稳定，十分容易再次返贫，且很大一部分脱贫户的受教育程度不高，通过学习知识提高能力十分困难，无法认识知识改变命运的重要性，对新政策以及发展方向的把握也很困难，需要政策传达者不厌其烦地进行普及，种种因素会使得脱贫的成效难以持续长久，再次返贫的风险增加。

（四）就业压力大

一方面，脱贫人口的竞争能力偏弱，在就业工作这一方面处于弱势地位，收入来源稳定且较高的行业和岗位会因自身能力缺陷而无法匹配，只能就近从事一些可替代性强且重复率较高的岗位，往往这些部门薪资水平较低，只能满足基本生活开销，如果遇到突发状况则会面临负债等危机，导致再次面临返贫的困境。另一方面，没有接受过良好思想教育和技能学习的家长在教育下一代时会受限于自己的认知水平，不会重视也没有能力帮助子女接受教育，为子女提供良好的资源和环境，这又会使得下一代也落后于平均水平，在就业市场上竞争能力较弱，竞争压力大，依旧无法改变容易陷入返贫的状况。且面对复杂的社会局势，例如新冠肺炎疫情期间，许多中小企业关门歇业，导致突如其来的失业问题，而劳动力多于岗位需求，并且机器替代手工劳作已是大势所趋，这对于脱贫弱势群体而言十分不友好，可能因为生存条件恶劣导致再次返贫。

（五）其他风险因素冲击

自然灾害频繁发生是我国一直以来都需要面对的一个重大问题，南方洪涝，北方雪灾，沿海台风，内陆干旱，偶感地震，时有瘟疫。除了这些自然灾害，还有部分人类大型传播疾病也会带给人们重大冲击，往往这些意外风险也是致贫的关键因素。一方面，根据统计数据，我国近年来由于频繁发生的自然灾害，已经导致了超过3000亿元的重大经济损失。农村地区的农业类型以种植业为主，大型农场较少，抗风险能力较弱。生产作业与自然环境息息相关，如果突发灾害，在没有保障以及抗风险能力较弱时会对农业生产以及收入带来重大损失。另一方面，刚刚脱离贫困的农户，本身较为脆弱，且是在社会各界人士以及政府的帮扶下脱贫的，资本积累较少，抗风险能力较为弱小，不会尝试投入资金去购买农业保险，抵御自然灾害的能力就弱，因此受到风险冲击的可能就会很大，一旦出现较为恶劣的自然环境，生产和生活都会面临严峻的挑战。这不仅会让刚刚脱离贫困的群体再次面临返贫风险，还可能使处于贫困边缘的人群陷入同样的困境。

除自然风险之外，还存在突发性疾病的影响，例如新冠肺炎疫情，使得劳动者的生产经营性收入降低，务工收入减少，财产性收入下降以及转移性收入缩水，根据国务院扶贫办（现已改为国家乡村振兴局）统计，2019 年全国有 2729 万建档立卡贫困劳动力在外务工，其家庭收入的主要来源也依靠外出务工，但是在疫情的影响下，许多企业倒闭裁员，不仅是贫困户失去收入来源面临再度陷入贫困，依靠生产经营的贫困边缘人群因农产品滞销或销售渠道不畅也切断了一部分生活来源，除此之外，一些易地扶贫搬迁点受疫情的影响不能按照计划推进，使征地收入减少或者取消，直接减少了财产性收入，在疫情暴发期间，农民的种养活动减少，一部分原先来自于政府的农田补贴和种养补贴也随之减少，一些产业项目停工导致分红减少，大大降低了收入来源，最终导致返贫的风险增加。

第二节　社会保障对降低返贫风险的作用路径

首先，我国的社会保障制度正不断扩大其覆盖面，其中参与的人群规模也在不断扩大。其次，我国社会保障制度在不断发展完善，致力于提升参保水平，尽可能多地起到抗击社会风险冲击以及保障民生利益的作用效果。总之，随着社会的发展进步，我国的社会保障覆盖范围在逐步扩大，其作用路径往往通过如下几种方式。

一、医疗保险

近些年来，社会保险减贫效应引起了学术界的普遍重视，学术界不乏对这一方面的研究。张川川（2015）使用 CHARLS 数据证明，新农保可以增加一个家庭的固定收入，加之新农合，两者可以通过预防性储蓄来应对突发风险，从而增强家庭的抗风险能力，防止陷入返贫窘境。乐章（2016）研究认为，社会保险制度的完善能在一定程度上缓解居民贫困的现状，改善其面临困境以及风险冲击时的生活条件，并可以有效降低居民贫困脆弱性。刘一伟（2017）的研究表明，医疗保障的发展及其进步可能会降低身体和精神等方面患病的人陷入贫穷的可能性。赵筋吟（2019）发现，医疗保险可以有效地解决居民在遇到重大疾病事故时造成的因病致贫、因病返贫问题。周坚等（2019）认为，新农合可以促进中等收入者和低等收入者增加收入，能够显著降低贫困发生的可能，特别是在农村的老年人身上能得到明显验证。高健（2021）等的研究发现，特别是当农村居民在遇到大病等灾难性支出时，新农合能起到关键性作用，通过报销的方式减少支出，抵御因病返贫的风险。

二、养老保险

Case.A（2007）的研究发现，养老金的收入会对一个家庭的经济福利产生积极的影响，改善一个家庭的生活水平和生活质量。胡晓义（2009）的研究认为，养老保险的目标之一就是防止老年人因为年年上升劳动力下降等原因陷入极度贫困。张川川（2014）的研究认为，农村养老保险金显著提升了农村老年人的直接收入，减少了贫困的发生。Satumba（2017）的研究发现，养老金项目可以显著降低一个家庭的贫困脆弱性，除此之外还会减弱不同阶层之间的收入差距。宋泽（2018）的研究发现，养老金收入能显著提高农村老年人收入，带来直接的生活来源。高翔（2019）则认为，养老保险还有助于缩小收入差距以及减缓农村劳动力流失，从而减少家庭多维贫困问题的概率。

三、政府补助

政府补助可以通过转移支付的方式产生减贫效果，这也是我国长期采用的一种扶贫方式。一方面，公共转移支付主要通过缩小社会经济发展差异来缓解贫困，还可以直接增加农村居民收入来缓解贫困。政府补助也可以通过缩小城乡收入差距的方式，缓解收入贫困。另一方面，政府资金还能够明显增加农村贫困家庭的孩子人力资本，并且对受过良好教育的家庭中的孩子的人力资本增加效果十分显著。虽然提高短期投入可以实现贫困家庭的暂时性脱贫致富，但是实现脱贫成果的长久且持续才是根本目标。

四、社会捐助

社会捐助在我国也是社会保障当中重要的一环，社会捐助具有明显降低居民陷入返贫风险的可行性。社会资本的注入，可以直接提升脆弱人口的储蓄值以及抗风险能力，从而达到降低贫困脆弱性的效果。对于社会资本对贫困的影响，研究重点主要体现在增加收入方面和缩小收入差距方面，同时，社会捐助可以帮助增加资本积累，其对教育、就业也具有显著的促进作用。例如通过公益募捐的方式，为边远地区提供生活以及物质上的人文关怀，这是我国扶贫帮困，团结友爱以及互帮互助的良好体现，有助于人民群众安居乐业，共同富裕。但是这种方式也存在着缺陷，不利于激发群众的内在动力，会助长“等靠要”等不良风气。

第七章　中国式现代化与社会保障

习近平总书记在党的二十大报告中指出："中国式现代化是全体人民共同富裕的现代化"，此外，在涉及社会保障时强调："健全覆盖全民、城乡统筹、公平统一、安全规范、可持续的多层次社会保障体系"，这两段科学论断系统描述了中国式现代化、共同富裕和社会保障之间的内在逻辑关系。改革开放以来，党和国家一直致力于构建与社会主义市场经济体制相匹配的社会保障体系。尤其是党的十八大以后，基于共同富裕目标导向的社会保障制度改革逐渐成为实现经济转型与社会转轨的关键环节，推动社会保障体系进入到一个快速发展时期。新时代新征程，随着中国在脱贫攻坚战和决胜全面小康方面取得的伟大胜利，推动全体人民实现共同富裕成为社会主义现代化建设的出发点和落脚点。而作为改善和发展民生的基本制度，社会保障是实现共同富裕的重要制度安排，是推进中国式现代化的重要维度。2022 年 4 月，习近平总书记在中央政治局第二十八次集体学习时强调："建设中国特色社会保障体系，促进中国社会保障事业高质量、可持续发展。"因此，在此背景下，追求高质量的中国社会保障制度建设，走向可持续发展之路，将为推动中国特色现代化提供重要的制度保障。

第一节　中国式现代化与社会保障高质量发展的理论逻辑

一、社会保障高质量发展是社会主义国家的本质属性

一百多年前，德国政府颁布了社会保险三大法案，被视为现代社会保障制度的开端。它一定程度上缓和了阶级矛盾，为德国政府维护国内政治统治和对外扩张创造了条件，并在随后几十年被其他资本主义国家所效仿。对此，马克思首先承认了为保障劳动者基本生活而建立社会保障制度的必要性，他在《德意志意识形态》中指出："人们为了能够'创造历史'，必须能够生活，但是为了生活，首先就需要衣食住以及其他东西。"然而，马克思并不认可资本主义国家社会保障制度的正义性。他认为，资本主义国家社会保障制度具有欺骗性与压迫性，是为了榨取更多的剩余价值，他在《资本论》一书中分析了英国官方关于贫民的统

计数据，并指出："需要救济的贫民数据具有欺诈性，赤贫现象是资本主义和资产阶级剥削产生的恶果。"与资本主义国家剥削压迫劳动者显著不同，社会主义国家的本质在于解放和促进生产力的发展，消除剥削和阶级分化，最终达到全体人民共同富裕的目标，其社会保障制度是以追求公平分配为价值前提，并以实现全体人民共同富裕为最终目标。然而，必须指出，现阶段，人口老龄化深入演化，生育率持续走低，新业态就业人员不断攀升，给社会保障协调性、公平性及可持续性均提出了更高的要求。基于此，在中国式现代化进程中，准确把握社会保障与经济社会发展之间的逻辑关系，进一步强化统筹规划和顶层设计，增强社会保障助力经济发展和维护社会稳定的功能，是充分发挥社会主义国家制度优越性的内在要求。

二、社会保障有利于实现社会均衡发展

实现社会和谐发展的核心在于适度平衡社会公平和效率。社会和谐需要在效率与公平之间保持适当的平衡。市场经济注重效率，而社会保障追求公平。因此，国家通过社会保障制度介入国民收入再分配，适度调整不同阶层和成员的收入分配，以及同一阶层和成员在不同时期的收入分配，以实现社会公平，推动社会和经济发展。社会保障在促进公平的同时，也促进了效率。首先，它激发社会成员的创造力和积极性，使社会人力资源得到更有效的利用。其次，它解除了社会成员，特别是劳动者的后顾之忧，从而提高了他们的工作积极性。最后，它创造了良好的社会环境，为企业提供稳定的劳动力供给，有助于企业的稳定运行。通过在社会保障领域追求公平和效率的平衡，国家不仅维护了社会的公平正义，还促进了社会和经济的双向发展，实现了社会和谐的目标。一方面，效率的提高需要一个和谐稳定的环境，如和谐的人际关系，良好的生态环境，健全的法律体制等。另一方面，公平的构建也需要以效率为基础，如我国在初次分配领域，仍然坚持效率优先，继续打破平均主义，逐步扩大中等阶层的收益。这样既有利于经济长期增长，也有利于缓解未来养老等社会压力，维护社会稳定。

社会主义和谐社会建设的任务，就是要正确地把握公平和效率的最佳结合点，实现社会福利的最大化。现代社会保障制度的发展始于效率和公平的矛盾冲突之间，而协调这两者的关系正是社会保障制度所应承担的责任。正确处理公平和效率的关系，发挥社会保障的再分配功能，保护社会弱势群体的基本权益，可以使因各种原因导致收入减少的社会成员得到基本的生活保障，从而改善社会阶层结构，实现社会和谐发展。

三、社会保障有助于拉动内需、促进经济的稳定增长

和谐社会是经济与社会全面协调发展的社会。社会保障具有拉动社会需求的特殊机制。就一般社会消费规律而言，在未来缺乏社会保障预期的情况下，人们将压抑现实生活需求。远虑越多，现实需求压抑就越多，积累率就越高，消费对经济拉动的作用就越小，这是当前我国居民储蓄居高不下的主要原因。社会保障不仅满足人们的基本需求，更通过社会制度的稳定性导向，形成了受益群体对自身生存压力的释放机制，使人们将新增收入更多地用于进一步的消费，以提高生活质量，从而拉动和创造了更多的新的社会需求。

建立社会保障基金，有助于实现国民经济的自动调节，确保经济的正常平稳发展。在经济周期中，社会保障支出与收入的关系相互作用，对经济起到调节作用。在经济不景气时，社会保障支出可能超过收入。为了平衡社会保障收支，国家可能需要财政支持，这会增加国民收入中的消费基金。增加的社会保障支出有助于稳定居民的消费水平，拉动生产和整体经济发展，从而在一定程度上缓解经济低迷。相反，当经济过度膨胀时，社会保障收入可能超过支出。这时，社会保障基金会积累一部分资金，将部分消费基金转化为储蓄基金，起到控制过度消费需求的作用。这有助于维持经济的稳定增长，实现经济和社会的协调发展。因此社会保障基金的建立可以在不同经济阶段中平衡收支关系，为国民经济的稳定发展提供重要支持，促进经济和社会的和谐发展。

四、社会保障高质量发展是实现共同富裕的重要制度安排

事实上，中华人民共和国成立以来，解放和发展生产力，实现国家富强，促进共同富裕成为党和政府矢志不渝的追求与使命。改革开放以后，为促进经济社会快速发展，着力发展和改善民生，邓小平同志在坚持社会主义制度和公有制主体地位基础上，实现了“让一部分人、一部分地区先富起来”的基本政策取向，但与此同时强调了“先富帮后富”的重要性。他指出：“社会主义最大的优越性就是实现共同富裕，这是体现社会主义本质的一个东西。”作为共享发展的理想状态，实现共同富裕是在消除贫富两极分化基础上，通过构建健全、系统的制度让人民群众共享物质和精神文明成果。这就决定了必然在不断做大社会财富蛋糕的同时建立健全收入分配制度，逐渐缩小贫富差距，并最终实现共同富裕。而作为政府转移支付的重要手段，现代社会保障制度从诞生之日起，就通过社会保险、社会福利和社会救助等政府主导的项目安排，实现缓和和抵御社会风险，缩小两极分化和实现社会共济的特定功能。这就意味着，健全、完备的社会保障制度是

实现共同富裕的重要手段。然而，需要指出的是，市场经济并不会自动实现共同富裕，其在追求经济效率的同时并不能解决社会矛盾和促进社会公平。社会保障能够有效弥补市场经济体制带来的基本缺陷，实现共同富裕必须要求不断完善社会保障制度，充分发挥其在共享发展中的再分配功能。

第二节　推进中国式现代化与社会保障高质量发展的原则

中国特色社会保障制度除具有各国社会保障制度的共性之外，更展现出“以人民为中心”的发展思想和与社会主义政治、经济制度相匹配的基本特征。以中国式现代化推动中华民族伟大复兴，社会保障制度的不断改革和完善对于确保社会成员的基本生活提供稳定预期至关重要。社会保障制度应当与社会的变化和发展保持同步，适应不同阶段的需求。通过持续的改革，我们能够更好地满足人们在各种情况下的福利需求，为他们提供稳定的生活保障。健全社会保障制度也是确保社会成员有稳定预期的重要手段。透明的政策规定和稳定的福利待遇使人们能够更准确地预期自己在不同情况下可以获得的社会支持，这有助于他们做出合理的规划和决策。因此，社会保障制度的持续改革和健全是为了保障社会成员的基本生活，并为他们提供稳定的福利预期。这需要政府、社会机构和公众共同参与，共同努力，以确保社会保障制度始终适应社会需求，促进社会的公平、稳定和可持续发展。然而，促进社会保障高质量发展并不能一蹴而就，既需要符合中国式现代化进程的运转逻辑，又需要坚持一系列基本原则，在保障全体社会成员共享经济社会发展成果和美好生活的同时，推进中国特色社会主义现代化进程，不断迈向新的台阶，这是中国发展的重要方向。

一、中国式现代化的形成过程

党的二十大报告从形成过程、主要内涵和基本特征等多层面系统诠释了中国式现代化这一理论创新。首先，中国式现代化乃是基于中华人民共和国成立后、特别是改革开放以来的长时间探索与实践基础之上所演进而来的。而自党的十八大以后，经过理论和实践上的创新，这一概念不断被深入扩展，旨在对中国特色社会主义现代化道路进行总结和归纳。其次，探寻中国式现代化的深刻内涵必须着眼于“中国式”和“现代化”两点。“中国式”反映了中国的特殊国情。近代中国是从一个贫穷落后的半殖民地、半封建社会，经过百年探索建立了社会主义新中国，是一个坚持中国共产党领导的、超大国土面积和超大规模人口的具有中国特色的社会主义国家。“现代化”反映了发展的科学化，包括经济上的工业化、政治上的民主化、社会上的和谐化和文化上的人性化等。将“中国式”和“现代化”结合起来，既遵循现代化的一般规律，又要符合中国社会主义国家性质，显著区别于西方现代化，创造了新的人类文明形态。最后，党的二十大报告全面阐释了中国式现代化的基本特征，包括五个方面，人口规模巨大的现代化，全体人民共同富裕的现代化，物质文明和精神文明相协调的现代化，人与自然和谐共生的现代化，以及走和平发展道路的现代化。

二、中国式现代化对社会保障高质量发展的新要求

新时代新征程，确保社会保障制度的高质量和可持续发展，必须紧密契合中国式现代化的核心要点。这意味着要持续强化社会保障与经济社会发展之间的协调性，以确保两者相辅相成、共同进步。同时，需要准确理解社会保障改革发展与中国式现代化之间的内在逻辑关系。社会保障制度的完善和发展应当紧密结合经济的现代化进程，以人的全面发展为导向。而中国式现代化的基本要义也包含了推动人的全面发展、促进社会公平正义、保障人民生活水平等方面。因此，社会保障制度的设计和改革应该与中国式现代化的整体目标相一致，为人民群众创造更好的生活条件，为实现人的全面发展提供坚实支撑。

在社会保障改革发展过程中，要强化制度的创新性和适应性，适应社会的快速变化和多元需求。同时，也要注意协调社会保障与经济发展之间的关系，避免过度集中资源影响了经济的可持续增长。正确把握社会保障改革与中国式现代化的内在逻辑，是保障人民福祉、促进社会和谐发展的重要保障之一，以更好、更完善的社会保障体系服务于中国式现代化。具体而言，中国式现代化的基本特征从“广度”“力度”“深度”“高度”“温度”五个方面对社会保障制度高质量发展提出了更高的要求。

1.“人口规模巨大”与社会保障高质量发展的“广度”

中国式现代化是全体 14 亿中国人民整体迈进的现代化，这就要求社会保障在发展过程中坚持“广覆盖”的基本原则。事实上，进入 21 世纪以来，党和国家一直致力于提高社会保障制度的覆盖面，为保障不同地区、行业和群体的多样化、多层次社会保障需求奠定了基础。截至 2022 年，全国社会保障持卡人数累计达到 13.68 亿，覆盖全国 96.8% 的人口①。社会保险参保范围从广覆盖逐渐走向全覆盖，

① 中国共产党新闻网：《同心协力，十四亿人共筑复兴伟业》（2023-03-07）［2023-3-05］. http://theory.people.com.cn/n1/2023/0307/c40531-32638341.html.

基本养老、医疗、失业、工伤参保人数分别达到10.5亿、13.67亿、2.4亿和2.9亿①，基本覆盖了绝大多数城乡居民、用人单位及其职工，各项社会保险待遇水平也不断提升。然而，伴随网络经济、数字经济、共享经济等新产业、新业态和新商业模式的蓬勃发展，社会新型就业人群数量逐渐增加，客观上对社会保障制度覆盖面的“广度”提出了更高的要求。因此，要在推进中国式现代化的进程中，通过不断调整参保要求、创新参保方式和优化待遇供给结构为社会灵活就业人员提供便利，满足不同类型社会成员多样化社会保障需求。

2.“全体人民共同富裕”与社会保障高质量发展的“力度”

习近平总书记在中央财经委员会第十次会议上强调：“共同富裕是全体人民的富裕，不是少数人的富裕。”②事实上，党的十八大以来，党和政府高度重视缩小贫富差距，通过制定“精准扶贫”“乡村振兴”“健康中国”等战略决策，取得了全面建成小康社会的伟大胜利，为实现共同富裕创造了条件。新时代背景下，实现共同富裕要求必须以满足人民对美好生活的向往作为出发点和落脚点，通过初次分配、再分配和三次分配逐渐缩小贫富差距和两极分化。而作为政府转移支付的重要手段，社会保障是改善收入分配结构的关键因素，健全的社会保障是保证公正分配的基本制度安排。无论是社会保险、社会救助或是社会福利，均通过垂直收入调节，使社会保障资金由高收入群体向中低收入群体流动，从而达到“扶低济困”的基本功能。在中国式现代化进程中，实现共同富裕必须进一步加大社会保障调节收入分配差距的“力度”，通过加强社会保障制度的整合与衔接，完善筹资机制及健全待遇调整机制，不断缩小基于城乡、人群和地区之间的社会保障待遇差距，为实现共同富裕提供制度保障。

3.“物质文明和精神文明相协调”与社会保障高质量发展的“深度”

过去和现在的历史都充分显示，随着物质文明的蓬勃发展，精神文明方面的不和谐因素同样会逐渐产生。这就需要我们在发展中保持物质文明和精神文明的协调发展。随着社会进步，人们对物质生活的需求日益增长，但在过度追求物质享受的同时，可能会忽视精神层面的需求，导致价值观的扭曲和精神空虚。因此，我们需要在物质文明的推动下，同样关注培养健康的价值观、文化传承和心灵层面的发展。精神文明的健康发展不仅能够丰富人们的内心世界，也有助于社会的

① 人力资源和社会保障部：《全国就业局势总体稳定——2022年，城镇新增就业累计实现1206万人》（2023-01-28）［2023-03-09］. http://chinajob.mohrss.gov.cn/c/2023-01-28/367130.shtml.

② 中华人民共和国中央人民政府：《习近平主持召开中央财经委员会第十次会议》（2020-08-17）［2023-01-09］. http://www.gov.cn/xinwen/2021-08/17/content_5631780.htm.

和谐与稳定。在实现物质繁荣的同时，我们应该重视文化、道德、伦理等方面的建设，促进精神文明与物质文明的相辅相成、相互促进。事实上，一个国家和民族的强大既需要丰富的物质基础，也需要强大的精神力量。从本质上看，社会保障是一种社会财富的再分配手段，通过分配和调整不同社会主体之间的利益关系，实现与经济发展之间的良性互动，不断创造更高水平的物质文明。与此同时，社会保障制度从诞生之日起，就蕴含"社会共济""扶危济困""弱有所扶""老有所养"等基本价值理念，对于弘扬传统优秀文化，形成互帮互助的良好社会氛围及提高社会整体道德水平均发挥着积极价值。因此，立足于新的历史发展阶段，面对西方国家消极思想的渗透，社会保障制度必须从物质文明和精神文明两个维度入手提高发展"深度"，不断提升与经济形势转变的匹配度，弘扬社会主义核心价值观，充分发挥其在促进经济发展和构建和谐文明的社会环境方面的积极作用。

4."人与自然和谐共生"与社会保障高质量发展的"高度"

与西方国家在现代化进程中采取"先污染、后治理"的发展路径不同，中国式现代化坚持可持续发展原则，杜绝无止境的以环境破坏、环境污染为前提谋求经济社会发展，坚持走生产发展、生活富裕和生态良好的绿色发展之路。"人与自然和谐共生"是中国式现代化显著区别于西方现代化的重要特征，创新了人类现代化进程的新路径，即在发展过程中同时实现"现代化"和"环境保护"的双重目标。"人与自然和谐共生"对社会保障高质量发展提出了更高的要求，即社会保障制度在促进经济发展和维护社会稳定的同时，要致力于环境友好型社会的构建，推进人与自然和谐相处，形成生态良好的可持续发展态势。一方面，社会保障要为国家基于环境保护的经济社会政策转型提供制度支撑。例如：海洋渔民转型和渔业转型过程中为渔民生活保障、就业安置提供精准化的社会救助和就业支持，解决他们的后顾之忧。另一方面，"人与自然和谐共生"同样体现中国式现代化的可持续性。在现代化进程中，党和政府应继续推进乡村振兴战略，通过建立健全农村养老、医疗和低收入救助兜底保障制度，提高农村低收入群体生活质量，推动农村经济社会转型及生态环境修复。

5."走和平发展道路"与社会保障高质量发展的"温度"

西方式现代化是通过对外战争、殖民掠夺和阶级剥削等方式实现的，是将现代化发展成本转移给其他国家和被统治阶级，是一种落后的、不和平的现代化发展之路。与西方式现代化显著不同，中国式现代化坚持走和平发展道路，通过高举对等交流、合作共赢旗帜，在致力于维护全球与地区的和平稳定，并在自身发展的过程中不仅寻求进步，也以此推动全球和平的进程。“走和平发展道路”从国家和社会友好性方面对社会保障高质量发展提出了更高的要求。一方面，作为社会财富分配的一种重要制度安排，社会保障通过调节收入差距、缓解社会矛盾，缩小贫富两极分化，对于创造和平稳定的社会环境发挥至关重要的作用。另一方面，与经济社会发展体制相适配，熨平经济发展周期波动，是社会保障高质量发展的根本目的。通过促进经济的快速发展，有利于规避西方现代化掠夺和压迫的发展路径，进而实现对西方现代化的超越。

基于此，在中国式现代化进程中，社会保障高质量发展要充分发挥维护国内社会稳定和通过增强经济发展的内生动力助力维护世界和平发展的“温度”。

三、中国式现代化与社会保障高质量发展的价值原则

习近平总书记指出：“要在推动社会保障事业高质量发展上持续用力，织密社会保障安全网，为人民生活安康托底。[①]”因此，高质量发展成为中国式现代化进程中社会保障事业发展的重要目标，这既是社会主义国家本质的必然要求，也是由经济社会综合发展的客观规律决定的。然而，必须认识到，实现社会保障高质量发展并不能一蹴而就，需要统筹谋划和重点布局，制定分阶段促进制度改革的战略部署，并坚持一系列基本价值原则。

1. 坚持走中国特色社会保障发展的“自主观”

纵观世界近代社会保障发展史，无论是社会保障制度创立，或是社会保障思想演进，还是社会保障制度改革与优化，均是由西方资本主义国家主导的。十月革命以后，伴随着无产阶级政权的建立，苏联和东欧各国纷纷建立了基于计划经济体制的社会保障制度，为社会主义国家构建社会保障制度开辟了新的道路。中华人民共和国成立后，中国学习苏联建立了国家保障型社会保障制度。伴随改革开放以来的市场经济体制改革，中国政府逐渐探索建立与社会主义市场经济体制相一致的社会保障制度，创造了新范式。基于此，推进中国式现代化必须走社会保障自主发展之路。一方面，坚持中国特色社会保障发展的理论创新。与西方社会保障制度不同，中国特色社会保障理论，既要与社会主义国家性质相一致，坚持“家国一体”“以人民为中心”的发展思想，又要体现“公平”“平等”与“效率”等价值原则。另一方面，坚持中国特色社会保障发展的制度创新。社会主义社会保障高质量发展要着眼于补齐民生短板，重点为老弱病残幼、流浪乞讨人员

① 中华人民共和国中央人民政府．习近平看望参加政协会议的农业界社会福利和社会保障界委员．(2022-03-06)［2023-02-23］. http://www.gov.cn/xinwen/2022-03/06/content_5677564.htm.

等弱势群体提供救助帮扶，为人民幸福安康兜底，发扬社会主义公平正义。

2. 服务于共同富裕和中国式现代化进程的“大局观”

中国共产党及中华民族都追求共同富裕的目标，推动中国特色现代化则是实现国家强大和民族复兴的必然选择。作为一种收入再分配制度，社会保障制度的发展要与国家经济社会发展的大政方针政策保持一致，为实现共同富裕和中国式现代化进程提供保证。首先，以社会保障高质量发展助推共同富裕伟大目标。通过持续建立健全多层次社会保障体系，致力于发展和改善民生事业，为社会弱势群体构建社会安全网，为保障社会成员基本生活提供基础性、普惠性和兜底性保证，为实现共同富裕奠定基础。其次，中国式现代化需要高质量、可持续的社会保障制度。社会保障制度与现代化进程相伴而生，共同发展，没有健全的社会保障制度，也不可能有真正意义上的现代化。中国式现代化要求社会保障在发展过程中注重经济和社会双重维度，持续扩大社会保障覆盖面，提高制度公平性，在现代化进程中不断创造新的社会保障制度文明。

3. 坚持推进社会主义社会保障发展的法治化

从总体上看，世界上社会保障制度较为发达的国家，均是社会保障法律法规较为完善、系统的国家。社会主义国家的社会保障制度致力于维护并专注于保障广大人民群众的基本权益，应该遵循“立法先行、以法定制、依法实施”的基本原则，建立健全社会保障法治体系。一方面，加快推进社会保障总体立法，从整体上对社会保障价值理念、制度框架、基本目标、组织管理等方面进行系统性规定，为社会保障制度的系统化、规范化发展提供法律支撑。另一方面，重点完善社会保险、社会救助及社会福利相关法律法规，建立健全多层次社会保障体系，为构建严密的社会保障安全网提供法律保障。此外，还应完善社会保障监管机制，防范和化解社会保障基金风险，确保基金安全。

4. 促进社会主义社会保障管理的精细化

作为抵御社会风险的重要制度安排，社会保障是指社会成员在遭受年老、疾病、贫困、伤残、生育等风险时所提供的现金、实物或服务补偿，保障他们的基本生活不受影响的一项制度。社会风险发生的多样性、突发性与损失性使社会保障制度必须充分考虑到不同身份社会成员、不同维度社会风险的不同保障类型，进而实现精细化管理。尤其是与资本主义国家社会保障主要发挥政治统治功能不同，社会主义社会保障制度坚持“以人民为中心”的发展理念，为全体社会成员提供抵御社会风险的制度安排，进而对政策设计、制度实施及服务经办等方面的精细化管理有更高的要求。首先，要充分认识到中国人口结构演变的基本特征及发展趋势，完善社会成员在人口流动过程中的社会保障转移接续问题，落实不同职业群体的生育支持政策。其次，完善从中央到地方的社会保障管理体系与服务网络，提升不同层级政府社会保障治理效能，保证社会保障制度供给、服务供给能够实施到位。最后，推进“互联网 + 社会保障”建设，构建全国统一的社会保障公共服务平台，推进社会保障的数字化、智能化。

第三节　推动社会保障事业高质量可持续发展

2021 年 2 月 26 日，习近平总书记主持十九届中央政治局第二十八次集体学习时强调，要加大再分配力度，强化互助共济功能，把更多人纳入社会保障体系，为广大人民群众提供更可靠、更充分的保障，不断满足人民群众多层次多样化需求，健全覆盖全民、统筹城乡、公平统一、可持续的多层次社会保障体系，进一步织密社会保障安全网，促进我国社会保障事业高质量发展、可持续发展。

人力资源和社会保障部党组把学习宣传贯彻习近平总书记重要讲话精神作为重要政治使命。通过多种形式组织全系统干部职工开展深入学习研讨，深刻领会其中核心要义和重大意义，进而坚定贯彻执行的思想自觉、政治自觉和行动自觉。习近平总书记的重要讲话不仅具备科学系统性，更富含深刻思想和丰富内涵，成为指导当前和未来社会保障事业发展的纲领性文献。我们要持续加深对其内涵的理解，认真将其落实到实际行动中，在推进中国式现代化进程中努力实现社会保障事业的高质量和可持续发展。

一、社会保障对于推进中国式现代化的意义

社会保障被视为现代化国家不可或缺的重要社会经济制度。习近平总书记强调，社会保障是保障和改善民生、维护社会公平、增进人民福祉的基本制度保障，是促进经济社会发展、实现广大人民群众共享改革发展成果的重要制度安排，发挥着民生保障安全网、收入分配调节器、经济运行减震器的作用，是治国安邦的大问题。这一重要论断深刻地阐述了社会保障在中国式现代化进程中的关键地位，揭示了社会保障与民生改善、经济发展以及社会稳定之间的内在联系，将社会保障的重要性提升至前所未有的高度。

首先，社会保障在推进中国式现代化中具有显著而重要的意义。随着经济的飞速发展，社会保障体系的建立与完善成为维护社会稳定、提升民生福祉的核心要素。这一体系不仅涵盖了医疗、教育、养老等基本需求，更是一种社会公平和

社会正义的体现，有助于实现全体人民共享发展成果的愿景。在一个逐渐富裕的社会，社会保障首先是人民生活品质的有力保障。通过医疗保障，人们能够减轻因疾病导致的经济负担；通过教育保障，每个人都能享有平等的接受教育的机会，提高整体人力资本素质；通过养老保障，老年人能够安享晚年，为整个社会释放出更多的生活积极性。其次，社会保障体系在减少社会不平等方面发挥重要作用。通过提供基本保障，特别是面向弱势群体，社会保障有助于缩小贫富差距，消除贫困阻碍，促进社会公平。这不仅有助于维护社会和谐，也为国家可持续发展创造了更稳定的社会环境。社会保障对于中国式现代化的推进至关重要。它不仅为人们提供了更好的生活质量，还有助于缩小社会不平等，促进社会稳定和谐，为全面现代化建设夯实坚实的基础。

二、推进社会保障事业发展需要把握的重大原则

（一）全面性原则在推进社会保障事业发展中具有重要意义

它要求社会保障制度覆盖所有人群，无论其社会地位、职业、年龄、性别或收入水平如何。这意味着不应该有任何形式的歧视，每个人都应该享有平等的社会保障权益。在实践中，全面性原则体现在多个方面。首先，社会保障制度应涵盖不同职业领域的人群，包括城市和农村居民、公务员和民营企业员工等。此外，不同年龄段的人，尤其是儿童、青少年和老年人，也应该在社会保障范围内得到充分关注。对于特殊弱势群体，如残疾人和低收入家庭，也要有相应的保障政策。全面性还需要考虑地区的差异，确保城乡之间、发达地区和欠发达地区之间的社会保障均衡发展。这可以通过不同的政策调整和资源配置来实现，以满足不同地区人民的需求。在全面性原则的指导下，社会保障不仅是个人的权利，也是国家的责任。无论社会经济地位如何，每个人都应该享有基本的社会保障，以实现人的尊严、平等和公正。通过全面性原则，社会保障可以为全体人民提供更加稳定和可靠的保障，推动社会的和谐稳定发展。

（二）可持续性原则在社会保障事业发展中具有重要的引导作用

这一原则强调社会保障制度的建设和运行应该具备长期稳定性和可持续性，以确保社会保障的延续性和效果。

在推进社会保障可持续性方面，首先需要考虑财政支持。社会保障项目的筹资来源需要稳定、可靠，并与经济增长相协调。适当的税收政策、社会保险费率等调整都需要结合经济状况和民众承受能力，确保资金的稳定供给。其次需要建立合理的投资和运营机制。社会保障基金的投资需要保守但又稳健，确保资金的

保值增值，以满足未来的需求。同时，透明的基金运营和监督机制也是确保可持续性的关键。社会保障制度的设计需要适应人口老龄化等社会变化。随着老年人口比例的增加，养老保障需求也在上升，社会保障制度需要相应地做出调整，以满足不同年龄阶段的需求。此外，鼓励个人储蓄也是可持续性的重要因素。个人养老金、医疗储蓄账户等制度的建立可以减轻政府财政压力，提高个体的责任感，有助于社会保障制度的长期稳定发展。

总体而言，可持续性原则强调在社会保障事业发展中不仅要关注当下的需求，更要考虑长远的发展和效果。通过合理的财政支持、投资运营机制、制度设计和个人储蓄等多方面的努力，可以确保社会保障制度的可持续性，从而更好地满足人民的社会保障需求。

（三）灵活性原则在社会保障事业发展中具有重要的指导意义

这一原则强调社会保障制度的设计和运行应具备灵活性，能够适应不同阶段和变化的需求，以应对社会、经济和人口等多方面的变化。

首先，灵活性原则要求社会保障制度在政策制定上具有适应性。随着社会和经济的变化，保障需求也会发生变化。因此，社会保障政策需要能够随时进行调整，以确保制度的有效性和针对性。例如，随着科技进步，医疗保障政策可能需要不断调整，以覆盖新的医疗技术和药物。其次，灵活性还表现在制度的设置上。社会保障可以采用多层次的制度设置，既有基本保障，又有可选的补充保障，甚至可以鼓励个人储蓄作为补充。这种多元化的设置能够更好地满足不同人群的需求，提高社会保障制度的适应性。最后，社会保障制度应该允许个体的选择和调整。人的生活轨迹和需求可能会有所变化，社会保障应该允许人们根据自身情况进行选择，如选择不同的养老金领取时间、保险产品等，以适应个体的变化需求。灵活性原则强调在制度设计中要兼顾稳定性和变通性。保障制度的灵活性不仅能够更好地满足个体需求，还能够更快速地响应外部环境变化，提高社会保障制度的实用性和有效性。灵活性原则在社会保障事业发展中是至关重要的。通过在政策制定、制度设置和个人选择上保持灵活性，社会保障制度能够更好地适应社会变化，更有效地满足人民的需求。

（四）综合性原则在社会保障事业发展中具有重要的引导作用

这一原则强调社会保障制度应该与其他政策和制度相互配合，形成一个综合性的社会保障体系，以确保全面、协调和可持续的发展。

首先，社会保障制度与就业政策的综合性相互影响。一个健全的社会保障制度可以提供失业保险、职业培训等支持，从而稳定劳动力市场，推动就业机会的增加。反之，就业机会的增加也有助于减轻社会保障的压力，实现制度的可持续性。其次，社会保障与教育、医疗等领域的关系也不可忽视。教育和医疗保障可以影响人力资本的提升和健康水平的改善，进而对社会保障需求产生影响。一个综合性的社会保障体系应该能够在不同领域之间形成协同作用，实现全面的社会保障效果。此外，社会保障制度还与税收政策、财政支出等方面有密切关系。税收政策和财政支出会影响社会保障的资金来源和分配。一个综合性的社会保障体系需要在税收和财政政策的支持下健康运行。

综合性原则的实现需要政府各部门的协同配合和政策的协调性。在政策制定和执行过程中，需要考虑不同政策之间的相互影响，以及对社会保障体系的影响，从而实现全面、协调和可持续的发展目标。因此，综合性原则在社会保障事业发展中是至关重要的。通过与其他政策和制度的协调配合，形成一个综合性的社会保障体系，可以更好地实现全体人民的社会保障需求，推动社会的协调稳定发展。

三、推进社会保障事业高质量可持续发展

扎实推进社会保障事业高质量可持续发展是中国现代化建设的重要组成部分。社会保障的高质量发展是实现全面现代化目标的必要条件之一，它不仅关乎人民的福祉，也对社会稳定和可持续发展产生深远影响。

首先，高质量发展社会保障事业需要建立稳健的制度体系。这包括建立覆盖全民的基本保障体系，为弱势群体提供特殊保障，以及充实多层次、多样化的保障内容。通过健全制度体系，可以确保社会保障的全面覆盖，防范和降低社会风险。其次，可持续发展要求确保社会保障资金的稳定供给。这需要深化税收制度改革，确保社会保障经费的可持续性。同时，通过多元化的投资运营方式，提高社会保障基金的收益，增强资金的稳定性和保值增值能力。在推进社会保障事业高质量可持续发展的过程中，还需要注重创新。通过引入信息技术、大数据等手段，可以提升社会保障管理和服务水平。创新还包括灵活的政策设计，以满足人民日益多样化的需求，使社会保障制度更加贴近人民群众。此外，推进社会保障事业还需要加强宣传和教育，提高公众对社会保障政策的了解和参与度。通过公开透明的信息传递，可以增强公众对社会保障制度的信任和认知，推动社会保障事业的发展。

总之，扎实推进社会保障事业高质量可持续发展是中国现代化建设的重要一环。通过建立稳健的制度体系、确保资金供给、创新政策和提升宣传教育，可以为全体人民提供更稳定、可靠的社会保障，为实现全面现代化目标提供有力支撑。

四、中国共产党百年征程中的社会保障实践

鸦片战争后，中国人民挣扎在半殖民地半封建社会的泥潭里，几万万中国人民积贫积弱，饥寒交迫，民不聊生，流离失所。在苦难岁月中诞生的中国共产党，以马克思主义作为指导思想，义无反顾肩负起中华民族伟大复兴的历史重任。百年来，中国共产党披荆斩棘、风雨兼程，带领全党全国各族人民艰苦斗争，砥砺前行，中华民族迎来了从站起来、富起来到强起来的伟大飞跃，实现了从百年前“东亚病夫”到今天东方巨人的伟大转变。在此进程中，中国共产党在探索中推进社会保障实践，创造了伟大成就，积累了宝贵经验。

中国共产党人关于社会保障的理念来源于马克思主义。新民主主义革命时期，《哥达纲领批判》中的社会产品扣除理论被创造性地运用于中国革命斗争之中。1922 年，由中国共产党发起、中国劳动组合书记部发布的《劳动法大纲》，规定了实行 8 小时工作制、最低工资制和保护女工童工等。1930 年中央苏区颁发的《劳动暂行法》对劳动保险作出明确规定。1931 年颁布了《中华苏维埃共和国劳动法》。1942 年，毛泽东同志在《经济问题与财政问题》一文中指出，必须给人民以看得见的物质福利。1947 年，毛泽东同志提出“劳资两利”的思想，为后来解放区实行的社会保险奠定了理论基础。1948 年东北地区颁布的《东北公营企业战时暂行劳动保险条例》，几乎将所有公营企业职工都覆盖进去。

中华人民共和国成立后，中国共产党把在革命战争时期积累的有关劳动保险权和福利的实践经验上升为治国方略。这表明党始终把人民群众的福祉和社会公平作为治国理政的核心目标，将劳动保险权和福利事业视为促进社会进步和人民幸福的重要手段。在革命战争时期，党意识到劳动者在国家建设和社会发展中的重要地位，提出并实施了一系列保障劳动者权益的政策和举措。这种关注和支持体现了党始终关心劳动者的身体健康、经济权益和社会地位，为他们提供基本的劳动保险和福利。随着时间的推移，这些关于劳动保险权和福利的实践和经验被党逐步总结和提升，形成了更加系统和完善的治理理念。党始终强调发展社会主义市场经济，同时不忽视劳动者权益的保障，提出了“人民有福祉，国家才有根基”的重要思想，将社会保障制度纳入国家发展的整体规划。在中国共产党的领导下，劳动保险权和福利的建设得到了积极推进。党不断完善社会保障体系，确保劳动者享有基本医疗、养老、失业等权益，不断提升福利水平，实现了国家治理的现代化和人民幸福的增进。

在当时已有的思想结晶和制度实践的基础上，中国共产党建立起“国家 / 企业保险”模式，并将其写进 1951 年中央人民政府政务院颁布的《劳动保险条例》

和 1954 年颁布的《中华人民共和国宪法》中，其遵循的基本原则是国家举办社会保险、社会救济和群众卫生事业，劳动者在年老、疾病或者丧失劳动能力的时候，都应当享有获得物质帮助的权利。这一权利的确立体现了社会保障制度的人本关怀，旨在保障劳动者在生活中面临困难和挑战时能够得到必要的支持。年老、疾病或丧失劳动能力可能使劳动者无法维持正常的生活和工作，面临生活的困难和不确定性，在这些情况下，社会应当发挥积极的作用，为劳动者提供必要的物质支持，帮助他们维持基本生活水平，保障他们的尊严和权益。社会保障制度的发展使得这种物质帮助得以制度化和规范化。例如，养老金、医疗保险、失业救济等制度都是为了确保劳动者在特定情况下能够获得经济支持。这些制度不仅减轻了个体的负担，也为社会的稳定和和谐做出了贡献。

此外，物质帮助的权利还体现了社会的公平原则。社会保障制度的目标之一就是缩小贫富差距，实现社会的公平分配。通过确保劳动者在特殊情况下获得物质帮助，可以降低社会的不平等现象，增强社会的凝聚力。“国家 / 企业保险”模式迅速得以实施并逐步扩大，到 1956 年已扩大到商业、外贸、粮食、供销合作、金融、民航、石油、地质、水产、国营农牧场、造林等产业和部门，人数已达 1600 万人，如果加上签订集体劳动保险合同的职工，享受保险待遇的职工人数已相当于国营、公私合营和私营企业职工总数的 94%。“国家 / 企业保险”模式与计划经济体制相匹配，体现的是社会的生产、消费、人力资源等完全由国家统一配置，在国民经济短缺的特定历史时期为经济社会发展做出了重要贡献。

党的十一届三中全会后，党中央作出实行改革开放的历史性决策，使中华民族走上了一条富起来的道路。在没有可借鉴的前人经验的情况下，中国的改革开放取得了全球范围内公认的卓越成就。新型社会保障制度得以迅速建立，并且取得了显著的成果。社会主义市场经济的成功运行与发展，与社会保障制度的有力支持分不开。

首先，社会保障体系的建立使得法人企业能够真正成为市场的主体。这不仅让国有企业蜕变为市场主体，还促使民营企业从零起步，逐步发展壮大。这对于构建市场体系和塑造市场主体起到了至关重要的作用。其次，市场经济的一个显著特点是劳动力作为自由流动的生产要素。新的社会保障制度的建立彻底改变了传统经济体制下员工严重依赖企业的状况。企业员工变成了可以在不同所有制企业之间自由流动的市场参与者。这也使得数以亿计的农民从土地中解放出来，成为市场经济中最为活跃的力量之一。同时，社会保障制度成为一个全民共享的社会安全网。无论是就业年龄人口还是非就业年龄人口，无论是高收入阶层还是中低收入阶层，甚至是处境困难的群体，社会保障都已经覆盖到每个角落，编织成一个全民共享的社会安全网络。

党自十八大以来，以习近平同志为核心的党中央将社会保障体系建设置于更为突出的位置，对我国社会保障体系的建设作出顶层设计，推动我国社会保障体系建设步入快速发展的轨道。第一，作为世界上最大的发展中国家和经济总量世界排名第二的经济体，中国建成了世界上覆盖人数最多、收支规模位居全球第二的现代社会保障制度，用短短几十年的时间走完了发达国家一百多年走完的路，中国政府由此获得国际社会保障协会授予的“社会保障杰出成就奖”。第二，以五项社会保险为主体的缴费型社会保障制度改革全面深化，“四梁八柱”主体框架基本确立，数十项改革政策相继出台并落地见效，一些重点领域和关键环节改革取得重大进展，使 14 亿中国人在面对年老、疾病、失业、工伤、残疾、生育、失能和失智等风险时都有相应制度保障。第三，以社会救助为主体和以财政转移支付为手段的非缴费型社会保障制度不断创新。在这段时间内，我国组织并实施了人类历史上规模最大、力度最强的脱贫攻坚行动。在现行标准下，9899 万农村贫困人口全部脱贫，832 个贫困县全部摘帽，12.8 万个贫困村全部出列，区域性整体贫困得到解决。这一系列成就意味着我国已经成功完成了消除绝对贫困的艰巨使命，同时也缔造了堪称人类历史壮丽奇迹的伟大业绩。第四，社会保障正成为市场经济运行的调节器，为供给侧结构性改革做出重要贡献。为扎实做好“六稳”工作、全面落实“六保”任务，党中央决定连续七年实施阶段性降低社会保险费；2020 年，对部分地区和企业再叠加实施“减、免、缓”降费政策，这些举措成为逆经济周期的重要政策组合选项，充分体现了我国社会主义制度集中力量办大事的优势。

回望百年，中国共产党的初心使命贯穿于中国共产党社会保障理论与实践的始终。随着中国特色社会主义进入新时代，我国社会主要矛盾已经发生转变，从过去的人民日益增长的物质需求与供给不足之间的矛盾，演变为人民日益增长的美好生活需要和不平衡不充分的发展之间的矛盾。这一转变表明，随着我国发展的不断进步，人民对于生活质量、环境保护、教育、医疗等更高层面的需求不断增长，而一些地区和领域的发展仍然存在差距，不足以满足人民的美好生活期待。因此，我们需要在推进经济社会发展的过程中，更加注重人民群众的全面幸福和美好生活需求，努力解决不平衡不充分问题，实现全面发展的目标。面对人口老龄化不断加剧的趋势，社会保障领域还面临不少困难和挑战，民生领域还有一些短板。在建党百年的新起点上，中国共产党人一定会继往开来，为保障人民生活、增加群众福祉、维护社会公正、夯实社会保障制度做出更大贡献。

第八章　构建城乡居民社会保障体系

第一节　社会保障与经济社会发展

早在1931年，社会保障制度就作为重要的社会制度写入了《中华苏维埃共和国宪法大纲》，现行《中华人民共和国宪法》第十四条第四款明确规定，国家建立健全同经济发展水平相适应的社会保障制度。社会保障与经济社会发展之间存在着密切的相互关系，社会保障在促进经济社会发展、维护社会稳定和实现可持续进步方面发挥着重要作用。

首先，社会保障有助于提升人力资本和劳动生产率，从而促进经济增长。通过提供养老、医疗、失业等各种保障，社会保障可以减轻个体面对风险和不确定性时的恐惧，激发他们更加积极地投入工作。同时，社会保障也减少了生活中的不稳定因素，使人们更加愿意进行创业和投资，从而推动整体经济活动。其次，社会保障有助于减轻社会不平等，促进社会和谐。通过收入再分配，社会保障可以缩小收入差距，提升低收入人群的生活水平。这有助于减少社会的阶层分化，缓解社会矛盾，维护社会稳定。同时，社会保障也为弱势群体提供了更多机会，帮助他们融入社会主流，实现平等参与。此外，社会保障也在一定程度上提高了家庭和个体的消费能力。通过提供基本保障，社会保障减轻了个体因生病、失业等问题而带来的经济压力，使他们有更多的支出用于日常消费。这有助于刺激消费需求，促进内需的增长，对经济增长产生积极影响。

然而，社会保障也需要适应经济社会发展的变化。随着人口老龄化、科技进步等因素的影响，社会保障制度需要不断调整和创新，以适应新的挑战和需求。同时，要平衡社会保障制度的可持续性和效率，确保财政支出的合理安排。因此，社会保障与经济社会发展紧密相连，社会保障在促进经济增长、减轻社会不平等、提升消费能力等方面发挥着重要作用。社会保障制度需要灵活适应变化，以确保其对经济社会的积极影响。

一、社会保障是各个不同时期的基本制度安排

社会保障作为各个不同时期的基本制度安排，在中国近二十年的发展中也体现出了明显的变化和创新。中国作为一个在经济社会领域发生巨大变革的国家，其社会保障体系的发展经历了从起步到完善的阶段，紧密结合了国家的发展需求

和人民的福祉。

在中国的社会保障发展中，可以看到以下几个显著特点：

全面覆盖的扩展：在过去的二十年里，中国不断扩大社会保障的覆盖范围，将城乡居民、灵活就业人群等纳入保障范围。特别是在养老保险、医疗保险等方面，逐步实现了全民覆盖的目标，使更多人受益于社会保障制度。

多层次的保障体系：中国在建设社会保障体系时，注重构建多层次的保障模式。除了基本养老、医疗保险，还发展了企业年金、商业健康保险等多样化的保障方式，以满足不同人群的需求。

区域协调和差异化政策：考虑到中国区域差异较大的现实，中国在社会保障发展中注重区域协调。一方面，已经相对富裕的地区逐步完善了社会保障体系，而相对贫困的地区则在政策上给予一定的支持，以实现整体的平衡。

数字化和智能化应用：近年来，中国积极推动社会保障信息化建设，加强数字化和智能化应用。社会保障卡、移动支付等技术手段的引入，提升了服务效率，便利了人民群众的使用。

灵活就业人群的关注：随着经济的发展，中国的灵活就业人群逐渐增多。针对这一群体，中国也开始探索建立适合他们的社会保障机制，确保他们在就业变迁中能够获得基本的保障。

综合而言，中国近二十年的社会保障发展在不断创新和改革中不断取得成就。社会保障作为基本制度安排，在推动经济社会发展、保障人民权益等方面发挥着重要作用。中国的社会保障体系将继续根据国情和人民需求的变化，不断进一步完善和发展。

二、我国经济社会发展与完善社会保障制度

显然，经济社会的整体高速发展，有利于推动我国城乡社会保障制度的建立和完善。据有关统计，截至 2022 年年末，全国基本养老保险参保人数达 10.5 亿人，同比增加 2430 万人，失业、工伤保险参保人数分别为 2.4 亿人、2.9 亿人。按党中央、国务院部署，自 2022 年起，企业职工基本养老保险全国统筹正式实施。这一改革进一步完善了养老保险制度，推动更公平、可持续的发展。通过全国统筹，不同地区养老保险待遇均等化，提高制度的公平性，确保各参保人员相对一致的保障水平。此外，这项改革还增强了养老保险制度的可持续性，整合资源，降低财务风险，使制度更稳定，能够更好地应对人口老龄化等挑战。总的来说，企业职工基本养老保险全国统筹的实施是积极的改革，朝着更公平、可持续的方向发展，为广大职工提供更稳定、可靠的养老保障，促进社会长期稳定和繁荣。“2022 年 1 月全国统筹

启动实施以来，我们会同相关部门稳步推进各项改革，养老保险覆盖面进一步扩大，基金收支总体平衡。2022 年全年社会保险基金收入 7.1 万亿元，支出 6.6 万亿元，年底累计结余 7.4 万亿元。”人力资源和社会保障部养老保险司副司长亓涛说。

（一）城乡分割和地区发展失衡

经过四十多年的改革与发展，我国取得了令人瞩目的经济发展成就。然而，我国仍将长期处于社会主义初期阶段，城乡二元分割与地区发展失衡作为长期形成的一种客观现象，受制于经济、社会发展失衡及一些根深蒂固的制度安排（如户口政策），城乡之间、地区之间发展不平衡不仅仍然存在，而且还在持续扩大。农村的社会经济发展水平明显滞后于城市，城乡之间的收入差距亦在持续扩大。在地区之间，不仅经济发展水平存在差距，而且人口结构亦存在较大差别。城乡之间发展不平衡的现状，构成了我国现实国情的重要方面，并且在短期内难以改变。因此，尽管社会保障制度应当符合政府主导、城乡一体、公平普惠的内在要求，但城乡分割与地区发展失衡的现实国情，迫使我国的社会保障体系建设只能走渐进发展的道路。以养老保险为例，我国现阶段还不可能建立高度统一的基本养老保险制度，城乡之间的基本养老保险制度亦会存在差距，地区之间虽然可以推进基本养老保险制度的统一，但也必须兼顾发达地区与欠发达地区养老保险需求的差异，从而只能将基本养老保险制度全国统一性与允许地方建立特色性的补充养老保险机制有机结合起来，在实现基本保障公平的基础上，再逐渐缩小不同地区之间、城乡之间的养老金待遇差别。需要指出的是，在尽可能防止社会保障制度碎片化、努力追求制度整合的同时，一定时期内采取多元化制度安排来覆盖全民仍将是必要选择。

（二）人口老龄化挑战日益突出

国家统计局公布的第七次全国人口普查主要数据显示，全国人口总数为 141178 万人与 2010 年第六次全国人口普查数据的 133972 万人相比，增加了 7206 万人，增长了 5.38%；年平均增长率为 0.53%，相比 2000 年到 2010 年的年平均增长率 0.57% 下降 0.04 个百分点。这些数据呈现出我国人口增长的趋势和变化。数据表明，我国人口 10 年来继续保持低速增长态势。

随着人口平均预期寿命的提高，以及 20 世纪五六十年代两次生育高峰期出生的人口进入老年阶段，预计到 2025 年我国老年人口将达到 2.18 亿人，占总人口的 18.5%，65 岁及以上老年人口数量在 2040 年将突破 3.1 亿人。目前我国 80 岁及以上的高龄老人每年增长率约为 4.5%，相当于总人口年平均增长率的 6 倍。值得注意的是，世界上发达国家都是在经济发展水平达到较高水平后才出现人口老龄化现象的，即所谓的“先富后老”，而我国的人口老龄化快速发展是经济尚处于工业化中级阶段时出现的，即所谓的“未富先老”。在经济尚不发达的条件下，巨大的人口压力和快速的老龄化进程将导致劳动人口的赡养负担加重，各种纯消费支出加大，养老和医疗费用大幅度提高。按照人的生命周期演化规律，人一生中 80% 的医疗费用是在 60 岁以后使用的，对老年公寓、老年福利院等老年福利设施的需求也将大大增加。因此，没有健全的社会保障体系，将会酿成严重的社会问题。从国际经验看，在人口老龄化高峰到来之前至少 20 年，我国务必要建立起社会化、资金储备充裕的养老保障制度。如果错过这一时机，以后应对养老压力和社会危机的难度将难以估量。2030—2050 年，我国人口老龄化将达到高峰期。因此，目前正是构建社会保障体系的关键时期。

（三）城镇化进程和人口流动加速

近十年来，中国新型城镇化建设取得一系列重大历史性成就：1.3 亿农业转移人口和其他常住人口在城镇落户，农业转移人口市民化成效显著。截至 2021 年年末，我国常住人口的城镇化率为 64.72%，而户籍人口的城镇化率也在不断提高，达到 46.7%。这表明我国的城镇化水平和质量都得到了显著的提升。城镇化率的增长反映出城市化进程在不断推进，人口从农村向城市转移的趋势逐渐明显。这也意味着我国城市化建设取得了显著的进展，城市的经济、社会和基础设施建设得到了加强和完善。随着中国城镇化率稳步提升，过去几十年的高速城镇化进程也基本结束，未来需要更加重视城镇化质量。放宽落户限制，让农村居民真正融入城市体系是决定城镇化质量的关键因素。

“当前，城镇化进入提高质量的关键时期，在此背景下，放宽落户限制将不断缩小户籍人口城镇化率和常住人口城镇化率的差距，提高城镇化质量，从最大程度上释放中国的内需潜力。”国家发展改革委国土开发与地区经济研究所综合研究室主任贾若祥接受中新社采访时说。

中国拥有大量农业转移人口，在新型城镇化的进程中，农业转移人口市民化被认为是首要任务，同时也是以人为核心的新型城镇化的内在要求。这意味着将农村劳动力逐步纳入城市居民的范畴，使其在城市生活中获得平等的社会权益、融入城市社会，并享受城市化所带来的各种便利和机会。加快农业转移人口市民化无疑将促进新型城镇化朝纵深方向发展，一方面，推进农业转移人口市民化是城镇化高质量转型的应有之义。中央党校（国家行政学院）经济学教研部副教授蔡之兵分析，过去的城镇化战略过度关注产业结构、土地空间的城镇化，这实际上是在实施“以人为核心”的新型城镇化过程中，出现的一些偏离的情况，导致新型城镇化的目标未能充分实现。另一方面，推进农业转移人口市民化也为城市高质量发展指明了方向。蔡之兵认为，长期以来，中国城市发展的共享程度不够，大量农业转移人口虽然为城市发展做出巨大贡献，但却没有享受到现代城市经济发展的福利。“在这种背景下，推进农业转移人口市民化要求城市发展统筹处理好就业、户籍、公共产品等多项任务，对城市治理能力与治理体系现代化提出了更高要求，也指明了未来城市高质量发展的方向。”

（四）内需型经济增长方式的转变

城镇化是人类社会发展的客观趋势，也是最大的内需潜力所在。近年来，我国新型城镇化建设有力有序推进。未来我们要把扩大内需战略和新型城镇化战略有序衔接起来，不断激发新型城镇化的消费潜力，拓展投资空间，深入推进城镇化体制机制改革，使之成为提振内需和经济发展的重要推动力。

第一，释放城镇居民消费潜力。消费结构升级与人口城镇化进程息息相关。国际经验表明，一个国家或地区进入大众消费时代，大都伴随人口大规模向城镇集聚。尤其是进入中高收入阶段，人口城镇化在引领消费升级方面的作用更为明显。“十四五”时期，我国仍处在城镇化较快发展阶段，人口城镇化蕴藏着巨大的消费增长潜力，城镇居民的增多，尤其是新生代农民进城，将伴随着教育、康养、文化、娱乐等消费需求全面增长，能够显著提升消费总规模。

从我国的实际情况看，城镇居民在物质型消费基本饱和后，逐步成为引领教育、医疗、养老、文化、信息、旅游等服务型消费需求增长的主力军。服务型消费快速增长与新一轮科技革命和产业变革相融合，并由此催生服务业新业态新模式，成为拉动经济增长的新引擎。2023 年以来，促消费政策正在持续显效，居民消费恢复态势向好，文旅消费、直播带货消费热度比较高，成为消费回升向好的新亮点。当然，消费恢复仍是初步的，增强居民消费意愿还有较大空间，在未来的发展过程中，我们需要进一步提升城镇居民的消费能力，同时改善整体的消费环境。针对中长期目标，扩大消费规模需要结合优化收入分配格局，以及提升就业的质量。通过多元化的渠道增加城乡居民的收入来源，并加强基本公共服务的建设，这将为居民创造稳定的收入来源，从而增强他们的消费能力。此外，我们也需要让居民在消费时更加放心，没有后顾之忧，鼓励他们敢于消费。为了营造良好的消费环境，我们应该不断提升居民的消费体验，使他们能够愿意并且愉快地进行消费。

第二，拓展新型城镇化投资空间。城镇化对投资需求具有明显的带动效应。城镇化既是农业人口不断向城镇转移的过程，也是生产要素不断向城镇聚集的过程。在一般情形下，城镇化率每提升 1 个百分点，将直接带动人均资本存量增长

1.3%；城镇化率达到 60% 之后，在较高收入基础上的城镇化发展对投资需求的带动力度倍升，城镇化率每提升 1 个百分点，直接带动人均资本存量增加 3.5%。同时，据测算，城镇化率每提升 1 个百分点，新增投资需求 6.6 万亿元左右。城镇人口的增加，可以带来城镇基础设施、公共服务设施建设等多方面投资需求。因而，城镇化将成为扩大内需的巨大引擎，是转变经济发展方式的突破口和着力点。

城市基础设施、公共服务设施等是城镇化投资建设的重点领域。当前，部分城市老城区存在功能设施陈旧、人居环境脏乱、安全风险隐患较多等问题，新城区出现生态保护不足、缺失历史文化风貌等发展短板，亟待加快实施城市更新行动；部分城市科学化、精细化、智能化治理水平有待提升，城市治理中存在一些突出问题和风险隐患，急需加大力度提升城市管理水平，等等。补齐这些短板，既有利于更好满足城市居民对高品质生活的需求，也有利于充分释放投资需求潜力。还要看到，我国城市群一体化发展和都市圈同城化发展水平还不高，核心城市的承载力需进一步提升，中小城市的吸引力需进一步提高，小城镇的特色与差异化分工优势需进一步形成，城市群、都市圈的内部基础设施与要素联系需进一步加强。综合而言，城市群和都市圈发展后劲足、空间大，将是城镇化投资建设的重点。推进以人为核心的新型城镇化，还需根据当地实际情况，有针对性地弥补县城存在的短板和薄弱环节，以促进县域发展。可通过优化县城产业配套设施，提高其质量和效益。同样，应升级市政公用设施，以满足不断增长的需求。公共服务设施方面，要提高标准并扩大覆盖范围，以确保居民获益更多。此外，环境基础设施的升级也势在必行，以适应城市发展的扩张需求。通过这些举措，可以增强县城的综合承载能力，从而提升县城发展的质量。

第三，加快城镇化体制机制改革创新。体制机制创新是释放城镇化内需潜力的关键抓手。新时代新征程，我们要以体制机制改革为动力，紧紧围绕新型城镇化目标任务，加快推进户籍制度改革，提升城市综合承载能力，制定完善土地、财政、投融资等配套政策，充分释放新型城镇化蕴藏的巨大内需潜力，为经济持续健康发展提供持久强劲动力。

一是深化户籍制度改革。此举可以通过实行以居住地为基础的登记制度，同时加强全国性的公开统一户籍管理政务服务平台建设，以提升户籍登记和迁移的便利性。在推进这一改革过程中，应当注重确保流程规范，使户籍制度更加透明高效。同时，还需要依法保障农民在城市落户过程中的合法权益，特别是与农村土地相关的权利，包括农村土地承包权、宅基地使用权以及集体收益分配权。这些权益应在农民进城落户时得到妥善保障，确保农民的权益不受侵害，健全农户“三权”市场化退出机制和配套政策。二是完善城镇基本公共服务提供机制。建立基本公共服务同常住人口挂钩、由常住地供给的机制，逐步增强流入地非户籍常住人口的基本公共服务供给和质量，推动城镇基本公共服务常住人口全覆盖。三是健全城镇化建设资金保障机制。加快投融资体制改革，健全市场化投融资机制，优化资金投入结构方式，建立健全多元持续、经济适用的城镇化建设资金保障机制。

（五）经济全球化潮流势不可当

在全球化背景下，贸易、资本市场的全球一体化进程，给包括我国在内的发展中国家提供了巨大的发展机遇。把握了这种机遇，便可以进入发达国家行列并给人民带来长久的福祉；把握不好这种机遇，便可能丧失发展的良机，最终受损的依然是人民长久的福祉。我们必须承认，作为经济全球化的一个重要组成部分，世界贸易组织各项规则的实施，将不同程度地制约和影响各国的社会发展。富国越富、穷国越穷是经济全球化演进中隐含的重要逻辑。更有甚者，经济全球化增加了更多的不安定因素和社会风险，包括全球性贫富差距加大、失业和贫困风险加剧、企业重组或非本地化、金融失常和汇率不稳定、发生金融危机的风险加大、贸易总量和出口波动、某些经济部门萎缩或某种专业技能迅速过时等，这些不安定因素和风险产生了大量牺牲者。因此，为补偿全球化的部分社会成本，帮助全球化竞争中的弱势群体，社会保障尤为重要。而作为世界重要的经济实体以及经济全球化的重要参与者，我国在社会保障政策选择上也面临两难困境。第一，要摆脱困境，政府要认清全球化对我国社会保障的冲击，意识到缺乏贸易管制的全球化对我国社会保障制度的负面影响，因此在全球化进程上应该遵循循序渐进的原则；第二，政府要充分意识到社会保障政策的经济和社会发展功能，促进发展型社会保障政策的实施；第三，在社会保障政策选择上，政府要坚持公平原则，更关注弱势群体的社会保障；第四，我国政府应尝试建立在社会风险共担原则上的社会保障制度改革；第五，作为经济全球化的重要参与力量，我国政府应积极鼓励和参与社会保障的全球化治理。总之，全球化给我国社会保障制度改革带来了难题，也为政府进行社会保障政策改革提供了契机。我国政府应利用近年来我国在国际经济中的良好业绩，有效防范社会保障政策改革的风险，并在公平和社会风险共担的双重原则下进行社会保障制度的改革。

第二节　健全社会保障体系

一、社会保障的意义

习近平总书记在党的二十大报告中明确指出：“我们要实现好、维护好、发展好最广大人民根本利益，紧紧抓住人民最关心最直接最现实的利益问题，坚持尽力而为、量力而行，深入群众、深入基层，采取更多惠民生、暖民心举措，着力解决好人民群众急难愁盼问题，健全基本公共服务体系，提高公共服务水平，增强均衡性和可及性，扎实推进共同富裕。”社会保障是改善民生、维护社会公平、增进人民福祉的关键体制保障。党的二十大代表纷纷表示，新时代已经过去的这十年，我国社会保障体系建设进入了快车道，打造了全球最大规模的社会保障体系，为人民创造美好生活奠定了坚实的基础。下一步，要全面贯彻党的二十大精神，进一步加强社会保障安全网的密度，不断满足人民在多层次、多领域的需求。

社会保障体系是人民生活的保障网和社会稳定的保障网。完善社会保障体系对于提升民生福祉，不断实现人民对美好生活的向往，具有至关重要的意义。

为人民造福是我们党立党为公、执政为民的根本宗旨。我国高度关注民生改善和社会保障，将社会保障体系建设置于更为重要的位置，对我国的社会保障体系作出顶层设计，推动了社会保障体系建设的快速发展。统一城乡居民基本养老保险制度，实现了机关事业单位和企业养老保险制度的统一，建立了企业职工基本养老保险基金的中央调剂制度。整合城乡居民基本医疗保险制度，全面推行城乡居民大病保险，设立了国家医疗保障局。推进全民参保计划，降低社会保险费率，实施了部分国有资本划转以充实社会保障基金。积极发展养老、托幼、助残等福利事业，无论是城市还是农村、无论地区、性别、职业，人们在面临老龄化、疾病、失业、工伤、残疾、贫困等风险时，都能够得到相应的制度保障。在新的时代里，过去的十年中，我国的社会保障制度改革取得了巨大的进展，发展速度也是空前的。

二、实施社会保障的目的

社会保障是与人民利益息息相关的重要议题，我们要持续致力于推动社会保障事业高质量发展。必须全力以赴贯彻执行，建立一个覆盖全民、统筹城乡、公平统一、安全规范、可持续的多层次社会保障体系。要进一步完善基本养老保险全国统筹制度，构建多层次、多支柱的养老保险体系。扩大社会保险的覆盖范围，完善基本养老和基本医疗保险的筹资和待遇调整机制，推动基本医疗保险、失业保险、工伤保险实现省级统筹。

这些措施旨在不断提升社会保障体系的效能，确保人民群众在面对各种风险时都能够得到必要的保障。通过建立更加全面、稳固的社会保障制度，我们将能够更好地保障人民的基本生活需求，增进社会公平正义，为全体人民创造更好的发展环境。

保障和改善民生是一项持续不断的任务，而并非有一个终点，只有不断迈向新的起点。我们必须始终坚持以人民为中心的发展思想，深入认识做好社会保障工作的重要性，不断在完善社会保障体系方面取得新的成就，确保现代化建设的成果更广泛、更公平地惠及全体人民。

这需要我们持之以恒地关注人民群众的需求，不断提升社会保障的质量和覆盖范围，以确保人们在面临风险和挑战时能够得到有效的支持和保障。同时，也要加强对社会保障政策的研究和创新，适应不断变化的社会和经济环境，使社会保障体系更具适应性和韧性。

通过持续的努力，我们将能够实现人民的美好愿望，让社会保障体系更加完善，让现代化建设的成果更加均衡地惠及每一个人，推动国家的社会进步和发展。

社会保障体系是人民生活的安全网，也是社会稳定的支撑。党的二十大报告明确指出，我国已建设世界上规模最大的教育体系、社会保障体系、医疗卫生体系。自党的十八大以来，以习近平同志为核心的党中央始终坚持以人民为中心的发展思想，将社会保障体系建设置于更加重要的地位，我国社会保障事业取得了历史性的成就，为保障经济平稳运行和社会和谐稳定提供了有力支撑。截至 2022 年 6 月，基本养老保险参保人数达到 10.4 亿人，基本医疗保险参保人数截至 2021 年年底已达 13.6 亿人，覆盖率稳定在 95% 以上，构建起更加公平、可靠、可持续的社会保障体系，为人民的幸福生活提供坚实保障。

第三节　我国的社会保障制度

社会保险制度是指由法律规定了的、按照某种确定的规则实施的社会保险政策和措施体系。社会保险属于社会性事业。我国社会保险制度坚持广覆盖、保基本、多层次、可持续的方针。

社会保险作为我国建设社会主义和谐社会的内在要求和必要保障，具有保障劳动者基本生活和维护社会安定的重要作用；社会保险还能够增进劳动者的体质，促进劳动者的身体健康；社会保险还能促进生产的发展，保证经济的正常运行；它能够服务于基层和社会，方便群众的生活；通过社会保险，可以实现收入的再分配，可以调节劳动的分配，保障低收入者的基本生活。因此社会保险是我国必不可少的一项制度，在新的时期，我国还必须继续实施社会保险制度，并且优化和发展社会保险制度，以保证社会的稳定，为构建和谐社会打好基础和贡献一份力量。我国的社会保障制度主要以社会保险为主，辅以社会救助、社会优抚和社会福利等方面，共分为 4 个方面。

一、社会保险制度

社会保险主要包括养老、医疗、失业、工伤及遗属保险共 4 块内容。

1. 养老保险

养老保险是在法定范围内的老年人完全或基本退出社会劳动生活后才自动发生作用的。这里所说的“完全”，是以劳动者与生产资料的脱离为特征的；所谓“基本”，指的是参加生产活动已不成为主要社会生活内容。需强调说明的是，法定的年龄界限（各国有不同的标准）才是切实可行的衡量标准。养老保险的目标是确保老年人的基本生活需求，为他们提供稳定可靠的生活来源。养老保险是以社会保险为手段来达到保障的目的，养老保险是世界各国较普遍实行的一种社会保障制度。

我国的养老保险分 3 个方面：城乡居民养老保险、城镇职工养老保险和机关事业单位职工养老保险。

农村农民和城镇无业人员，可以参加城乡居民养老保险。居民养老保险每人每年缴费档次标准为：一档 200 元、二档 300 元、三档 400 元、四档 500 元、五档 600 元、六档 700 元、七档 800 元、八档 900 元、九档 1000 元、十档 1500 元、十一档 2000 元、十二档 3000 元、十三档 4000 元，由参保人员自愿选择。同时，政府对参保缴费人员进行补贴，补贴标准为：一档 40 元、二档 50 元、三档 60 元、四档 70 元、五档 80 元、六档 90 元、七档 100 元、八档 110 元、九档 120 元、十档 130 元、十一档 140 元、十二档 160 元、十三档 175 元。按规定，补缴不享受政府缴费补贴。

企业职工、个体工商户和灵活就业人员可以参加城镇职工养老保险。其中包含单位缴费和个人缴费，费率分别是 16% 和 8%，个人缴费部分纳入个人养老账户。

行政编的公务员和事业编工作人员，参加机关事业单位职工养老保险，也包含单位缴纳和个人缴纳，费率分别是 20% 和 8%。

除了基本养老保险外，我国还为机关事业单位的职工建立了职业年金制度，同时也鼓励企业建立企业年金制度。按照中央政府的要求，养老保险在全国范围统筹。

2. 医疗保险制度

我国的医疗保险包含两个范畴：城镇职工医疗保险和城乡居民医疗保险。

机关事业单位职工、企业单位参加城镇职工医疗保险，缴费主体包括单位缴纳和个人缴纳，费率分别是 7% 和 2%。

农村农民、城市自由职业者及无业者，可参加城乡居民医疗保险，2023 年规定的最低居民医保缴费标准是 350 元 / 年。与 2022 年相比，城乡居民医疗保险的缴费标准上涨了 30 元。

同时，根据 2019 年《国务院办公厅关于推进生育保险和职工医保合并意见》要求，将生育保险并入职工医疗保险，生育保险包含两项内容：生育津贴和生育医疗待遇。

3. 失业保险制度

显而易见，机关事业单位职工的工作是稳定的，是大家熟知的“铁饭碗”，所以他们没有失业保险。企业单位职工参加失业保险，由单位缴纳，费率是 1%。

4. 工伤及遗属保险

工伤保险制度的意义在于，对在工作中受到意外伤害或患职业病而导致暂时或永久丧失劳动能力以及死亡的劳动者（或其遗属）给予物质帮助。根据《工伤保险条例》，职工个人无需缴纳工伤保险费，而是由用人单位负责为员工缴纳。遗属保险是指对劳动者死亡后给予其遗属一定津贴补助。我国《工伤保险条例》规定，职工因工死亡，其遗属可从工伤保险基金领取丧葬补助金、供养亲属抚恤金和一次性工亡补助金。

二、社会救助制度

对于不能维持最低限度生活水平的公民，政府给予资助和服务。我国的社会救助制度共计 8 项内容，分别包括最低生活保障（低保）、特困人员供养、受灾人员救助、医疗救助、住房救助、教育救助、就业救助和临时救助。

三、社会优抚制度

政府为法定优抚对象提供资助和服务，主要涉及军人（含武警官兵）、公安干警和革命烈士等。优抚对象包括现役军人和武警官兵、革命伤残军人、复员退伍军人、革命烈士家属、因公牺牲军人家属、病故军人家属、现役军人家属等。其中军人优抚包括抚恤、优待、退休养老和退役安置 4 个方面，2018 年国务院机构职能改革中，新成立的退役军人事务部，专门负责军人退役、转业、退休养老等安置工作。

四、社会福利制度

政府为生活困难的老人、孤儿和残疾人等特殊困难群体提供资助和服务，民政部管理的社会福利院、儿童福利院和精神病人福利院，城镇乡村举办的养老院等，都属于这一范畴。另外，由民政部管理的福利彩票发行中心，通过发行福利彩票来筹集一定规模的资金，在一定程度上支持了我国的福利事业发展。

第四节　构建城乡社会保障体系的意义

一、构建城乡社会保障体系的政治意义

（一）构建城乡社会保障体系是全面建设和谐社会的重要基础

《中共中央关于构建社会主义和谐社会若干重大问题的决定》中提出，到2020年，基本建成覆盖城乡的社会保障体系是构建社会主义和谐社会的目标之一。确立覆盖城乡居民的社会保障制度建设已经成为推动构建社会主义和谐社会的重要动力。在全球范围内，那些拥有健全社会保障制度并为广大民众提供社会保障的国家，往往是社会和谐的典范；而相反，缺乏完善或公平的社会保障制度的国家，其社会发展往往伴随着不和谐的现象。因此，社会保障与社会和谐之间存在紧密联系，城乡社会保障的协调发展直接影响整体社会的和谐水平。近年来，随着经济体制改革的深入推进，城乡社会保障事业得到快速发展，然而仍存在与构建和谐社会不相符的问题，其中最突出的是城乡差距扩大。农村社会保障制度的滞后导致绝大多数农民无法充分享受经济发展成果，这些问题可能成为经济社会持续发展的潜在威胁。因此，在我国长期高速增长后，实现城乡社会保障制度的统一发展已成为构建和谐社会的基础和前提之一。

（二）构建城乡社会保障体系是保障城乡居民基本公民权的需要

社会保障制度是社会化大生产的产物，动用了国家的公共资源，这些资源并不是城市人的特权。我国的社会保障制度主要包括国家机关、事业单位、国有企业以及区、县以上的城镇集体经济组织。然而，占我国人口70%以上的农村人口却常常处于社会保障的边缘，很多人被排除在保障体制之外，与社会保障的性质和目的相矛盾，这对农村人来说显然是不公平的。农村劳动者也通过参与生产劳动获得经济收入维持生活，为国家和社会创造价值。他们同样会面临年老、疾病、伤残等风险，可能导致收入中断或减少，因此，他们应当享有与城市人口同等的基本权利和待遇。

实现社会保障的城乡统筹就是关心农村人、尊重农村人、发展农村人的重要举措。它旨在让农民享受全面的国民待遇，使他们具备与城市居民同等的社会保

障权利。这一做法充分展示了社会保障制度公平性的本质，也体现了以人为本的科学发展观。通过城乡统筹，我们可以推动社会保障制度更加公平合理，使人们共享社会发展的成果，实现社会保障制度的更大公平和全面发展。

二、构建城乡社会保障体系的社会意义

（一）构建城乡社会保障体系是维护社会稳定的需要

没有社会的稳定，就难以实现经济的持续发展和社会的进步。而社会保障则是维护社会稳定的重要保障线。一个完善的社会保障制度能够通过确保老年人有养老金、病患者能够获得医疗、工伤者得到保障、灾害受害者获得赔偿、失业者得到救济、残疾人得到安置、贫困人口得到支持等方式，保障社会成员的基本生活需求，解除人们的后顾之忧。这有效地化解了可能产生的社会矛盾，实现了国家的安定和社会的稳定，为经济的发展创造了良好的社会环境。

随着农村经济的发展和改革的深入，劳动者面临的经营风险不断增大。同时，原本以集体经济为基础的保障体系逐渐解体，导致家庭难以承担养老压力。因此，通过社会保障制度代替家庭保障和土地保障，可以减轻家庭负担，缓解农村贫困，提升农民福祉，减少家庭内部矛盾，促进农村社会的和谐发展。特别是随着老龄化、城镇化以及家庭结构小型化的发展，传统的家庭养老保障模式面临挑战，生育政策也面临变革。在这个背景下，社会保障的重要性更加凸显，它不仅有助于维护社会稳定，还能适应人口结构和家庭变化，为社会的可持续发展提供稳定支持。因此，构建覆盖城乡居民的社会保障体系，是解决城乡居民后顾之忧，维护社会稳定的迫切需要。

（二）构建城乡社会保障体系是城市化进程和人口流动加速的需要

从长远角度来看，推进城市化是解决我国“三农”问题、缩小城乡差距、实现经济社会可持续发展的重要措施。鉴于我国农村人口占总人口近60%，实现这一目标需要在未来十多年内将大约2亿多农村人口转移到城市。2020年第七次全国人口普查数据显示，人户分离人口达到49276万人，其中市辖区内人户分离人口为11694万人，流动人口为37582万人，跨省流动人口为12484万人。与2010年相比，人户分离人口增长了88.52%，市辖区内人户分离人口增长了192.66%，流动人口增长了69.73%。外出打工已成为农村人口的重要生计方式和脱贫策略。

当前，在我国不仅城乡之间有大规模人口流动，城市之间、企业之间以及不同行业之间也存在较大规模的人口流动。经济社会的持续发展为人口流动创造了条件，人口流动趋势愈发明显，流动人口的规模也在不断扩大。因此，建立覆盖

农民工的城乡社会保障制度，解决农民工在进城务工过程中的后顾之忧，成为提高城市化水平的关键举措之一。这将有助于保障农民工的权益，提高他们的生活水平，促进城乡社会的和谐发展，同时也有助于推动经济的可持续增长。

（三）构建城乡社会保障体系是应对老龄化社会挑战的客观需要

当前，“老龄问题”已经成为一个亟待解决的世界性社会难题。国际经验显示，现代国家在人口老龄化高峰出现前约 20 年，就需要建立全面的社会保障制度，特别是养老和健康保险。否则，老龄化问题可能对经济社会发展造成影响，甚至影响社会稳定。因此，在我国，构建覆盖城乡居民的社会保障体系已成为应对人口老龄化趋势的必然选择，也是生育政策的重要补充。

然而，我国现行的城乡社会保障分割和户籍制度的限制，使农村人口的流动较少，主要流动人口是青壮年。这导致农村社会保障资源供给不足，再加上家庭结构变化，越来越多的年轻人无法与老年人一同生活。老年人面临的经济和精神支持问题将愈发突出。因此，我国政府有必要建立包括农民工在内的全面城乡社会保障制度，以确保老年人的基本需求得到满足，维护社会稳定，应对人口老龄化所带来的挑战。这有助于实现老年人的养老需求，促进经济社会的可持续发展。

三、构建城乡社会保障体系的经济意义

（一）构建城乡社会保障体系是完善社会主义市场经济的要求

社会保障制度是社会主义市场经济体制中不可或缺的一部分。作为一个制度体系，社会主义市场经济体制的目标是在政府宏观调控下，通过市场机制配置资源，实现效率优先、优胜劣汰。然而，市场机制具有双重性，在提高经济效率的同时也可能带来一些风险，如贫困和贫富差距扩大等问题，导致一些社会成员陷入困境。市场并不会主动关心弱势群体，也不会自动消除贫困现象，因此需要政府发挥作用，通过社会保障政策来确保更多人能够分享经济发展的成果。

目前，我国农村居民占多数，处于市场竞争中的相对弱势地位。只有在社会保障制度惠及农村人口的情况下，社会主义市场经济体制才能得到真正的完善。在社会主义市场经济体制中，市场需要生产要素自由流动，而户籍制度和社会保障制度的不一致限制了城乡劳动力市场的形成。因此，社会保障制度与市场经济密切相关，消除社会保障领域的“城乡分割”，构建能够覆盖城乡居民的社会保障体系，是建立和完善社会主义市场经济体制的必然要求。这将有助于实现社会公平，减轻农村居民的负担，促进全体人民共同分享社会经济发展的成果，从而增强社会主义市场经济体制的可持续性和稳定性。

（二）构建城乡社会保障体系是加快社会主义新农村建设的需要

建设社会主义新农村的核心任务是解放和发展农村生产力，其根本目的在于促进农民增收，提升农民生活水平。在积极推进城乡统筹发展的前提下，实施“工业反哺农业，城市支持农村”的方针，是建设社会主义新农村的重要策略。这意味着要通过多向农村投入、少从农村索取、保持市场活力的方式，加大财政投入，拓展公共财政范围，加强政府对农村的公共服务，以实现工业促农业、城市带动乡村的良性循环。

在这一过程中，加强城乡社会保障统筹制度建设具有重要作用。通过改革城乡二元社会保障体制，推动城乡二元体制的改革，建立有利于新农村建设的发展机制，可以进一步消除影响城乡协调发展的制度性障碍，促进资源在城乡之间合理流动和优化配置。这有助于解决农村基础设施和社会事业建设方面的问题，促进农民增收，提高生活水平，推动社会主义新农村建设的进程。

（三）构建城乡社会保障体系是应对内需型经济增长方式转变的需要

众所周知，投资与出口是带动我国经济持续高速增长的主要动力，但内需却长期不足，而城乡社会保障制度发展的不均衡更加深了内需不足这一问题。因此，统筹城乡社会保障制度，努力扩大“五险”覆盖面，有利于消除城乡居民消费的后顾之忧，推动我国内需型经济增长方式的顺利转变。据有关统计，2005—2010年，扣除价格因素，城乡居民收入年均实际增长速度分别为9.7%和12.7%，城乡居民消费年均实际增长速度分别为8.2%和7.8%。城乡消费之比由1983年的2.04：1扩大到1994年的2.80：1。特别是近几年农民收入增长低迷造成居民消费水平差距进一步拉大，2010年城乡消费比达到3.07：1。

城乡社会保障制度不均衡的发展已经导致城乡居民消费差异不断扩大。数据显示，2010年城乡居民的社会保障费用支出比为4.23：1，城乡人均社会保障费用支出的差距达到了2257元。截至2020年，全国居民人均可支配收入为32189元，同比名义增长4.7%，经过价格因素调整后，实际增长2.1%。其中，城镇居民人均可支配收入为43834元，同比增长3.5%，实际增长1.2%；农村居民人均可支配收入为17131元，增长6.9%，实际增长3.8%。2020年，全国居民人均可支配收入的中位数为27540元，同比增长3.8%，中位数相当于平均数的85.6%。具体来看，城镇居民人均可支配收入中位数为40378元，同比增长2.9%，相当于平均数的92.1%；农村居民人均可支配收入中位数为15204元，同比增长5.7%，相当于平均数的88.7%。为此，中国政府应当在城乡社会保障制度方面做出整体规划，争取将广大农村居民纳入“五险”保障体系，从而消除城乡居民消费的不安定因素，为我国经济顺利转向内需驱动型增长提供支持。

四、构建城乡社会保障体系对发展社会保障事业的意义

（一）构建城乡社会保障体系是社会保障理论研究的课题

统筹城乡社会保障长效机制的构建，已经成为社会保障理论体系中的一个枢纽点，也是国内外学术界关注的热点课题之一。尤其是在社会保障面临模式选择，面临机制和制度构建，面临发展环境重大变迁的现实条件下，我国迫切需要强化社会保障制度在构建和谐社会中的重要基础性作用，为我国社会经济又好又快地可持续发展提供有力的制度保障。由于中国特色市场化道路的独特性，我国特定的制度演化路径以及中国人的思维方式和行为方式的特殊性，使得我们在构建城乡居民社会保障体系时，必须以我国社会保障制度的历史和现实为依托，同时借鉴国外社会保障理论的合理成分，但关键还在于要立足自身国情和实践的理论创新。飞速发展的我国社会保障改革实际，迫切需要社会保障的理论创新。以科学发展观和构建社会主义和谐社会为理论指导，将构建社会保障长效机制的城乡社会保障制度建设作为构建和谐社会的一项重要基础性工程，已经成为社会保障领域理论研究的重要课题。

（二）构建城乡社会保障体系是社会保障制度改革长期目标的要求

一方面，把农村居民逐步纳入社会保障体系，以农民工为切入口，构建覆盖城乡居民的社会保障体系，可以为社会保障基金注入新鲜血液，为解决现行城镇养老保险制度面临的财务危机提供资金支持，赢得了缓冲的时间。另一方面，我国目前正处于社会主义初级阶段，考虑到我国的实际情况，社会保障制度的覆盖范围还相对较窄，难以充分展示我国社会主义制度的优越性。因此，为了更好地适应我国的社会主义制度，建立一个统一的、一元化的社会保障制度被视为长期目标。尽管这一目标可能需要较长的时间来实现，但我们不能忽视农村居民的社会保障问题，也不能对这个问题视而不见。

因此，逐步将农村居民纳入社会保障安全网，构建覆盖城乡居民的综合社会保障体系，应该被看作是一个长期的发展目标。从长远来看，这不仅有助于减少未来改革的阻力和成本，还能够避免在追求一元化目标过程中出现路径扭曲。同时，这也符合我国社会保障制度改革的长期目标，为实现社会主义初级阶段的各项目标提供了有力支持。

第九章　构建城乡社会保障体系的理论创新研究

构建城乡社会保障体系的理论创新研究是为实现全面建设社会主义现代化国家目标，适应我国城乡发展差异，推动城乡一体化发展的迫切需求。这一研究涵盖城乡居民的基本权益，关系到社会公平和稳定，需要从政策、制度、融资等多方面进行深入思考。通过探索差异化需求满足、可持续融资机制、灵活就业与保障衔接等新领域，能够促使城乡社会保障体系更好地服务于全体居民，实现社会保障制度的创新与协调发展。

第一节　城乡社会保障理论创新的必要性及可行性

一、城乡社会保障理论创新的必要性

（一）社会保障理论的新发展

1. 社会保障内涵的新发展

显然，最近20年来，国际社会定义的社会保障概念从内涵到外延都大大改变了。在内涵上，新的社会保障定义明确提出了社会保障是社会政策的组成部分，从而提出了一个新的课题——应该按照新的社会问题和新的社会政策来探索新的社会保障制度。在外延上，新的社会保障定义从更侧重于国家干预、个人抵御社会灾害或社会风险的手段、制度，演变为以政府为主导的社会各类主体组织起来保护全民的就业与劳动、基本收入的所有方案的集合。占据主导的社会保障制度从社会保险制度逐渐向着配合反贫困这一战略主体的社会救助制度演化，强调了基本社会服务保障在社会保障中的重要性。参与社会保障的社会主体大为增加，不仅有国家和政府，还有企业、家庭和当地的互助网络，民间社团和私营、公营的各类社会服务机构，国际组织和国际机构也成为21世纪社会保障的社会主体。

总之，21世纪社会保障体系的保障内容拓宽，参与主体扩展，保障的方式出现多样化特征，社会保障概念的内涵与外延也被重新刷新。刷新了的社会保障体系具有哪些功能？能发挥怎样的作用呢？对于这个问题，各方的认识也出现了一

些争议。但争论的焦点已不再是是否需要社会保障，而是我们到底需要什么样的社会保障。其实，社会保障从诞生之日起，就没有一个固定的模式。各国社会保障制度、体系与该国的政治、经济、文化等密切相关，同时也随着时间的推移发生着不断的变化。但它们有一个共同点，即国家在为社会保障提供便利条件、促进社会保障扩展其覆盖面和扶弱济困方面发挥着重要的作用。此外，所有社会保障制度都应该遵循一些基本理念。举例来说，社会公平和公正的原则是不可或缺的，制度应该抵制社会歧视和排斥现象。效率原则同样重要，意味着行政管理成本应该被控制在最低限度。此外，信任原则也至关重要，因为公众对社会保障制度的信任程度对其有效运行至关重要。这些理念共同构建了一个健全的社会保障体系，为公众提供均等的保障，提高制度的可持续性和影响力，是制度成败的关键因素，等等。

因此，当前社会保障概念的新发展从某种程度上推动了我们对社会保障概念的新认识，也从基本的概念理念层次为统筹城乡社会保障体系构建的理论创新提供基本的理论支撑，这种支撑从某种层面上正是对于社会保障内涵新发展的回应。当前，包括中国在内的一些农业人口占据很大比例的发展中国家，正规的社会保障在农民或者非正规就业群体的局限性很大，它对低收入群体，尤其是农村贫困人口的影响很小。也就是说，以往我们认识的工业化时代实行的以社会保险制度为主体的社会保障体系对其影响是有限的。而且这种保障制度有限制性条件——绝大多数社会成员，在劳动力市场上要具有稳定的、固定的劳动收入来源。无疑对于中国这样的农业人口占较大比重的国家来说，这种彼时彼地的社会保障制度的影响是有限的。而贫困对于收入稳定的影响比暂时性、突发性事件的影响更大。

在此背景下，当前我们对统筹城乡社会保障体系构建进行理论创新，必须借助当前社会保障概念的新发展，分析现有的机制——正规的、非正规的社会保障制度是怎样相互作用的，还要分析包括广大农民、农民工等非正规就业群体的社会保障问题。这也意味着，我们的研究和分析将超出工业国家社会保障概念所涵盖的范畴，而达至社会保障新概念所覆盖的范围。

2. 世界社会保障理论的新发展

近年来，世界范围内的社会保障理论正经历着新的发展，以应对不断变化的社会和经济环境。这一新发展涵盖了多个关键方面，体现了社会保障理论与实践的不断创新和适应。

首先，社会保障的范围正不断扩展，从传统的经济保障逐步拓展到全面的社会保障。社会保障不再仅仅局限于提供经济支持，也包括健康保障、教育保障、就业保障等方面，旨在满足人们多样化的需求。这种全面性的转变反映了人们对全面幸福感的追求，强调社会保障在提高人民生活质量方面的综合作用。

其次，人口老龄化的趋势加剧了养老保障的重要性。世界各国都面临养老金可持续性的挑战，因此，社会保障理论正重视跨代公平和可持续性。新的养老保障模式逐渐涌现，包括基于积累的个人账户制度、跨代分配制度等，以确保养老金制度的可持续性和公平性。

此外，不断变化的劳动市场和工作模式也推动了社会保障理论的发展。新兴的就业形式，如自由职业、临时工作和平台经济，使传统的社会保障制度面临新的挑战。社会保障理论在这方面的创新包括重新审视灵活性和包容性的原则，以保护不稳定就业群体的社会权益。

同时，数字化和技术进步也催生了社会保障的数字化转型。数字技术为社会保障提供了更高效、更精确的管理和服务手段，加强了信息共享和决策支持，有助于提升社会保障制度的运行效率和质量。

世界社会保障理论的新发展体现了对多样化社会需求的关注，强调社会保障制度的全面性、可持续性和灵活性。这些新理论将为各国构建更为适应时代变革的社会保障制度提供重要参考。

（二）现实中国社会保障发展的需要

1. 中国社会保障理论研究的“本土化”迷失

改革开放后，中国社会保障制度很大程度上是在学习西方社会保障制度模式的基础上进行体系构建的。从某种程度上来说，我国也是以制度改革的基础理论——西方社会保障理论作为指导，来改革中国社会保障制度模式的。中国社会保障理论研究始于20世纪80年代，在这之后的30年间，社会保障理论研究往往停留在对西方社会保障体制的描述和西方社会保障理论基础概念的介绍方面，而缺乏对理论本身进行深入的分析。例如在对西方福利体系的研究中，有学者批评目前在此方面的研究具有一些通病，即偏重西方福利国家现状的研究，缺少对其发展进程的阐释；偏重从经济学角度进行分析，缺乏跨学科、多角度的研究。在理论的实践中，一些研究者割裂理论观念与所产生的社会时代背景的联系，忽视该理论与其他各派理论的相互关系。由于对于这些概念所提出的背景、渊源和与其他各社会保障理论流派间的联系认识十分缺乏，使得一些研究者脱离其原背景来阐发这些范畴，或把这些理论从有利于自己论证的层面来证明自己的主张。另外，国内在进行社会保障理论研究中，经常将西方国家理论直接搬过来使用，而对于其前提假设不加审视。中国人的消费决策与西方人存在一些显著的差异。一个突出的区别是中国人在消费决策中表现出较强的预防动机。此外，中国文化传统强调利他动机，特别是利亲属的价值观，以及重视遗产的传承。这与西方社会保障理论中的一些前提假设存在背离。在西方社会保障理论中，有时假定人们的消费决策是“近视”的，缺乏足够的预防动机，可能忽视了利他动机和遗产动机等因素。然而，在中国社会背景下，这些假设并不完全适用。然而，对于社会保障理论研究和制度设计中的前提假设问题，中国学者通常未能深入分析，这种情况可能影响到理论的准确性和制度的有效性。因此，更深入地研究和理解中国文化、价值观和消费行为对社会保障的影响，以及如何更好地与社会保障理论相结合，是一个值得探讨的课题。

同时，西方社会保障理论的研究基础主要是建立在严格的社会保障体系之上的。这种体系是由政府组织并覆盖所有公民的。然而，中国当前的社会保障制度更多地与就业紧密相关，主要体现在社会保险制度中，只有特定的就业人群才能享受到相应的保障。这种差异使得西方社会保障理论并未充分考虑中国制度所带来的各种问题。特别是未涉及中国社会保障制度对国有企业改革、农村劳动力向城市转移，以及城乡二元与三元格局的影响。然而，正是这些方面成为了当前中国经济社会改革的重要组成部分。因此，在研究中国的社会保障问题时，必须充分考虑这些与社会保障制度紧密相关的议题，以确保理论分析的全面性和准确性。再从社会保障相关经济主体行为来看，以往对中国社会保障制度的研究着重于分析制度本身，而对于具体制度下相关经济主体的行为则较少考虑。国外的社会保障理论建立了相关数学模型，研究社会保障制度对人的行为的影响，这是值得我们借鉴的。但是，由于模型隐含的前提假设与中国的具体情况有所违背，而且这些前提是涉及模型最终结论的最重要的关键影响变量，这就决定了简单套用模型的极大危害性。在解释和解决中国的社会保障问题时，我们需要对此进行修正。

正因如此，西方社会保障理论在很大程度上难以完全适用于解释和解决中国所面临的具体问题，我们只能在其中寻找借鉴的元素，而不可盲目套用。在研究中国的社会保障问题时，尤其是探讨如何构建统筹城乡社会保障体系这一中国特有的课题时，我们必须紧紧依托中国的实际情况。我们可以参考西方社会保障理论的相关研究成果，但要结合中国的具体背景进行适度的修正和调整，以更好地解释中国的社会现象，解决中国的社会问题。

在这个过程中，我们必须打破以往西方的研究范式，从一味地用西方的眼光来看待中国，逐渐转变为站在中国的视角来研究中国。这意味着我们需要充分认识到社会保障理论的本土性，将其与中国的具体情况相结合，从而形成更有针对性、更切实可行的解决方案。这样的转变将有助于在中国的社会保障领域取得更加显著的进展，为我国社会的可持续发展提供有力支持。

2. 中国城乡社会保障发展的“困境”

现行中国的社会保障体系极其复杂，即便是专业人士也不一定完全清楚。其中一个重要原因，就是现行社会保障体制下社会保障制度的“身份化”，而这种身份的分层化是非常复杂的。任何人都要按身份——是工人、农民、军人还是国家公务员、事业单位职员；如果是工人，是什么工人，是在国有企业还是私营企业单位工作，是在机关事业单位还是在国家机关工作，来认定保障方式、覆盖范围、保障水平、缴费水平和享受待遇。由于用工制度改革，每个单位大量使用临时工、合同工、非调档的干部，致使职员和工人群体中都出现了各类不同的身份。即使在同一机构内部，由于身份不同，养老、医疗、失业、住房、教育等各项社会保障的范围、标准也存在极大的差异。从本质上来说，这些现象都是抹杀个体差异的传统国家保障与基于个人差异的社会保障理念的集中反映。社会保障制度虽然改变了，但它所存在的前提——保障对象身份无一能够实现变革。因此，当前我们进行统筹城乡社会保障体系的理论创新，必须破除这些外在的客观制度环境强加给统筹城乡社会保障体系的各种束缚。

工业化时代的国际社会保障立足于保障那个时代的最主要的劳动力——劳工阶层。而在 21 世纪，保障的对象势必随着信息社会的劳动人口结构的变迁，向着全社会全体居民的保障进行扩展，这必然导致资源的筹措问题更为突出。因此支撑传统社会保障的财政基础——具有相对稳定工作的劳动力大军正在瓦解中，非正规就业和弹性就业成为各国就业岗位增加的主要来源。由固定单位代扣代缴的社会保险资源不断减少，大多数国家的社会保障基金出现了入不敷出的困境。中国社会保障制度改革以来，尽管保障范围比计划经济时代有所扩大，但是其保障资源减少的困境也日益凸显。一方面下岗失业人员退出了缴费队伍，社会保障不仅要为他们的今天付费，还要为他们的明天筹款；另一方面农村每年超过千万的剩余劳动力向城市流动，形成农民工阶层和非正规的就业群体，这部分虽然今天没有缴款，但无疑未来要为他们付费。此外，养老、医疗、失业、工伤的社会保险散见在各个组织实施操作，各个组织群体自保自家的人，各收各的钱，管理成本实在太高。因此，要解决当前统筹城乡社会保障的资金筹措问题，就需要破除传统思维定式的理论范式的束缚，实现理论的创新。

中国社会保障体系陷入上述一系列的困境，与制度设立之初所采纳的社会保障理论有着莫大的关系。当时很多人都认为我们国家经济社会发展比较落后，要赶上西方发达国家，除先进技术要从西方引进以外，制度模式也要从西方引进，而且要尽快全盘模仿西方，先搬过来然后再消化吸收。结果，我们以自己的思维理解和模仿西方发达国家20世纪的社会保障经验，而没有看到当时所引进西方社会保障制度体系理论的时代适应性，也没有认真研究当时我们国家现实的国情——二元经济社会结构。当时，我国简单套用西方发达国家的社会保障理论，来构建完整的、高水平的城镇企业职工社会养老保险制度，结果这项计划完成得越好，城乡之间的差距越大，社会公平的程度也越低，公共效果显然越不利。因此，要真正解决中国当前最大的问题——二元经济社会的格局，实现统筹城乡的、覆盖全民的社会保障体系的构建，就必须对中国社会各个层面所发生和发展的各类社会保障制度的实际运作过程进行深入细致的调查和研究，以实现统筹城乡社会保障构建的理论创新，为建立真正解决中国社会保障制度体系构建过程中产生的问题奠定理论基础。

二、城乡社会保障体系理论创新的可行性

（一）社会保障理念的转型：从“效率”到“公平”

随着社会的不断发展，社会保障理念也在逐步转型。从过去强调“效率”的角度出发，社会保障系统被设计为一种能够高效分配资源、提升经济运行效率的工具。然而，近年来，这一理念逐渐向更加强调“公平”倾斜，社会保障的目标不仅仅是追求经济效益，更注重确保每个人都能平等地获得基本保障和机会。

在“效率”取向下，社会保障被视为促进经济增长和资源配置的手段。政府在这种理念下可能会着重于提供失业、医疗和退休等方面的最基本保障，以确保人们在不同生活阶段能够维持基本生活水平，从而为劳动力维持稳定的生产和消费环境。然而，这种观念可能导致资源的不平等分配，可能使一些弱势群体难以获得必要的支持，从而加剧社会不平等问题。

而随着社会逐渐关注社会公平问题，社会保障理念正在从“效率”向“公平”转变。新的取向强调确保每个人都能够平等地获得基本的社会保障，无论其社会地位、背景或经济状况如何。政府在这种情况下可能会加强社会保障体系，包括扩大覆盖范围，提高福利水平，以及更有针对性地支持那些需要帮助的人群。这有助于缩小社会不平等差距，增强社会凝聚力，同时也能够刺激更加可持续的经济发展。

总的来说，社会保障理念的转型从“效率”到“公平”反映了社会关切的演变。平衡经济效益和社会公平，确保每个人都能够获得基本保障和机会，将是社会保障体系发展的重要方向。

（二）社会保障制度的学习：从“照搬”到“创新”

过去，许多国家在建立社会保障制度时往往“照搬”其他国家的模式和经验。这种方法可以节省时间和精力，快速建立起基本的社会保障体系。然而，随着时间的推移，人们逐渐认识到，不同国家的社会、文化、经济背景存在差异，简单地照搬并不能完全满足本国的实际需求。因此，社会保障制度的学习正在从“照搬”转向更加注重“创新”。

“照搬”社会保障制度意味着将其他国家的经验和模式直接引入本国，不加修改地应用。这种做法可能会导致制度的失灵，因为不同国家的社会问题和发展需求存在差异。例如，一个国家成功的医疗保障制度在另一个国家可能并不适用，因为医疗资源、人口结构和文化传统等因素不同。因此，纯粹的“照搬”往往无法解决本国的实际问题。

相比之下，更加注重“创新”的社会保障制度学习，强调在借鉴其他国家经验的基础上，结合本国的实际情况进行适度的调整和改进。这种方法可以更好地满足本国的需求，并在制度设计中融入本国的文化、价值观和发展目标。通过创新，社会保障制度可以更加灵活和具有适应性，能够更好地应对社会变化和挑战。

在学习社会保障制度时，创新不仅仅体现在制度设计上，还包括在技术应用、数据管理和服务提供等方面的创新。现代科技的发展为社会保障制度提供了更多创新的可能性，例如通过数字化平台提供更便捷的服务，利用大数据分析来优化资源分配，以及探索新的保障形式以适应新兴的社会问题。

总之，社会保障制度的学习正在由简单的“照搬”转向更加注重“创新”。在制度设计和实施过程中，充分考虑本国的实际情况，融入创新思维，将能够更好地满足人们的需求，实现社会保障制度的可持续发展。

（三）社会保障技术的变革：从“移植”到“调适”

在社会保障领域，技术的发展和应用正经历着从简单的“移植”到更加注重“调适”的变革。过去，很多国家在引入社会保障技术时倾向于将其他国家已有的技术模式直接“移植”到自己的体系中。然而，随着不同国家的社会、经济和文化差异日益凸显，技术的成功应用需要更多的“调适”来适应本国的情况。

“移植”社会保障技术通常意味着将其他国家已经成功应用的技术方案直接引入本国。这种做法可能带来一些效率和快速推进的优势，但也容易忽视本国的特殊需求和情况。例如，一个国家成功运用的数字化社会保障平台在另一个国家可能并不适用，因为人口结构、数字普及程度和隐私法规等存在差异。简单的“移植”可能导致技术应用的失败或不完全发挥效用。

相比之下，更注重“调适”的社会保障技术变革，强调在引入新技术时，根据本国的实际情况进行调整和改进。这意味着要结合国家的社会、文化、法律等方面的特点，对技术进行定制化的改造，以确保技术能够更好地适应本国的需求。这种方法可能需要更多的时间和资源，但能够更好地保证技术的可持续性和有效性。

在技术变革中，调适也包括对技术的创新应用。随着科技的不断进步，社会保障技术可以在更广泛的范围内创造性地应用。例如，人工智能可以用于加强社会保障资金的风险评估，区块链技术可以提高数据的安全性和透明度。这些创新应用能够为社会保障系统带来更高效、更精准的服务。

因此，社会保障技术的变革正在由简单的“移植”向更加注重“调适”和创新的方向发展。在引入和应用技术时，充分考虑本国的特点，进行定制化的调整，将有助于提高技术的适应性和效益，实现社会保障的可持续发展。

第二节　城乡社会保障体系理论创新的内涵、方法及思路

一、城乡社会保障体系理论创新的内涵

（一）概述

城乡社会保障体系理论创新意味着在不同城乡背景下，对社会保障的概念、设计和实施进行创新性的思考和探索。这一创新强调将城市和农村社会保障作为整体来看待，促进城乡社会保障的协调发展。它注重城乡社会保障的差异化发展，根据城乡居民的不同需求和特点，提供有针对性的保障政策，实现更好的社会均衡。新理论还倡导建立综合性的社会保障体系，涵盖养老、医疗、失业、住房等多种保障方式，以满足不同居民的多样化需求。此外，它强调灵活的制度设计，使城乡社会保障能够适应动态的发展变化。该创新关注社会保障的可持续性发展，既考虑保障层面，也考虑财务可承受能力，以确保长期效益。参与和共享也是其重要特点，通过增加居民的参与度，更好地了解他们的需求和意愿，提供更加贴近实际的保障服务。这一理论创新可以借鉴其他国家在城乡社会保障方面的经验，以加速本国社会保障体系的优化建设，更好地适应城乡发展的需求。

（二）统筹城乡社会保障体系理论创新的内涵

统筹城乡社会保障体系理论创新的内涵是通过创新性思考，将城市和农村社

会保障视为整体，超越传统的城乡分割；强调协调发展，使城乡保障体系相互补充，避免片面性；注重综合性保障，整合养老、医疗、失业等多领域，满足多样化需求；关注可持续性，考虑长期效应和财务可承担性；鼓励社会参与与共享，增强公平性和透明度；强调适应性制度设计，根据实际灵活调整；追求创新与借鉴平衡，在借鉴经验基础上提出适合本国的新方案。这些特点合力构建了一个全面、协调、可持续的城乡社会保障体系，为理论和实践提供了有益指导。这种创新一方面表现为对原有统筹城乡社会保障理论局限性的突破，另一方面也是对现有西方社会保障理论的主要价值观点的突破。可以说它可能带来发展中国家社会保障理论的一次新的革命。

从我们的分析研究来看，统筹城乡社会保障体系的理论创新应有三个特点。

一是时效性。统筹城乡社会保障理论创新，是在城乡二元经济结构背景下的社会保障结构这一特定的历史条件下，提出的一个特定的理论。随着二元经济的转型、二元社会保障体系的改变，这一理论将失去其存在的意义。同时这一理论也是对传统二元社会保障理论模式的突破，对传统工业化时代僵化的为正规就业群体保障的思维模式的挣脱，对过往狭隘的西方工业化时代眼界下的社会保障理论模式的超越。它是能够把握中国当前现实，认知中国目前的社会保障体系问题，解决中国实际的新颖的统筹城乡社会保障体系构建的创新理论。

二是开拓性。这种开拓性也就是科学性。统筹城乡社会保障体系理论创新的关键在于“新”，即这种创新的理论能够引领整个“二元经济”社会保障制度改革的方向，能够为建立覆盖城乡居民的社会保障体系提供科学的指导。其立足于“全球化”与“本土化”的视角，运用包括经济学、社会学、政治学等多学科在内的方法来透析统筹城乡社会保障的各种问题，并以科学精神和态度来对待各种保障体系的发展与改革，以“公平、正义、共享”的福利理念来统筹城乡社会保障体系的构建，从而构建出符合上述福利理念的“低水平、广覆盖、可转移、可持续”的统筹城乡社会保障体系。

三是整体性和动态性。统筹城乡社会保障体系构建理论创新的整体性，是指整个城乡社会保障体系中各个项目堪称是一个相互联系，并与环境发生关系的总体组成部分。这些项目之间并不是完全横向并列的平面化的组织关系，另外，统筹城乡社会保障体系构建存在着纵向层次化的网络立体关系。统筹城乡社会保障体系构建理论创新的动态性是指社会保障理论从来没有一个固定的模式。随着时间推移，本土社会与外部社会的互动不断演化、发展和改进。保障范围则延伸至所有社会成员，囊括城市和农村，涵盖各个职业角色。经济结构变迁，城乡统筹建设在理论指导下，需要考虑城乡体系的衔接和全面发展，以与经济变革保持协调。

社会成员在居住地及职业变更时，仍能持续享受保障权益的延续。

二、城乡社会保障体系理论创新的方法

统筹城乡社会保障体系理论创新的方法涉及广泛的领域，从政策制定到实施方案，需要综合运用多种策略和方法以适应日益复杂多变的现实挑战。

在这一过程中，第一，跨学科研究是至关重要的。将经济学、社会学、政策学等多个学科的知识相互融合，可以为理论创新提供更全面的视角，从而更好地应对涉及经济、社会、政策等多方面的问题。

第二，深入调研与实地考察是不可或缺的步骤。通过实地了解不同地区、不同社会群体的真实需求，可以为理论创新提供切实的基础，确保所提出的方案切实可行。

第三，借鉴国际经验也具有重要意义。通过深入研究不同国家的城乡社会保障体系，可以发现不同体系之间的优点和不足，为本国的理论创新提供借鉴和启示，避免重复踩坑。

第四，信息技术的迅速发展为理论创新提供了新的可能性。运用大数据分析、人工智能等技术手段，可以更精准地预测需求、优化资源分配，从而提升整体效率。

第五，建立多方合作的机制也不容忽视。政府、企业、社会组织等各方的合作可以汇聚不同领域的智慧和资源，共同推动理论创新的发展，确保所提出的方案更加全面和实际可行。

总之，统筹城乡社会保障体系的理论创新需要跨学科研究、实地调研、国际经验借鉴、信息技术应用以及多方合作等多种方法的有机结合。这样的综合方法可以更好地满足不同层面的需求，确保城乡社会保障体系更具包容性、可持续性和创新性。

三、城乡社会保障体系理论创新的思路

（一）以实际问题为中心，强化问题意识的思路

实践被视作理论的富饶土壤，为其提供源源不断的滋养。这股动力推动着理论日臻完善。正因实践可为理论创新提供取之不尽，用之不竭的真实资源，不断供给其动能，故理论创新需起始于真实而丰富的人类实际活动。“生活、实践的角度，乃是认知之根本，也是理论创新的立足点。”这一观念同样成为理论创新的基石。

优质的理论探讨与创新需与社会矛盾和问题相互交织，不容逃避。实践既孕

育了理论，亦需要理论回应。理论既是实践的产物，亦是时代重要议题的凝练与总结，以满足时代需求。于是，理论创新以实践为根基，紧扣实际课题。其价值取决于解决实践问题的能力。理论创新不能成为虚无的空论，或盲目创新。须正视迅速变化的生活，以实际问题为中心，专攻时代重大议题。问题意识的加强具有关键作用。唯有拥有问题意识，方能于实践中洞察问题，准确地提问。恰当的问题提出，是妥善解决难题、促进理论创新的关键。以实际问题为核心，加强问题意识，不仅是实践对理论的要求，亦是理论生成和演进的内在逻辑，从而是理论创新的根本。

当前，中国统筹城乡社会保障体系构建面对的最大现实问题就是在发达国家全面进行信息化社会的同时，中国这个具有庞大农业人口的发展中国家能否沿袭西方国家传统的工业化道路来消化农业人口，实现城镇化。在信息化社会居于主导地位的科技资本、人力资本、社会资本等都持续地涌向发达国家，而中国超越发展的希望似乎就被寄托于压榨劳动力剩余的落后发展模式上。这样走下去的前景是可想而知的。因此，中国当前统筹城乡社会保障体系构建要在新的时代走一条新路，其关键不在于社会保障政策本身，而在于与社会保障融为一体的整体性发展政策。当前我国的农村社会保障体系很大程度上是围绕着农业和农村来构建的，仅仅立足于、依靠于农业自身的资源，这样的资源保障无疑是不足的。那么，依靠工业化带动农村城镇化，缩小农业人口，将农业人口转变为城镇人口的思路，来解决统筹城乡的社会保障问题的思路是否可行呢？据统计，到 2030 年，我国城市化率将达到 50%，那时中国总人口的目标预测值为 16 亿人，也就是说，16 亿人口中还有约 8 亿人仍然生活在农村。显然，在劳动力供给绝对过剩的条件下，农民的福利保障依赖土地不行，依靠城镇打工也不行，那么，中国农民依靠什么来实现自身的福利保障呢？而我们现有的社会保障原本是工业社会下的产物，是实现了或基本实现了现代化国家的一种主动的政策和制度选择。对于未实现工业化的、缺乏资源支撑的发展中国家，如何才能走出自身的道路呢？依靠什么使农民得到生存的保障？因此，我们的农村社会保障体系构建必须以当前这个农村最大的实际问题为中心，强化对上述问题的认识，这样才能真正做到理论创新，才能科学回答并解决在农村社会保障体系构建的实践中所涌现出的新问题、新情况，也才能最终解决农村社会保障的重大现实问题。

（二）批判与创新结合，坚持与时俱进的创新方法

理论创新中的批判与创新是紧密相关的品质，两者紧密相连，不可分割。在当前历史时期，我们需要在理论创新中明确指出批判与创新的重要性，并在实践

中始终坚持这两者，从而实现真正的理论创新。对于理论的发展，既需要在批判中传承前人的成果，又需要在创新中进行批判。理论创新的前提是摒弃。摒弃意味着克服和保留，肯定和否定共存的思维方式。对待前人的理论，我们需要克服并摒弃其中不科学和错误的部分，同时也需要在实践发展的背景下，摒弃已不适应时代需求的思想。因此，实现理论的发展需要强调理论创新中的批判品质。理论创新中的批判品质认为，人类的认识和实践都不是最终结论，一切认识和实践都是有限的，具有历史性和相对性。批判品质通过无情地批判原有理论和现实中不适宜、不科学、错误的观点，同时在科学、正确的理论基础上进行继承，为真理的发展开辟道路。这种批判品质不仅包括对对立观点的批判，也包括对理论自身的批判；不仅包括理论的批判，也包括对现实的批判。

在中国改革开放前，社会保障制度被视为政府与人民之间的一种“社会公约”。政府为人民提供全面的社会保障，人民则认可社会主义政权的合法地位。有学者将这种互动比作“保护者”与“受保护者”的关系，人民是“受保护者”，而党和政府则是“保护者”。在这种动态中，保护者掌握着社会资源，如工资、补贴、住房和工作机会等的分配，而受保护者则得到基本生活保障。因此，那个时期的社会保障更多体现出的是一种国家保障。保障主体是国家，被保障的主体是个体差异化被整合的人民。那个时期国家牢牢把控了经济、政治与社会的一体化进程，国家保障制度在计划经济体制下稳定了几十年，较好适应了当时社会经济的发展。然而，改革开放之后，我国实行的社会保障制度，从某种程度上来讲是一个全新的社会制度。这个制度虽然从 1984 年算起到现在已经经历了近四十年，但是，非但以前的老问题没有解决，在社会急剧变化中还产生了大量的新问题、新矛盾，导致从思想理念到具体操作层面处处表现出不适应性，并没有诞生一个超越以往老制度的新制度。这种新制度甚至基本上成了脱离中国现实和未来政治、经济发展的一个单纯的社会保障制度。其主要表现是，引进崭新的以工业时代诞生的社会保险制度为核心，彻底抛弃计划经济体制下建立的“单位福利”保障服务。同时，很长时间以来，我国社会保障制度也将其对象局限于城镇职工，不包括农民。单纯的城镇职工保障以单纯的城镇发展做支撑，不但社会保障抛弃了农民，经济发展也抛弃了农村。因此，今天我们进行统筹城乡社会保障体系构建的理论创新，必须认真进行补课，重新回顾历史，重新考察现实，重新解读国际经验和中国经验，从中进行批判和创新，才能有益于提炼与中国历史和现实相契合的整体性而非整合性的社会保障制度以及城乡统筹原则指导下的社会保障制度。

自中国人文社会科学走上学科化以来，中国社会科学多数学科都是借用西洋社会科学理论来解释中国现实，“我们的生活意义来自别人的定义”。这样一种状况在人文社会科学领域表现得尤为突出。在20世纪80年代兴起的社会保障研究大多借鉴了西方社会保障理论和方法。与20世纪初的社会学及其他人文社会科学一样，这些研究实际上是通过借用外部理论来认识中国社会，并以此为基础进行中国本土理论的“再创作”。然而，这些理论并非从“实际社会”和“社会现实”中归纳和提炼而来，因此用它们来描述和解释中国的社会保障历史和现实时，难免会出现“不合适”的情况。

在构建城乡统筹社会保障体系的理论创新过程中，将这些非本土化的社会历史事实提炼出的理论与本土社会的融合，必然经历一个艰难的“磨合”过程。要成功地实现这种融合，以实现社会保障理论的创新，最明智的态度并不是拒绝或放弃这些理论，而是以新的视角重新审视这些理论，即我们必须重新回顾历史，重新考察现实，重新解读国际经验和我国经验，从中进行批判和创新。要构建这样的一种创新理论至少应包括三方面的内容。一是形成具有普遍意义的理论体系，这种社会保障理论体系是“这一学科的基本逻辑和规则”，对这种普遍性的理论体系，我们要采取科学态度予以吸收借鉴。二是将东西方、传统与现代的社会保障实践融入同一实践范畴，从“连接古今”“融合中西”的视角出发，从更广泛的空间和更长远的历史时空维度重新审视城乡统筹社会保障体系的理论创新。这种方法有助于更好地理解社会保障在不同文化和历史语境下的发展轨迹，从而为中国社会保障的发展提供更多元的参考。三是深入研究“中国实际”，探寻中国社会保障理论的特殊性。这需要我们超越以西方理论为准则的立场，逐渐从以西方视角看待中国转变为以中国视角审视中国，强调中国社会保障的独特性。通过深入研究中国社会的历史、文化、政治和经济背景，我们可以更准确地把握中国社会保障的本质特点，为构建适应中国国情的社会保障体系提供更具体的指引。

（三）破除“西方中心论”的迷信，树立科学的思维方式

在城乡保障领域，破除“西方中心论”的迷信并树立科学的思维方式，具有重要的理论和实践意义。长期以来，城乡保障体系的发展往往受到西方模式的影响，导致了一种对西方城乡保障经验的过度推崇，而忽视了本土实践和文化背景。然而，随着全球化的进程和多元文化的交融，城乡保障的路径应当更加多元化和包容性。

为破除“西方中心论”的迷信，首先需要认识到城乡保障是复杂的社会问题，没有一种标准模式适用于所有国家和地区。在制定和实施城乡保障政策时，应该从本土实际出发，充分考虑社会、经济、文化等多方面的因素，制定更具有针对性的解决方案。

其次，树立科学思维方式需要强调实证分析和经验总结。无论是西方还是其

他地区的城乡保障经验，都应该在实践中不断地进行验证和调整。将科学的研究方法应用于城乡保障领域，可以帮助我们更好地了解问题的本质，找到更有效的解决途径。

另外，城乡保障的问题是复杂而多元的，需要吸取不同国家和地区的经验教训。在国际交流合作中，要以平等和相互尊重的态度，借鉴各国的成功经验，同时也要意识到每个国家的发展阶段和文化特点不同，不能简单照搬，而是需要结合本国实际进行创新和改进。

总之，城乡保障领域破除“西方中心论”的迷信，需要立足于本土实际，充分考虑多样性和复杂性。同时，应以科学的态度，运用实证分析的方法，借鉴国际经验，共同探索更适合不同国家和地区的城乡保障模式，以推动全球城乡保障事业的可持续发展。

第三节　统筹城乡社会保障制度构建需要重视的几个关键理论和政策问题

一、将统筹城乡社会保障作为一项重要的发展议题，置于更为重要的战略位置

人类自工业化以来的经济发展模式，创造了令人震撼的巨大社会生产力和物质财富，也塑造了现代化的全新世界图景。但这一发展模式也具有不容回避的严重甚至是致命的缺陷。一方面，现代经济发展模式对资源的疯狂掠夺必然与生态资源的有限性相冲突，其长期可持续发展的空间越来越小；另一方面，经济发展与其赖以生存的社会文化环境日益脱节，经济发展与社会发展的鸿沟日渐扩大，财富分配的两极分化趋势日益严峻，经济发展与社会发展的严重失衡甚至危及社会正常秩序的基础，社会危机的各种征兆日趋突出。而中国作为人口众多的发展中国家，在经济快速发展的背景下，同时面临着人口老龄化，经济全球化、信息化和社会急剧转型的严峻挑战，社会风险和社会危机日趋严峻化。因此，我国统筹城乡社会保障制度构建不但具有紧迫性，而且具有巨大的现实需求。

统筹城乡社会保障制度构建必须纳入国家重要的发展议题，强调经济与社会的科学发展、协调发展和可持续发展，摒弃单纯追求 GDP 的以资源浪费、环境毁坏、大量劳动力失业为代价的西方发展模式。我国应将社会保障制度构建与经济社会的可持续发展有机联系起来，重视发展型社会保障的构建，既重视在经济发

展的进程中加大对社会保障的财政投入，逐步实现更广泛的社会保障覆盖和多样化、多层次的社会保障待遇体系，又注重发挥个人及家庭的社会保障责任，强调发挥各方面的积极性、创造性，增强责任主体的能力建设和资产建设。将发展型社会政策的理念、技术方法融入社会保障的制度构建中，丰富社会保障制度自身的内涵与外延。我国需要创新发展型社会保障及福利文化的内涵，培植发展型社会保障的观念文化基础，挖掘我国传统文化中自强不息的精神，强调个人、家庭及社会团体所承担的社会保障责任，营造互助友爱、同舟共济的社会保障文化氛围。我们要努力实现经济发展、社会和谐、精神充实的新发展观，在这一进程中，统筹城乡社会保障制度体系将发挥日益重要的作用。

作为发展中国家，我们需要认真吸取欧美发达国家发展的深刻教训，避免走西方国家的老路。我们应当实现社会保障制度的新跨越，力求克服发达国家社会保障制度的弊端，避免在社会保障支出急剧攀升，或在对国家财政造成巨大支付压力之后才回头寻找市场化发展道路，重新回归个人、家庭、民间机构各自对社会保障的责任。理论研究和决策制定部门应当从战略高度对这一问题有更深刻的认识，在我国老龄化高峰日渐逼近的现实背景下，这一问题更有其紧迫性。统筹城乡社会保障制度构建应当作为未来我国经济社会的重要发展议题，置于更为重要的战略位置。动态发展、积极主动的社会保障制度将成为经济社会可持续发展的重要社会稳定器和促进器。

二、努力探索适合中国特色、可持续发展的社会保障中国模式

在充分估计我国社会保障制度在经济社会转型期发挥的巨大制度保障功能的同时，必须承认，我们仍然处于中国特色社会保障发展模式的探索实施阶段。而随着统筹城乡社会保障制度构建的逐步展开，这一探索任务更为艰巨。过去 30 年我国社会保障制度更多集中在城镇企事业单位职工身上，现在在组织形式、资金规模、运行机制、管理体制、制度成熟度等方面遇到的困难，同今后若干年统筹城乡背景下的制度构建难度相比还是要小很多。即使是这样，我们在城镇社会保障领域的推进还是极为艰难，一些制度和改革措施效率很低，一些核心技术问题如社会保障基金投资营运和保值增值仍未妥善解决。由民政部在 20 世纪 90 年代推行的农村社会养老保险制度，在初期发展几千万人的规模后，由于制度设计、政府补贴及发展环境等问题陷于停顿或失效。可见农村社会保障的实施难度更大。基于统筹城乡社会保障制度构建的制度分析视角，探索适合中国实际，有中国特色的社会保障模式就格外重要。我们必须从经济、社会、历史、文化的多维视角，反思西方社会保障运行模式的制度基础及其在我国普遍推行所必须满足的约束

条件。

中国社会保障究竟走什么样的发展道路，中国特色社会保障模式的基本内涵和基本约束条件是什么，这是一个难度很大、有待长期探索的重大战略问题。但至少有几个基本层面的、涉及重大发展原则的问题应当予以重视。

其一，必须考虑时代的需求和解决这一问题的紧迫性，体现历史与现实的有机统一。中国面临的诸多经济、社会、政治、文化难题与挑战，使得统筹城乡社会保障制度构建的任务更趋艰巨，需求更加迫切。这一客观环境较有利于若干改革措施的尽快出台，加快统筹城乡社会保障制度构建的步伐。但急功近利的现实环境容易形成关注现实而忽略历史制度资源的决策取向。因而，战略性、全局性、前瞻性的系统理论探索和谋求理论与决策部门的共识，尽管相当困难，但却尤为必要。将统筹城乡社会保障制度构建简单化的理论成果和决策取向，均难以避免农村社会保障制度失效的严重后果。中国社会保障制度构建的一大困难在于，未来的改革发展不能够完全脱离社会保障改革 30 年形成的制度惯性和路径依赖，但在更广的范围，为更多人群建立的保障体系又不能简单移植城镇发展模式。科学的决策思路似乎在于确定中国特色社会保障制度模式的大目标，城乡制度改革方向都逐步向这一大目标、大制度迈进。经过几十年的发展，我国已建立起有中国特色的覆盖城乡居民的社会保障制度体系。

其二，必须坚持社会保障正式制度与非正式制度同向发展的制度可持续发展的关键性原则。社会保障制度的可持续发展包含制度运行可持续、资金供求平衡可持续、组织管理可持续、公众满意度可持续。从内在制度约束条件分析，正式制度与非正式制度的同向而不是反向发展至关重要。由于环境条件的变化，外来文化的碰撞，人们行为方式的改变等，很难保证社会保障正式制度构建一定能够保持与非正式制度的一致性。但至少应当强调的是同向发展而不是逆向发展。如果正式制度设计与经历长期历史文化体系而形成的众多非正式制度约束朝相反方向发展，那么这一制度基础一定是脆弱和不稳定的，难以实现长期可持续发展。历经长期历史文化传承而形成的深入中国人骨髓的行为模式，家庭、家族观念，家国一体的社会结构，中国人独特的差序社会结构等若干非正式制度约束，虽经历数千年演化和无数次劫难，但都可再现其“周虽旧邦，其命维新”的顽强生命力。中国人长期形成的通过血缘、亲缘、地缘、业缘的家族及社会网络化纵向分散社会风险的潜在非正式制度，是尤其需要继承和发扬光大的宝贵制度资源，可以扬长避短创造性地转换西方社会保险横向分散社会风险的制度形式，真正实现社会保障领域的制度创新。

其三，整合制度资源，优化制度安排，创新制度形式是中国特色统筹城乡社会保障制度构建的核心内容。政府主导的以社会保险为核心的制度安排，有分散风险、权责明晰、长于预防等制度优点。但其运行机制非常复杂，管理成本非常高，在农村经济和农村领域有效实施有很大的难度。因此，我国应系统研究有中国特色的多层次社会保障制度模式，形成家庭、家族保障与经济保障机制的有机结合，政府主导的社会救助与市场化经济保障机制的有机结合，内核制度与辅助制度的有机结合，基本保障与补充保障的有机结合，最终建立一个集经济保障、精神慰藉及社会化服务于一体的新型多层次社会保障制度。而中国特色社会保障模式应高度重视经济保障与精神慰藉的统一，将家庭保障、政府保障、市场化保障相融合。

长期以来，我们在经济保障制度构建方面投入过多，而在家庭保障、精神慰藉、服务保障等方面的关注度则明显不足，这是中国社会保障制度构建存在的深层隐患和忧虑。随着物质财富的增加和综合国力的增强，政府已可以为经济保障制度提供较坚实的经济基础。相反，由于家庭结构小型化、独生子女的家庭结构、传统文化教育的缺位与西方文化的冲击，加之信息网络环境对精神生存压力和社会风险放大器的作用等，处于人口老龄化高峰下的中国老年群体，面临的真正风险或许不在经济保障层面，而在于解决生存和温饱之后的老年关爱缺失问题和养育子女巨大付出与微弱回报的巨大精神落差问题，这是中国老年社会的最大风险和最大挑战。尽管理论界和决策部门已经开始关注这一难题，但在制度设计、制度构建、制度运行及制度实施等方面如何予以更多关注，最大限度地化解中国文化背景下的老年风险，则是异常艰巨、非常紧迫的战略任务。这既有待于制度的完善，更有待于中国传统道德与文化的传承与创新，有待于中国优秀传统文化的发扬光大。

三、统筹城乡社会保障制度构建必须整体布局，稳步推进，协调配套

建立覆盖城乡居民的社会保障体系，是一项前无古人的伟大事业，是惠泽国民的伟大工程，同时也是一项异常艰巨复杂的社会系统工程，需要强调整体布局、稳步推进、协调配套的原则。我们既要充分考虑制度整体框架设计，统筹考虑家庭保障、社会保险、社会救助、公共服务体系的制度构建，又要注重决策与实施的同步推行，强化决策过程与完善管理体系同步推进；既要重视政府主导社会保障事业的发展，又要充分关注家庭保障、社区保障、市场保障和社会化服务体系的建设；既要关注经济保障的基础性建设，又要高度重视精神慰藉、服务保障功能的发挥；既要强调统筹城乡社会保障的宏观推进原则，又要保持在基本制度总体统一的基础上，允许在特定人群、特定制度设计上的一定弹性。中国社会保障

制度构建实施的一大难题在于如何保持制度和政策的延续性和相对稳定性，保证社会保障制度化建设不因政府官员的调整而出现大的波动。而这种情形在基层还较为普遍，使得制度推进的连续性和稳定性受到很大影响。在中国的特定制度文化环境下，如果没有中央政府强有力的权威，地方基层官员的随意性往往很难克服。因而，对各级干部尤其是各级领导干部进行社会保障专业知识的培训显得格外重要。社会保障无论是制度设计还是政策实施，都具有复杂性、敏感性、专业性的特征，而基层社会保障机构主要领导干部的更迭，往往是制度低效运行的一个重要原因。我国应当改革现行社会保障管理体制，实行垂直管理和官员较长任期制度，对提高制度运行效率具有重要意义。

作为一项长期战略任务，我国政府必须将社会保障专业人才培养、提高公众社会保障知识、实施全民的社会保障教育纳入社会保障制度构建，并予以充分重视。“建国君民，教学为先”“化民成俗，其必由学”，如果没有对各级干部进行有效培训，高度重视社会保障的人才培养和使用，没有社会公众对社会保障制度的理解和认同，那么社会保障长期可持续发展将会面临很大的不确定性。社会保障制度调整和改革中的历史遗留问题的出现，既与当时的改革社会经济环境、改革重点推进领域有关，也与社会保障理论研究不足、人才准备不足、公众社会保障知识普及程度低有关。即使是美国这样发达的社会保障体系，直到20世纪80年代，相当多数美国人在社会保障制度运行的诸多方面，仍表示所知不多。而21世纪初美国教育当局拟开展以养老金为核心的金融教育理念重构，则是未来重要战略部署的组成部分，对我国应当有启示与借鉴意义。

在高度重视统筹城乡制度设计、决策制定的同时，我国还必须高度重视管理体制的完善和管理能力的建设。涉及多个部门的统筹城乡社会保障制度推进与实施，在现行制度条件下，建立国务院统筹城乡社会保障工作协调小组，并由国务院总理担任组长，对于有效推进这一工作意义重大。在组织构架难以调整的现实格局下，强化统筹城乡社会保障的管理实施，是加快制度化建设、减少部门协调成本的最为有效的推进方案。否则，重大战略问题、重大制度建设上的议而不决和难以果断推行，则可能使我们在未来的经济社会发展中陷于被动。因而作为顶层制度设计的一项重要战略措施和组织保证，加快推进统筹城乡社会保障制度构建具有十分关键的决策价值。我国东北三省社会保障改革试点的经验表明，社会保障涉及诸多利益格局调整和各部门财权与事权，非常复杂，非常艰难，如果没有一个强有力的协调机制，这项改革既很难推行，也很难实现可持续发展。这对于实施具有长期性、敏感性和复杂性的城乡社会保障制度改革及制度的可持续发展，无疑具有关键意义。

四、强化统筹城乡社会保障制度构建下的社会保障基金管理

建议我国尽快推出社会保障基金长期国债投资计划，计划发行一系列20～30年期限的社会保障基金长期国债。在国债利率方面，可以引入指数化浮动机制，以监控经济增长率、利率、通货膨胀等多项综合指标，实现动态调控。这一举措的主要目标之一是提升社会保障长期国债的利率，以增强社会保障基金的保值和增值能力。同时，国家还可以积极主导基础设施和重点项目的投资，进而增强对宏观经济和长远战略发展的调控能力。此举有助于平衡社会保障基金的风险与回报，并为国家创造更多投资渠道，推动经济可持续增长与发展。即使是资本市场十分完善和发达的欧美国家，目前也在抓紧研究发行30年以上的社会保障长期指数化国债投资项目，以应对人口老龄化的严峻挑战。这一新的发展动态，值得我们关注。在此，我们建议由财政部牵头，组织专门课题组进行集体攻关，近期拿出方案，尽快实施。这是在我国目前经济、金融条件下，解决社会保障基金安全营运和保值增值的上策。需要强调的是，我国社会保障制度的最终责任人是中央政府。

社会保障基金的稳妥运作，直接影响着民众对社会保障体系和社会稳定的信心。通过创新社会保障基金的保值增值途径，能更好地体现政府对社会保障职责的承担，展现政府对社会保障基金集中管理的导向，凸显政府宏观经济社会调控能力的增强，以及对社会保障可持续发展战略的关切。我国有必要强化社会保险基金的投资监管，采纳符合国情的监督模式。在我国人口众多、社会保障范围尚未普及、国民社会保障和法律意识尚显薄弱，经济金融环境亦待改善的背景下，选择适合国情的监管模式，能在不过多干预市场机制的前提下，有力地发挥政府监管职能，乃是政府角色明确时的首要考虑。建议我国成立一个监管机构，由人力资源和社会保障部、社会保障基金理事会、证券监督管理委员会、保险监督管理委员会等部门领导和专家协同组成，专责全面监督社会保障基金运作。这样的机构有助于确保社会保障基金在适度监管下稳健增长，同时促进市场机制的有效发挥。该机构的主要职责包括以下方面：研究制定社会基金的投资策略及监管办法；对社会基金营运管理情况进行全面监督；审批社会基金管理公司的营运资格；对违规营运的社会基金管理公司和个人做出处罚决定等。

社会保险基金的监管是一项极其复杂的任务，因为社会保险制度的长期性、社会政策目标的特点以及运行机制的复杂性，需要高度重视构建综合配套的监管政策。具体而言，以下几个方面需要特别关注：

第一，需要深入研究社会保险与金融市场、金融创新之间的内在联系。社会保险基金规模的扩大有助于促进我国资本市场的健全发展，而稳定、规范、有序的金融市场是社会保险资金有效投资运营的前提。我国应借鉴金融市场监管的经验教训，以适应我国金融环境下的社会保险基金监管方式。

第二，应重视社会保险基金监管与财税制度、法律制度、宏观经济运行以及国际经济的协调配套。这些因素是社会保险基金有效运作和监管的关键限制条件。

第三，需要关注社会保险基金的短期收支平衡，防范支付风险，同时也要注重长期的综合平衡问题。社会保险制度的稳定性取决于是否能够在中长期内实现平衡发展的监管思路。

第四，着重构建社会保险基金监管的基础设施，提升监管的技术水平。在构建社会保险基金监管体系时，需要建设相关基础设施，如精算分析数据库、社会风险监管指标体系、监管法律法规信息库等。我国应提升社会保险基金监管的技术含量，建立预警系统，强化基金保护机制，提高监管决策和实施水平。

总之，我们需要在考虑金融市场、财税制度、法律法规等多方面因素的基础上，构建有效的监管体系，以确保社会保险基金的安全稳健运行。

五、统筹城乡社会保障制度构建需强调综合配套、整体推进的系统思维

社会保障制度构建与体系完善是一项异常复杂而艰巨的战略任务。从近期看，社会保障制度完善“度”直接影响社会和谐“度”；从长远看，社会保障制度完善直接影响我国经济社会的长期可持续发展。我国社会保障制度改革30年的历程向世人昭示，社会保障体系改革是一项异常复杂的社会系统工程，其制度安排的长期性、复杂性和社会各阶层的高度敏感性远远超过国内决策、管理及专业人士的现有估计，也超过国际机构及权威专家的估计。由此，政府迫切需要立足我国社会保障改革的现实，强化社会保障理论创新、制度创新及实施综合配套的改革思路。在系统总结国内外社会保障制度改革发展经验教训的基础上，政府当前需要尽快建立社会保障政策委员会，作为国务院制定社会保障政策的咨询议事机构，以便从战略高度统筹规划社会保障改革议题，有效处理当前紧迫问题，构建社会保障的长效机制。

鉴于我国当前社会保障改革面临日益显著的深层次问题，选择社会保障方案并实现模式转换，都必然需要财政、社会保障基金理事会、民政、法律、国有资产管理、金融、保险等部门的协调配合，以确保改革的顺利推进。为此，建议尽快成立一个综合协调机构，由相关部委组成，设在全国老龄工作委员会下面，负

责协调社会保障改革的关键议题。

这个机构将在国务院领导下运作，主要职责是统筹协调社会保障改革中的重大战略性决策问题。通过这种方式，我们能够更好地抓住历史机遇，迅速制定整体改革方案并有效实施，从而为科学决策和逐步建立健全社会保障长效机制提供制度保障和决策支持。

这一机构的建立将有助于协同相关部门的努力，推动社会保障改革迈出重要的一步，确保整个改革过程的平稳进行，同时为未来社会保障改革的长远目标提供关键性支持和保障。

（一）建立社会保障政策委员会的必要性和紧迫性

一是社会保障制度的设计和运行具备长期性和复杂性，因此迫切需要加强社会保障决策机制的发挥作用。社会保障改革决策失误引起的不利后果将严重影响和谐社会的进程，影响社会稳定格局。二是社会保障各项目，如城乡养老需要相互协调和统筹发展，需要更高层次的决策机构统一调度。否则，各自为政的改革思路可能出现保障真空，也会严重影响决策实施效果。我国社会保障改革实践证明，由单一部门提出的改革方案，受多种因素制约，往往很难协调各部门的利益，已严重不适应当前社会保障改革形势的发展。三是社会保障的制度构建应立足当前，但现实问题的解决，必须与构建长效机制有机结合起来，否则，制度运行的成本难以估计。因此，建立社会保障政策委员会有利于制定兼顾现实与长远的社会保障战略决策和政策措施。四是我国社会保障制度改革发展的时间较短，积累的经验有限，专业人才严重匮乏。建立社会保障政策委员会有助于更好集中专家智慧，提升决策的科学价值，提高决策的预见性、针对性，增强解决社会保障改革复杂问题的能力。

（二）建立社会保障政策委员会的国际经验值得重视

其一，近年来发达国家都建立起社会保障决策咨询机构。20 世纪 90 年代以来，社会保障的改革调整成为各国经济社会发展的一个中心议题。为应对社会保障改革的复杂形势，二十多个发达国家均建立了较高层次的社会保障决策机构或决策咨询机构，大力强化社会保障决策机制的作用。1994 年，美国成立由总统任命的社会保障委员会。2001 年 5 月 2 日，美国又成立加强社会保障改革的总统委员会，直接提供社会保障改革建议及审议社会保障改革进程出现的新问题。委员会由共和党、民主党的 16 位议员、官员及专家构成，是直接对总统负责的社会保障最高决策机构。美国近年社会保障改革立法的若干建议来自该委员会。发达国家近年成立的社会保障相关决策咨询机构有：德国在社会保障顾问委员会成立多年后，于2002年又建立社会保障财务稳定委员会；法国2000年成立社会保障战略发展委员会；英国2002年成立社会保障委员会；加拿大2004年成立健康保险委员会；以色列2003年成立社会保障政策委员会；2006年希腊成立社会保障专家委员会；丹麦2005年成立福利委员会，等等。其二，发达国家社会保障决策机构发挥日益重要的作用。近年来，发达国家社会保障改革进程加快，而在每一次重大改革方案出台前，都由决策咨询机构进行全面、周详的可行性论证，以提高决策的科学性、前瞻性及可持续性，减少决策的盲目性和随意性，在解决社会保障当前制度构建问题和建立长效机制方面提供了值得重视的国际经验。如美国的总统社会保障委员会对2004年美国社会保障改革方案的出台发挥了重要作用。而英国、瑞典、日本、意大利、丹麦等国社会保障改革都是在各专门委员会直接参与下进行的。而随着改革向纵深发展，各国社会保障决策机构的作用将越来越重要。从国际经验和我国的实践分析，尽快建立有较高决策地位的社会保障政策委员会，不但必要，而且具有现实紧迫性。

（三）社会保障政策委员会的构成及职责

社会保障政策委员会是国家制定社会保障政策的咨询议事机构。社会保障政策委员会的职责是在综合分析经济社会发展形势的基础上，依据经济社会发展目标，提出社会保障战略规划，确定一定时期内的社会保障政策发展目标，提出完善社会保障政策调整的重要措施，提出社会保障立法规范调整的建议，提出社会保障基金投资营运与监管思路，提出社会保障政策的协调与综合配套等重大方案，提出制定和实施社会保障改革方案，等等。社会保障政策委员会由国务院秘书长或国务委员，人力资源和社会保障部、财政部、发展改革委等部委领导组成，邀请两名或三名专家学者担任委员会委员。社会保障政策委员会委员由国务院任命，设立社会保障政策委员会常设机构。社会保障政策委员会通过全体会议履行职责，定期提供有权威性的社会保障改革报告及政策建议。社会保障政策具有复杂性、系统性、专业性、敏感性的特点，建立社会保障政策委员会，创新决策机制，增强社会保障政策科学决策、民主决策的能力，增强社会保障改革的综合协调能力，对推进我国社会保障的改革发展，必将发挥十分重要的决策咨询作用。

第十章　我国社会保障中政府责任研究

自20世纪90年代以来，欧洲发达国家便面临不同程度的福利支付危机。这一危机伴随着人口老龄化现象，人们对未来福利危机的严重性产生了更深的担忧。为解决这一问题，学术界开始重新探讨政府在社会保障中的责任。许多学者主张削弱政府在社会保障领域的角色，强调政府应将焦点放在宏观管理上，重点考虑制度建设和监督。对于我国，政府在社会保障中应扮演何种角色？政府责任的合理界限又在哪里？这些问题直接影响我国社会保障制度的未来发展，因而具有重要意义。本章从理论和实践的角度出发，探讨政府责任，以期为这一难题的解决寻找新的途径。

第一节　政府在社会保障中承担的责任

一、政府社会保障责任

社会保障主要由政府主导，社会保障活动的成效在很大程度上受政府的作用所左右。各国社会保障制度的构建经验表明，政府在社会保障领域扮演的不同角色将直接影响该国社会保障制度的发展方向。假若政府在社会保障方面未承担足够责任，将导致社会保障制度不能充分发挥提升社会福祉的功能，甚至可能导致社会福祉减少的逆效应。在现实中，社会保障基金保值增值困难，基金非法挪用现象不断；社会保障费用征缴工作开展困难。这些问题的出现，其根源在于我国政府在社会保障中的责任缺失。因此，要提升我国社会保障体系，首要任务是明确政府在其中所扮演的角色。为什么政府需要负起社会保障责任？本章将从理论和实践两个层面进行深入研究。

二、政府承担社会保障责任的理论依据

1. 公共产品供给理论

政府承担社会保障责任的公共产品供给理论，是社会保障体系构建的关键理论之一。这一理论基于经济学中的公共产品理论，强调政府在社会保障领域的作用，以提供公共产品来解决市场无法有效提供的问题。根据公共产品理论，社会保障

具有公共性质，即其效益无法排除个体的使用，且一个人的使用并不会减少其他人的使用机会。在这种情况下，市场机制往往无法满足社会的整体需求，因为市场更倾向于提供私人产品。

政府作为社会的管理者和调节者，承担起提供社会保障的责任，通过制定政策和运行制度，确保公共产品的供给和平等分配。这有助于缓解市场无法涵盖的社会风险，如失业、医疗、养老等方面的风险。政府通过征收税收等手段筹集资源，为那些面临风险的个体提供保障，提升社会的整体福祉和稳定性。同时，政府的介入也有助于消减贫富差距，促进社会的公平和可持续发展。

然而，政府承担社会保障责任也面临着挑战。其中之一是如何平衡资源的分配与财政可持续性之间的关系。政府需要确保社会保障体系的可持续性，避免因过度负担而导致财政问题。此外，政府的介入也可能导致市场失灵，甚至出现道德风险，需要在政策制定中进行有效的平衡和监管。

因此，政府承担社会保障责任的公共产品供给理论强调政府在社会保障领域的重要作用，以解决市场无法有效供给的问题，但也需要在实践中处理好资源分配、财政可持续性等挑战。

准公共产品在供给方面具有一定的公共性质，但在消费方面则呈现出私人性质。因此，对于这类产品，可以考虑部分由政府或政府委托市场来提供。准公共产品包含两类，一类是具有消费的竞争性但不具有排他性的物品，另一类是具有消费的排他性但不具有竞争性的物品。《中华人民共和国宪法》（简称《宪法》）明确规定，国家应建立健全同经济发展水平相适应的社会保障制度，中华人民共和国公民都有享受社会保障的权利。因此，从宏观上来讲，我国的社会保障具有非排他性，但社会保障的承担主体多为一个人提供保障就需要多增加一点成本，其边际成本接近于平均成本，即提供社会保障的边际成本不为零。因此，社会保障具有竞争性。从以上关于公共产品和准公共产品的界定来看，我国的社会保障应当属于准公共产品（混合产品）。公共产品的特性决定了政府是公共产品的重要供给主体。因此，社会保障的公共产品属性决定了政府要承担主要责任，直接或间接地提供各种保障项目。

2. 市场失灵理论

政府承担社会保障责任的市场失灵理论，强调了市场在社会保障领域的限制，需要政府介入以弥补市场无法解决的问题。社会保障体系涉及公共产品的供给和风险分担，而市场在这些方面存在失灵的可能性。

首先，社会保障被视为一种公共产品，因其无法排除个体的使用且一个人的使用不会减少其他人的机会。这种特性导致市场难以有效提供社会保障，因为市场更倾向于提供私人产品，无法满足整个社会的需要。政府承担社会保障责任，确保了公共产品的供给，从而弥补了市场在这方面的失灵。

其次，社会保障领域存在信息不对称的情况。个体在面临风险时，往往了解自己的情况比市场更充分，而市场参与者很难获取完整的信息。这可能导致市场未能准确评估风险，从而导致不公平的结果。政府介入可以通过强化监管、信息披露和规范化操作，提高市场的透明度和公平性，确保风险分担的公正性。

此外，市场在社会保障领域可能存在道德风险。个体的行为可能受到不良行为的诱导，从而导致市场无法有效分配资源。例如，保险市场可能面临道德风险，个体可能面临市场不稳定的风险，因为他们知道保险公司会承担损失。政府的参与可以通过制定规则和监管机制，减少道德风险的发生。

因此，政府承担社会保障责任的市场失灵理论强调，市场在社会保障领域可能出现失灵现象，需要政府的干预以确保公共产品供给、解决信息不对称和减少道德风险。政府的参与可以弥补市场的不足，实现更为公平和有效的社会保障体系。

3. 人们短视行为理论

在市场条件下，人们是否参保取决于人们自己意愿。根据经济理论，人们在消费和储蓄方面往往表现出短期的行为倾向，更偏向于当前消费而不是未来的消费。人们热衷于短期投资并关注其投资收益，进而提高现期消费水平。这就不可避免地将个人风险推入不确定性境地，众多的个人风险累积就变成社会风险。一旦个人生活发生困难，社会又不得不为他们提供基本的生活保障，而这必然加重政府的财政负担。为此，政府有必要强制要求社会成员参保，避免人们短视行为可能造成的后果。

4. 社会保障经济调节功能

政府通过提供社会保障，有助于稳定经济。在经济低迷时，失业保险和社会救济支出的增加提升了低收入群体的购买力，从而促进经济的复苏。相反，在经济繁荣时期，适度减少社会保障支出则有助于遏制经济过热的趋势。这样，社会保障在经济周期中发挥了稳定经济的重要作用。政府通过社会保障来对经济进行宏观调控，可以保障经济稳定发展。

三、政府承担社会保障责任的现实依据

1. 社会保障制度的收入再分配功能

市场虽能配置资源但无法实现收入的公平分配。当社会成员在遭遇无法预料

或人力难以抗拒的灾难时，需要政府的无偿援助来摆脱困境。相应地，当社会成员间收入差距过于悬殊，影响到整个社会的稳定时，也需要政府通过收入再分配政策进行调节。通过一定的形式将高收入者的一部分收入扣除，转移给需要帮助的低收入者，从而使得社会成员保持在一个稳定的生活水平中，实现社会公平的目标。

在改革开放初期，我国城市实行了低工资低差别的等级工资制度，而农村进行了经济体制改革，这在一定程度上缩小了城乡之间的差距。这使得1981年我国的基尼系数仅为0.29，属于当时全球最低的不平等水平之一。然而，随着改革开放政策的深入实施，我国居民收入的不平等逐渐扩大，直至2007年基尼系数达到0.48。根据联合国开发计划署发布的《中国人类发展报告2007/08》数据，中国的基尼系数仅略低于一些拉丁美洲和非洲国家，以及亚洲的一些国家。一些学者根据其他大规模抽样调查数据的计算结果，早在20世纪90年代中期，中国的收入基尼系数就已超过了0.40，如今更是超过了0.50。无论采用何种衡量标准，我国居民收入差距的扩大已经是不争的事实。政府亟须对收入进行再分配，而社会保障制度通过转移性支出，可以调节不同收入阶层的收入水平，保障各收入阶层居民生活水平相对稳定。因此，政府需要参与社会保障来实现经济社会的稳定。

2. 社会转型成本的承担

社会转型是指社会从一种类型向另一种类型转变的过程。转型往往通过发展生产力和确立新的社会经济秩序来实现。我国政府承担社会保障责任也是城乡社会转型的必然要求。在传统社会向现代社会、农业社会向工业社会转变的过程中，城市的竞争更为激烈，一部分竞争力较弱的群体被社会淘汰，丢失工作岗位，成为失业群体。他们的生活面临困难，需要政府的帮助。在经济快速发展过程中，不可避免地出现了贫富差距，随着物价的上涨，越来越多的人生活在贫困线以下。城市中出现的这些问题，都和政府推进现代化建设有着必然的联系，是政府在引导社会转型过程中必须解决的问题。

而在工业化过程中，农村贡献的更多。我国工业化的起步阶段是以农业为代价完成资本原始积累的。在这个阶段，国家通过非经济手段，对农产品实行低价政策，同时对工业制成品实行高价政策，以此实现所需的工业发展的原始积累。尽管农民为此做出了巨大贡献，却无法分享工业化带来的成果。城市居民的粮食供应、就业、住房、劳保、福利和养老等方面都由国家财政负责，而农村主要以自给自足的自然经济为主。市场化改革后，我国涌现出了大量的农民工群体，他们被迫进入市场，积极参与竞争，在“工资剪刀差”的情况下为城市建设创造了巨额财富。农民工支撑了中国的和平崛起，推动了中国经济的快速发展。然而，绝大多数农民工缺乏相应的社会保障，他们的合法权益经常受到侵害。这一过程凸显了农村与城市之间的巨大不平等，农民工在城市化进程中扮演了重要角色，但他们的社会保障问题却需要更多关注和改进。因此，国家应该对农民和农民工的贡献给予补偿。2005 年，我国财政用于农村的社会保障支出仅占社会保障总支出的 3.39%，农村社会保障仍没有得到应有的重视。国家要促进农业现代化的转型，必须承担社会转型成本，为农村提供一个健全的社会保障体系。

3. 宪法导向

我国历次《宪法》修订都明确强调国家建立社会保障制度的重要性。1954 年《宪法》规定，中华人民共和国劳动者在年老、疾病或者丧失劳动能力的时候，有获得物质帮助的权利。国家举办社会保险、社会救济和医疗卫生事业并且逐步扩大这些设施，以保证劳动者享受这种权利。1978 年《宪法》也强调，劳动者在年老、生病或者丧失劳动能力的时候，有获得物质帮助的权利。国家逐步发展社会保险、社会救济、公费医疗等事业，以保证劳动者享受这种权利。现行《宪法》更是明确指出，国家建立健全同经济发展水平相适应的社会保障制度。中华人民共和国公民在年老、疾病或者丧失劳动能力的情况下，有从国家和社会获得物质帮助的权利。国家发展为公民享受这些权利所需要的社会保险、社会救济和医疗卫生事业。国家和社会帮助安排盲、聋、哑和其他有残疾的公民的劳动、生活和教育，以保障他们的合法权益。历次《宪法》都表达了我国政府致力于确保社会保障制度的建立和完善，以保障劳动者和弱势群体的基本权益。

4. 政府提供社会保障的优势分析

政府提供社会保障的一个效率表现就是交易成本的节约。社会保障是一项复杂的系统工程，靠市场机制推行会产生巨大的交易成本。而通过政府的强制力，以法律法规的形式明确社会保障资金的收支和营运，就能减少过高的成本，获得较高的经济效益。沃肖斯基的调查研究表明，美国商业保险公司将年金缴费的 22% 用于支付各项费用，包括营销费用、员工工资、所得税、利润以及应对逆向选择（adverse selection）带来的成本。相比之下，美国社会保障的管理成本，包括收缴社会保障费用的成本，仅占全部缴费的 1%。这一研究结果凸显了社会保障在管理效率方面的优势，相较于商业保险公司，社会保障制度具有更低的成本开销。我国政府规模比较庞大，由政府来负责社会保障制度的具体实施，可以实现资源共享，有效节约管理成本。而且国家财政具有较好的风险防御能力，能更好地克服财务上的困难。从另一方面分析，我国长期实行的是中央集权的政府管理体制，政府有较高的权威，社会成员对其认同度也较高，由政府来推行社会保障制度阻力较小，效率也会更高。因此，在我国目前处于经济体制与社会保障制度的双重转型时期，政府需要在社会保障中发挥更大的作用。

第二节　我国社会保障中政府责任的反思

我国自改革开放以来，经济持续高速增长，人民收入水平逐步提升，然而，社会保障事业的发展却面临多个显著问题。例如，城市职工养老保险存在“空账”运营，城乡居民医疗负担加重，保险制度统筹层次不足，且社会保障制度未能覆盖广大农村居民。在国家经济实力持续增强的背景下，社会保障制度却未能实现有效发展，其关键在于政府在社会保障方面的责任缺失。尽管经济发展提供了更多资源，政府在社会保障中的角色和责任尚需明确。其职责不仅包括政策制定和规划，更涉及监管、协调和提供必要的公共服务。然而，由于多种因素，包括利益关系和制度缺陷，政府在社会保障领域的职责未能得到充分履行。解决这些问题需要政府强化责任意识，加强制度建设和监管，提升社会保障制度的质量和覆盖范围。政府应积极与市场和社会各界合作，确保社会保障制度能够灵活适应经济和社会的变化，为民众提供稳定且可靠的社会保障服务。这样，才能实现社会保障制度的全面、平衡、可持续发展。

一、当前我国社会保障中政府责任的体现

从制度供给上分析。自 1986 年社会保险转型以来，政府共颁布了 300 多个文件来对各项制度进行规范。其中，养老保险方面的规定占很大比重。虽然制度整体效力不高，大都以规章的形式存在，但在目前我国尚没有一部完整的社会保障法的背景下，各项制度规定的出台一方面可以弥补立法上的缺陷，另一方面，也可以对实践中社会保障工作进行规范和指导。

从财政支持上分析。1997 年，政府在城镇职工养老保险中明确划分“老人”“中人”和“新人”，并从 1999 年开始通过转移支付的方式承担转制成本。在管理费方面，政府进行了改革，不再采取以往从基金中提取的方式，而是明确规定基本养老保险基金实行收支两条线管理，将全部资金用于职工养老保险事业的发展。社会保险经办机构开展业务所需的经费由财政部门在预算中安排，管理费改为政府财政列支。此外，2000 年，我国政府成立了全国社会保障基金理事会，为日后弥补养老金不足做准备。理事会的资金来源主要是中央财政拨款和国有股减持所得的资金。

从监督管理的角度来分析。政府已经加大了对社会保障基金的行政管理和社

会监督。为此，基金被纳入财政专户，实行收支两条线管理，确保基金用途专款专用。各级劳动和社会保障部门设立了专门的社会保险基金监督机构，负责对基金的征缴、管理和支付进行检查和监督，同时也对违法违规问题进行查处。这些举措有助于确保社会保障基金的合规使用，保障人民的权益。据不完全统计，截至 2005 年，我国 7 年内清理回收挤占挪用基金 160 多亿元，政府监管力度在加大。同时，政府还加强了社会保障管理的信息化建设，努力提高社会保障的管理效率。

二、政府承担社会保障责任中的问题

1. 政府越位

政府越位指政府在原本应由其他责任主体承担的职责领域，代为履行这些职责。在社会保障方面，虽然政府应发挥主导作用，但这并不意味着政府需要完全包揽社会保障制度的一切事务。我国的城镇养老保险制度管理模式就是一个例子。城镇职工养老保险制度由政府规定的规章制度加以规范，由劳动社会保障部门主管养老保险行政事务。企业和个人只负责按时缴纳保险费，却无权过问自己的保险费使用情况，退休后的养老保险待遇更是个未知数。这种现象极大地影响了人们参与社会保障的积极性，同时也不利于发挥群众对社会保障资金使用的监督作用。部分项目过于集中在政府的责任范围内，可能导致其他主体过度依赖政府。此外，政府与民间组织的责任划分不清，限制了非政府组织可以分担的社会保障责任。

2. 政府缺位

政府缺位是指政府原本应该承担的责任未能得到充分落实。这主要表现在以下几个方面：

第一，政府在立法方面滞后。我国社会保障的法律建设一直薄弱，至今尚未颁布一部由立法机构制定的社会保障法。许多保障项目只能通过地方性规章制度在各地确定，导致制度形式各异，缺乏科学研究的支持，使制度结构混乱。社会保障制度的立法层次较低，影响制度的顺利实施，增加了监督管理的难度，同时也不利于全国范围内的制度统一。

第二，社会保障基金难以保值增值。社会保障基金征缴后存放不动会贬值，因此，对社会保障基金投资运营十分必要。社会保障基金在投资时要遵守一般投资的三条准则：安全性、收益性和流动性。为了确保基金的安全与完整，我国对社会保险基金的投资模式、方向、结构、税收等都做了明确的规定。值得注意的是，基金若无法消除通货膨胀的影响，则会造成基金的贬值，而贬值事实上也威胁到了基金的安全性。因此，社会保障基金客观上要求政府采取积极的投资方式进行运营。但从实际情况来看，我国社会保障基金的投资渠道非常集中，主要采取银行存款和国债的投资方式。对企业债、证券投资基金、股票等投资比例合计不超过3%，这导致社会保障基金的回报率过低，仅相当于银行长期存款的利率。而且，在基金管理中，社会保障基金被挪用现象时有发生。根据不完全统计，自1998年起的7年间，全国清理回收了超过160亿元的被挤占、挪用的基金资金；自2001年以来，追缴了95亿元的养老保险基金，同时还追回了1.6亿元被冒领的养老金。社会保障基金管理部门在管理与监督方面存在不足，基金的持续流失导致人们对社会保障制度产生了极大的质疑。

第三，"空账"问题突出。在城镇养老保险体制转型过程中，出现了"老人"和"中人"。由于传统的现收现付制度没有积累，因此，新体制必须为中、老人的养老金寻找支付办法。这是一笔庞大的隐性债务。由于制度设计之初对养老金隐性债务估计不足，政府没有做好支付转轨成本的准备。结果政府没有采取切实手段加以弥补，而是采取了被动补贴的方式，将个人账户中的资金挪用于统筹账户支付养老金，使得新制度一开始就面临着"空账"问题。在"空账"问题解决方式上，政府试图通过不断扩大覆盖面，吸收农民工参加城镇养老保险等手段来回避转制成本问题，这种方式只能将问题延后，加大解决问题的风险，而无法有效解决养老保险的隐性债务问题。

第四，农村居民和农民工的社会保障缺失问题。政府在社会保障领域承担一定的责任，并发挥了积极的作用，但所取得的成就主要体现在政府对城镇社会保障制度的建设上。农村社会保障领域中政府的责任基本处于缺位状态。目前我国农村社会保障制度还处于起步阶段。政府在农村社会保障中的责任主要体现在政策性文件中，文件对政府的责任也只是进行概括性的描述，并没有涉及政府具体应承担的责任界定。在具体运行过程中，由于政府责任承担没有相应的参考依据，也没有可以约束其作为的指标存在，使得政府在责任承担上的随意性和无序性现象明显。这也是相对于城镇，我国农村的社会保障制度建设进程缓慢的原因所在。此外，近几年，农民工的社会保障问题虽逐渐得到政府关注，很多地区实施适合农民工的社会保障措施，但在将农民工纳入社会保障体系的同时，却出现了农民工大量退保的现象。究其原因，是由于政府对劳动力市场缺乏引导和规范，农民工权益无法及时保障。现行政策较少考虑农民工的实际困难，使得农民工流动时反复参保、退保，损害了农民工享受社会保障的权益，也影响了用人单位的参保积极性。

3. 政府退位

政府的退位是指本应继续落实政府责任的领域却放权过度，这突出表现在对医疗服务机构过分市场化的纵容上。医疗服务体制改革前，有关医疗资源配置的决策是完全由政府垄断的。国家对医疗服务和药品的价格实施严格的计划管理，维持在很低的水平。在这样的体制下，无论是医院还是个人都没有动力为病人提供“过度消费”，医疗费用也不会随意攀升。医疗体制改革后，一个很明显的结果就是医疗费用的快速上涨。政府在医疗卫生事业方面的投入相对来说越来越少，而全社会投入医疗卫生的资金主要来自民众。医疗资源的配置由未受管制的市场主宰。大部分医疗资源流向了医院，而且级别越高的医院吸收的资源越多。相应地，级别低的医院服务量不足，效率滑落。由此可见，政府在医疗领域投入不足，从而形成医疗资源配置由市场主导的局面。而由于医疗行业的特殊性，医疗服务提供方和需求方之间存在着信息不对称，仅有医患关系的医疗服务市场必然会存在着严重的市场失灵。在正常的医疗服务市场中，必定存在着“第三方购买者”，来制约医疗服务提供者。但医疗体制改革后，我国的医疗保障管理者未能扮演医疗服务第三方购买者的角色，他们对医疗服务的品质和价格无法实施有效的监控。因此，政府非但没有矫正市场失灵，反而被市场力量牵着走，最终形成了市场失灵和政府扭曲的双重问题。

4. 政府错位

从具有很强收入再分配功能的抚恤和社会救济费支出、社会保障补助支出以及行政事业单位离退休经费支出来看，2006 年中央财政所占的比重分别为 0.62%、11.36% 和 8.22%，而按国际惯例，具有再分配性质的社会保障职能应主要由中央政府承担。

然而，在社会保障事权下放的同时，相应的财力并没有同步增加，导致政府间的事权和财权出现脱节。中央财政主要负责中央单位所属职工的社会保障，而省级及以下各级财政仅负责本级所属职工的保障资金，市县财政成为社会保障的主要承担者。而我国各地区经济发展很不平衡，经济欠发达的地区其地方财政能力有限，很难对社会保障进行兜底。有些地区养老金给付都存在困难，政府财政责任也就难以落实到位。

从横向上看，各相关政府部门职能交叉、重叠，职权划分不清，互相推诿扯皮的事情时有发生。社会保障包括社会保险、社会救助和社会福利等保障项目。各个保障项目由不同部门主管，各部门间又需要通力合作才能保障制度顺利开展。各部门都有自身的部门利益，涉及的部门过多，容易出现部门利益的冲突，造成部门间工作难以协调，使得社会保障工作效率低下，资源浪费严重。

第三节　我国政府的社会保障责任界定

一、我国社会保障责任定位问题

我国的社会保障发展实践以及世界各国的社会保障建设经验表明，政府直接或者间接影响着所在国的社会保障制度，政府在社会保障上承担不可推卸的职责，而市场失灵以及社会保障的准公共产品属性等因素决定了政府需要干预社会保障。在明确了政府责任的必要性后，需要进一步思考的问题是政府在社会保障中应该扮演什么角色？政府是否应当包办社会保障制度？答案是否定的。当前我国政府不应该也没有能力包办社会保障制度。这主要从三个方面来分析。

第一方面，就像市场存在失灵现象一样，政府也会出现失灵。由于不存在机制能够确保政府会做出与集体偏好完全一致的决策，因此政府失灵在所难免。社会保障中政府失灵的表现有：

第一，强制性原则导致政府效率损失。政府主导的社会保障制度一般采取强制参保的原则。这虽有利于降低成本，保障制度顺利实施，但在一定程度上也降低了社会保障制度实施的效率。政府统一供给的就业数量越大，劳动者的工作积极性就越小，而且保障制度可能诱使劳动者提早退休，容易产生道德风险。此外，社会保险存在互济的功能，其权利义务是相对平衡而不是绝对平衡的。政府过度干预，也会使得交易成本增加。在强制性原则下，人们不能自由选择行为方式来避免损失，这必会造成社会保障总效率的下降。

第二，道德风险导致公平的损失。道德风险在保险市场中是普遍存在的，政府干预一定程度上可以规避道德风险，但又容易引发更为严重的道德风险。政府提供价格低廉或者免费的保险产品，容易导致人们过度消费。当养老保险的替代率较高时，人们还会寻求提前退休的机会。这不但给政府财政造成巨大的压力，而且也会浪费社会保障资源，对其他正常缴费并享受社会保险的群体来讲是显失公平的。

第三，成本和收益的分离导致效率的损失。在市场经济条件下，成本和收益会随着市场中的供给和需求情况自发波动，最终在需求和供给的反复平衡中一次次明确其价值，从而保证资源的合理配置。而在政府的干预下，成本和收益更多的是人为定制。政府的非市场活动割裂了两者的联系，加之缺乏竞争，使得资源配置错误的可能性增加。而资源错误配置最终仍需政府付出更多的资源来“买单”。

此外，政府在提供社会保障时还存在着评估上的困难。由于政府提供社会保障追求的是社会效益，而社会效益是难以准确衡量的，这使得在评价政府提供的社会保障制度绩效时存在困难，也给政府部门在推行社会保障过程中的不作为创造了条件。

市场失灵和政府失灵的存在，揭示了单一依赖政府或市场行为难以取得理想效果。在社会保障领域，需要实现政府与市场的有机结合。政府应建立健康的市场机制，使市场在资源配置中发挥基础性作用，以弥补政府的不足。这种协同可以部分弥合市场和政府的缺陷，实现更优的社会保障效果。

第二方面，我国社会保障的发展阶段和政府财力决定了政府难以单独承担整个社会保障制度。从国际经验来看，一个国家的经济发展水平影响着其社会保障水平。政府全面承担社会保障职能通常只在经济高度发达的国家实现得起。目前，我国属于发展中国家，整体生产力水平尚不高，经济发展也不均衡。我国的社会保障主要满足公民的基本温饱需求，社会保障水平相对较低，同时社会保障管理体系尚未健全。实施政府包办型的社会保障制度欠缺组织基础。从政府财力来看，虽然我国中央财政连年增长，国家财政实力有了显著增强，但全国 14 亿人口的全部社会保障问题都由政府来全盘解决，政府显然没有如此雄厚的财力。

第三方面，社会保障准公共产品的属性决定政府无须独自承担社会保障制度。社会保障中的社会保险和社会福利具有混合产品的特征，既有私人产品的某些属性，又有公共产品的特点。这种复合属性意味着单一的市场或政府供给都可能导致效率损失。因此，多元主体的参与应该发挥作用，相互制衡以避免任何一方行为带来的低效率问题。以社会福利为例，可以鼓励非营利组织参与，以弥补政府在这方面的不足，抑制市场势力的过度膨胀。同时，通过非营利组织的参与，可以提高福利供给效率，满足不断变化的福利需求。

通过前述分析，可以明确政府在社会保障领域应该扮演主导性角色。政府的社会保障责任具体可分为三种：制度供给责任、财政责任和监督管理责任。在社会保障的各个层次，政府承担的责任范围和程度也有所区别。社会保障的第一层次为社会救助。这一保障层次是由人的生存需要所决定的，个人通常是由于不可抗力的因素危及基本生活而需要保障。因此，实施这一保障是人道主义的要求，是国家必须为其公民保障的义务。从这个意义来讲，社会救助层次政府应尽全面保障责任。尽管目前一些社会组织如慈善机构也在履行类似职责，但这些组织只能充当补充角色，无法替代政府在这一职能中的作用。社会保障的第二层次是社会保险，用以保障国民的基本生活。在面对年老、疾病、伤残、生育、失业等风险时，社会成员可以得到社会提供的一定物质帮助。个人在这一层次的保障中是可以进行一定的风险防范的，因此，社会保险层次应由国家、个人和其他相关主体共同承担责任。但鉴于社会保险的准公共产品特性，国家应在该保障层次发挥主导性作用，承担主要保障责任。社会保障的第三层次为社会福利。这一层次满足的是人们基本生活水平之上更高层次的需求。联合国定义社会福利为社会服务与机构之间有组织的联系，旨在协助个人和团体，在符合家庭和社区需求的前提下，获得生活、健康和人际关系等方面的满足，以帮助他们充分发挥潜力并提升福祉。个人在这一层次的保障中是寻求高层次的保障的，因此，政府在这一保障层次上更多的是提供政策与规划，鼓励引导其他组织参与福利供给与服务。具体的福利项目可以由市场来运作，形成有效竞争，最大限度地整合社会资源，政府可以提供税收优惠，以调动市场参与社会福利项目的积极性。

二、社会保障中政府制度供给责任分析

重新构建社会保障的价值理念是必要的。长期以来，我国在推行社会保障制度方面存在责任缺失，在财政支出中社会保障占比低下反映得尤为明显。特别是农村社会保障的薄弱制约了我国经济的全面发展。政府有必要对社会保障的价值理念进行重新思考和重构。将社会保障制度看作一个独立的机制，不仅附属于经济和政治目标，而且具备自身的发展规律。保护公民的社会保障权利应该被提升到保护人权的高度。

政府需要跳出现有的城乡分割模式，改变偏向城市而忽视农村的观念。可以从科学发展观的五个统筹出发，建立城乡统筹的意识，以保障公民基本生活为核心目标，构建全国一体化的现代社会保障体系。这样的体系可以突破现有的局限，实现城乡融合发展，从而更好地满足社会保障的需求。

注重社会保障制度的规范设计。良好的制度设计是确保社会保障体系建设成功的关键。政府不仅需要创建科学合理的社会保障制度，还必须建立有效的机构来维护这个制度的运行，这也是各国社会保障事业发展的共同认知。在设计社会保障制度时，应兼顾公平和效益，稳健性和灵活性相结合，注重可持续发展等原则。在具体设计中，应主要解决以下问题：

第一，构建与经济发展水平相适应的社会保障制度框架。发达国家的经验表明，社会保障制度建设是有规律可循的。在工业化的初期，由于工业发展要靠农业的支持，各国农业人口在总人口中都占较大的比重，国家经济发展水平也较低，这时推出面向农民的社会保障制度显然是不现实的。因此，在工业化初期阶段，各国的社会保障对象主要是产业工人。到了工业化中后期，由于城市已经具备一定规模，自身有了一定的剩余积累，具备反哺农业的条件。而农村还较落后，农

民处于自给自足状态，在推动农村经济发展和实现人口城市化的过程中，各国都将社会保障对象扩大到农村人口，实现社会保障城乡一体化。中华人民共和国成立初期，为满足城市工业化发展要求，政府在城市建立了相对完善的社会保障制度，而农村没有相应的制度保障。在当前不断深化的改革背景下，我国经济实力显著增强，已具备为所有社会成员提供基本社会保障的能力。因此，政府必须刻不容缓地改变长期忽视农村社会保障制度建设的做法，根据我国工业化的实际进程进行相应调整，制定我国社会保障制度建设的近期规划与远景规划。

第二，注重城乡地区间社会保障的协调发展。在制度设计中，应充分考虑我国城乡间、地区间经济发展水平极不平衡的现状，对各地区的社会保障制度建设要求应有所区别，保证各地区循序渐进地推行社会保障制度建设。在应对二元经济结构造成的城乡差异时，必须充分考虑城乡的实际情况，制定相应的发展策略。在推动城乡社会保障体系融合的前提下，应促进不同水平社会保障项目的发展。在城市方面，应注重完善社会保障体系，稳固社会救助制度，全面落实社会保险制度，并积极推广多样社会福利项目。而在农村地区，应集中力量建立健全社会保障体系。这包括进一步完善农村居民最低生活保障制度，巩固新型合作医疗制度，积极推进农村社会养老保险制度，有条件的地区还可尝试引入其他社会保险项目和社会福利计划。

第三，设计科学的方案确保城乡社会保障制度体系的衔接。目前我国在农村和城市实行的是完全不同的两套社会保障制度体系。随着社会经济的进一步发展，需要在全国实行统一的社会保障制度以保障劳动力的自由流动。为了达成这一目标，需策划逐步过渡的计划，按照阶段和层次逐步实现城乡社会保障的整合。

为确保这一目标的实现，需要建立法律支持体系。将法律用于确保社会保障制度的强制实施，是其基本特征之一。各国经验显示，社会保障立法通常早于实践，但我国社会保障在实际推行中，主要通过政府发布的政策文件、方案和办法来推动，缺乏相应的法律法规支持。现行规章因其层级较低，且很多是由主管部门制定的，因此权威性不足，制度缺乏基本的法律依据，导致实施过程中出现法令不一致的现象。因此，为了完善社会保障制度，必须迅速推进社会保障立法的进程。

立法机构应出台社会保障法。明确社会保障主体的权利义务，对社会保障发展的基本目标、政府责任、基本项目、基金筹集与管理、待遇标准等基本内容作出原则性的规范，使社会保障各项制度在法律的强制性原则下有效运行。同时，由国务院尽快制定和颁布与该法相配套的一系列法律制度，制定社会救济法、社会保险法、社会福利法等，发挥其保障公民生存权、稳定社会经济的功能。同时，要建立规范社会保障基金运营的法规。鉴于社会保障基金在发挥社会保障制度中所起的重要作用，应专门建立规范社会保障基金收支运营的法规。通过社会保障预算收支立法解决社会保险费的收缴问题，规范基金收缴工作，明确欠缴、拒缴所需承担的责任。建立基金安全投资机制，严格规定基金的投资方向和各投资比例的上限。通过法律手段来规范基金的收支运营，保障基金保值增值。

政府为社会保障制度提供坚实的组织保证。社会保障组织机构是承担社会保障制度运行职能的主体，分为社会保障管理机构和社会保障经办机构。政府担负着建立社会保障组织体系的重要责任。目前，我国管理社会保障事务的中央职能部门主要有人力资源和社会保障部、民政部以及财政部等。人力资源和社会保障部是全国社会保障事务的主管部门，负责拟订社会保障政策，统筹建立覆盖城乡的社会保障体系，参与制定全国社会保障基金投资政策。其他部门承担部分社会保障的管理职能。2000 年，政府成立了全国社会保障基金理事会，负责管理由财政拨款和国有股减持等形式组成的中央社会保障储备基金。地方各级政府也按照这种职能部门的划分内设机构负责管理。社会保障经办机构是负责具体社会保障项目的组织。其主要职责是：筹集和管理社会保障基金，给付社会保障待遇，组织社会保障服务活动，委托并监督社会保障基金运营，等等。目前，我国社会保障经办机构面临着工作任务繁重、手段滞后、效率低下等显著问题。截至 2022 年，中国的基本医疗保险体系取得了巨大的成功，覆盖范围不断扩大，为数以亿计的居民提供了医疗保障。城镇职工基本医疗保险（城镇职工医保）覆盖了城市就业人群，而城乡居民基本医疗保险（城乡居民医保）则覆盖了农村和城市非就业居民。此外，大病保险和新农合等专项险种也进一步加强了医疗保障的全面性。

根据官方统计数据，截至 2022 年年底，中国的城镇职工医保参保人数已经达到了超过 9.7 亿人，而城乡居民医保参保人数更是超过了 11.5 亿人。表明中国政府在扩大医疗保险覆盖范围方面所取得的显著成就。大病保险也在近年来蓬勃发展，为数以千万计的人提供了更广泛的医疗保障，特别是在面对高昂医疗费用和罕见重大疾病的情况下。反映中国政府在改善医疗保障、保障居民基本医疗需求、减轻医疗负担方面的不懈努力。同时，中国政府也在不断改进医疗保险政策，以适应社会变革和挑战，促进公共健康和社会的稳定。这些措施不仅有助于提高人民生活质量，也为国家的持续发展和繁荣创造了有利条件。

三、社会保障中政府财政责任分析

1. 有限财政责任思考

从社会保障制度的运行基础来看，财政责任是政府在社会保障领域的首要职责。社会保障要起到维护社会稳定、促进社会公平的作用，离不开政府强有力的财政支持。政府应该承担有限的财政责任。一旦福利水平设定较高，国家的负担也会逐渐增加。即便政府财力相对充足，制度最终也可能因为可持续性问题而不得不进行调整。此外，社会保障制度可能对储蓄产生影响，引发所谓的"挤出效应"。例如，养老保险制度的高额承诺可能使个人减少退休储蓄的动力，从而影响资本积累。保障水平越高，"挤出效应"就可能越明显，对经济增长造成一定程度的影响。同时，社会保障制度还可能在一定程度上影响就业。养老保险的受益标准和覆盖范围不仅会影响退休人员的流动性，还可能与在职员工选择新工作机会的决策有关。过高的福利可能诱使人们提前退休，从而造成劳动力的浪费。

鉴于有限的政府财政责任，本书认为，政府财政责任的目标应该建立在实现社会保障制度所追求的公平目标和保障制度有效运行的基础上，同时避免对经济效益造成损害。在这一框架下，政府财政责任应当有一个下限和一个上限。下限应该确保满足社会成员的基本生存需求，而上限应受政府的财政承受能力所限制。然而，考虑到经济发展水平的不同，政府的责任承担程度可能会有所不同。尽管如此，最低界限应当始终保证满足社会成员的基本生存需要，否则社会保障制度就发挥不了其应有的作用，也扭曲了社会保障的原本意义。而上限以政府的财政实力来考量是出于两方面的考虑。一方面，政府主要通过将财政用于社会保障来实现再分配，采用转移性支出的方式。这有助于确保社会经济发展成果得以广泛共享，实现财政资源的公平使用，即取之于民、用之于民。另一方面，尽管政府在社会保障中的财政责任程度可能变化，但政府的财政承受能力相对稳定且可预测。将这两个因素结合，既能增强社会保障制度的稳定性，又能确保财政收支的可持续性。这意味着政府在保障社会福利的同时，能够合理平衡财政预算，避免财政压力过大对经济可持续发展造成不利影响。何况，脱离财政承受能力的保障水平是无法真正实施下去的。值得注意的是，保障水平的确定还应该结合人们正常生活所需的标准，确保社会保障发挥保障社会成员基本生活水平的作用，同时，更高水平的保障需求则由市场来主导。

2. 政府财政责任表现

调整财政支出结构。按照公共财政的要求，大力调整财政支出的结构，统筹城乡社会保障事业发展，扭转政府财政社会保障支出偏向城市的局面。控制并压缩一般性支出，增加财政对农村尤其是欠发达地区社会保障的支出比重。统筹城乡社会保障，在城镇社会保障已比较完善的前提下，应加快农村社会保障的建设。为实现城乡社会保障的统筹，政府需要增强对农村社会保障的支持。这包括持续提升农村社会保障水平，逐步缩小城乡社会保障差距。因此，政府财政对社会保障的支持要从偏向城镇转为偏向农村。政府从重点项目入手，逐步建立起城乡统一的整体制度体系，如建立公共卫生服务体系和最低生活保障制度，逐步实现城乡社会保障体系的接轨和统筹。

增强社会保障基金财政投入。当社会保障基金无法满足支出时，政府需承担终审支付责任。各级财政应研究建立社会保险储备机制，根据地方经济与保险需求，每年从预算拨款中建立储备金，以应对高峰支出。积极财政政策下，完善最低生活保障，确保低收入者资金及时到位。财政部门需主动与相关部门合作，合理设定保障标准，拨付所需资金，并强化财务管理和监督，确保制度顺利实施。

增强政府对卫生事业的财政支持至关重要。卫生事业在本质上属于公共事业，因此政府应当提供资金支持。特别是对于政府管理的各类卫生机构，应当在基础设施建设、大型设备采购与维护等方面给予资金支持，各级财政部门应当根据规划的需要来合理安排资金。对预防保健机构的人员经费，各级财政预算也要予以安排。农村公共卫生体系比较薄弱，政府要加大对农村的支持力度。促进农村初级卫生保健、乡镇卫生院的建设，调整卫生资源在城乡的分配结构，完善农村的公共卫生体系。

拓展资金筹资渠道。鉴于今后一个时期内，社会保障资金的供求矛盾很大，政府应逐步拓展新的筹资渠道。政府可以探索征收社会保障税，发行债券、变现部分国有资产、发行福利彩票等多种筹资方式。多管齐下，解决社会保障资金供求的矛盾。

3. 养老金隐性债务的思考

我国的养老保险体系在转轨过程中，出现了隐性债务问题。由于政府对债务的承担没有明确的说法，目前养老保险发放中出现了挪用个人账户积累的做法。各方责任不清，支付退休人员养老金的压力很大，企业缴费水平也较低，因此各省市都依靠挪用个人账户资金来解决当前问题，基金缺口越来越大。政府隐性债务风险日益显性化。要想真正实现养老保险体制转轨，必须对隐性债务问题专门处理。我国计划经济时期国有资产的一部分是靠牺牲老职工的消费和未来积累而聚集起来的，政府事实上和老职工存在着一种提供养老的契约关系，由政府来承担转轨成本合情合理。尽管转轨成本是政府不可推卸的责任，但当前政府的财力有限，解决体制改革成本需要探索多方面的解决之道。

一是开源。政府可以发行政府债券，由于目前我国的国债负担率不高，仍有较大的发债空间，而且城乡居民储蓄率很高，应债能力不成问题。政府也可变现部分国有资产，可以通过出售国有资产的方式转让部分企业的国有资产，也可以通过国有股股权转让或将部分股权收益划出，归入养老保险基金。此外，还可以发行福利彩票，我国彩票销售收入逐年快速增加，通过发行福利彩票可以筹集一定规模的养老保险资金。

二是节流。除开拓筹资渠道外，政府还可以压缩一般性支出项目来增强政府财政抵御养老保险风险的能力。目前我国有些财政支出项目属于财政自由决定性支出，政府可以适度减少这方面的支出比例，比如行政管理费和部分经济建设支出。总之，政府通过多方面的筹资，解决隐性债务问题是完全可以的。

四、社会保障中政府监督管理责任分析

理顺管理体制。从实践看，我国社会保障事业的管理，长期存在着体制不合理的问题，严重制约着社会保障事业的发展。政府应该下决心调整体制，理顺关系。针对目前各地出现的违规运作社会保障基金现象，建议政府在合适的时机逐步提升各项社会保障基金的统筹和管理的层级。此外，应该将目前部分机构承担的监管和运营职能分离。建议在时机成熟时将社会保障基金结余部分的运营职能交给市场，通过公开竞争产生的有丰富运营经验的社会机构来完成。社会保障主管部门则应专注于基金日常收支工作的效率提高上，并认真做好对结余运营机构的监管工作。

明确基金监管责任，采用基金财政专户运行机制，实行收支分离、专款专用的原则，以确保基金的安全和完整。国家应对社会保障实施预算管理，将各项社会保障基金纳入政府财政收支管理体系中。在执行过程中，需要遵循相关法律法规，如《中华人民共和国预算法》《社会保障基金管理办法》等，对社会保障基金进行严格的财政管理和监督。而且，将社会保障基金纳入国家的预算体系，基金的收支情况将作为政府预决算报告中的一部分内容，每年都应提交人民代表大会审议，接受人民代表大会的监督，这将从立法机关的角度对社会保障基金进行监督，使得基金运作更加规范。

加强基金运营管理至关重要。鉴于我国金融市场尚未完善，当前主要的投资选择是购买国债和存放银行。然而，我们可以考虑进行适当的投资组合，谨慎地扩大投资范围。在此过程中，政府应强化对社会保障基金运营方式和投资渠道的管理和监控。建立完善的社会保障基金投资监管体系。政府要设立专门机构对社会保障基金的投资运营进行严格的专业监督，防范运营风险。政府还应设立投资风险准备金，一旦某一投资机构遭遇大的风险而无法支付时，政府需要启动风险准备金以应对危机。此外，在保证基金安全和保值增值的同时，还要确保各项社

会保障费用得到及时支付。在基金使用过程中，要杜绝基金挪用和滥用，提高基金的使用效率，力惩违规行为。

贯彻落实社会保障法律、法规和政策。由于社会保障实行政事分开的管理体制，政府负责制定规章制度，具体事务由社会机构承办的做法可以有效分担政府的运营负担，但政府仍需要履行监督和检查的职责，以确保各项制度得以有效落实。政府要依据社会保障有关法律、法规和政策，监督用人单位缴费情况，监督个人领取保险金情况，监督社会保障事业承办机构履行职责情况。通过对各个环节的监督检查，保障社会保障法律规章的贯彻落实，进而维护参保人的正常权益。

第四节　完善政府社会保障责任的思考

一、关于中央政府与地方政府职责划分的思考

社会保障是一个国家为了保障人民基本生活需求、提高社会公平正义而采取的重要政策之一。在我国，中央政府和地方政府在社会保障责任方面扮演着不同的角色，共同构建了全面的社会保障体系。以下是对中央政府与地方政府社会保障责任的思考。

（一）中央政府的责任

1. 制定政策法规

中央政府制定和发布关于社会保障的法律法规，如《中华人民共和国社会保险法》《最低工资规定》等，为社会保障体系的构建提供法律基础。

中央政府在社会保障责任中制定政策法规方面具有重要作用。社会保障政策法规的制定是为了确保人民的基本生活需求得到满足，促进社会公平正义的实现。这一责任涵盖了法律法规的整体框架设计、政策的具体内容制定以及法规的宣传和执行等多个层面。

首先，中央政府制定社会保障法律法规时，需要考虑到全国范围内的差异和多样性。在法律法规的整体框架设计上，应当充分考虑各地区的经济发展水平、社会需求以及人口结构等因素。这有助于确保法律法规的普遍适用性，同时也为地方政府的执行提供了一定的灵活性。

其次，政策的具体内容制定需要综合考虑社会保障的各个方面，如养老保险、医疗保险、失业保险等。中央政府应当通过广泛的调研和专家意见征集，确保政策内容切实贴合人民的实际需求。在养老保险方面，政策可以涵盖退休年龄、养

老金发放标准等内容；在医疗保险方面，政策可以规定医疗费用的报销比例、基本药物的保障范围等。

此外，中央政府在制定政策法规时还需要充分考虑社会保障体系的可持续性和资金来源。在确定各项社会保障福利待遇时，需要充分考虑社会保障基金的健康运营，避免长期支出过高导致基金短缺的问题。

在政策宣传和执行方面，中央政府应当通过各种途径，如媒体、宣传活动等，向公众普及社会保障法规的内容和重要性，提高人们的社会保障意识。同时，政府部门应当加强监督，确保地方政府和企业按照法规的要求进行社会保障的落实，保障人民的合法权益。

2. 提供财政支持

中央政府在财政方面承担着主要的责任，通过拨款、财政补助等方式，为地方政府提供资金支持，确保社会保障体系的稳定运行和人民基本生活需求得到满足。财政支持是社会保障的重要保障措施，通过资金投入，能够有效缓解社会保障基金的压力，保障社会保障项目的可持续性发展。

社会保障涵盖了养老、医疗、失业等多个领域，其中包括了基本养老保险、基本医疗保险、失业保险等项目。这些项目的资金需求庞大，但同时也能够有效提升人民的社会福祉。

3. 建设大型保障项目

中央政府在社会保障责任中的另一个重要方面是建设大型保障项目。这些项目涵盖了养老保险、医疗保险、失业保险等多个领域，是构建全面社会保障体系的重要组成部分。通过建设大型保障项目，中央政府可以有效提供覆盖范围广泛的社会保障服务，为人民提供稳定的福利保障。

首先，养老保险是一项重要的大型保障项目。随着人口老龄化趋势的加剧，养老保障成为社会关注的焦点。中央政府可以推动建设全国范围内的基本养老保险制度，确保老年人的基本生活需求得到满足。这包括确定退休年龄、制定养老金发放标准等，以及建设可持续的养老保障体系。

其次，医疗保险是另一个重要的大型保障项目。中央政府可以推动建设全国性的基本医疗保险制度，为人民提供基本的医疗保障。这涉及医疗费用的报销比例、基本药物的保障范围、医保定点医院等内容，确保人民在生病时能够得到及时的医疗救助，减轻医疗负担。

此外，失业保险也是一个重要的大型保障项目。失业保险制度能够为失业人员提供一定期限内的经济支持，帮助他们渡过难关，同时也鼓励人们更加积极地寻找新的就业机会。中央政府可以通过建设失业保险制度，提供失业人员的基本生活保障，维护社会稳定。

除了这些项目，中央政府还可以推动建设其他领域的大型保障项目，如残疾人保障、儿童保障等，以满足不同群体的特殊需求。通过建设大型保障项目，中央政府可以实现社会保障的普及和公平，为人民提供稳定的社会福利。这不仅有助于提升人民的生活品质，还能够促进社会的和谐稳定，为国家的可持续发展做出贡献。

4. 协调统筹

中央政府在社会保障责任中的另一个重要职责是协调统筹，确保社会保障体系在各个方面的协调运行，以达到公平合理的效果。这一责任涵盖了政策协调、资源分配、制度整合等多个层面。

首先，中央政府需要协调各级政府在社会保障政策方面的行动，避免不同地区之间出现过大的差异。这可以通过制定统一的政策指导意见，确保各地在社会保障制度和政策方面基本一致。例如，中央政府可以制定最低工资标准，避免不同地区之间工资水平差异过大，维护劳动者的基本权益。

其次，资源分配是协调统筹的重要方面。社会保障涉及大量的资金投入，中央政府需要合理分配资金，确保各项社会保障项目能够得到充分支持。这涉及资金的优先级、分配机制的设计等问题。通过合理的资源分配，中央政府能够确保各个社会保障项目的平衡发展，避免资源过度倾斜。

此外，中央政府还需要协调各个社会保障项目之间的关系，确保它们能够相互协调、互为补充。例如，养老保险和医疗保险之间存在紧密联系，一个健康的养老保险制度需要与医疗保险相互配合，为老年人提供全面的保障。中央政府可以通过政策协调和资源整合，促使不同社会保障项目之间形成有机的关系，提升社会保障体系运行的整体效果。

（二）地方政府的责任

1. 明确责任划分

明确责任划分在完善地方政府社会保障职责上扮演着至关重要的角色。这一过程需要深思熟虑，因为涉及到如何将社会保障责任合理分配给中央和地方政府，以确保社会保障体系的有效管理和运作。

首先，责任划分需要基于政策目标明晰化。政府需要明确社会保障体系的总体目标，例如降低贫困率、提高医疗保健覆盖、促进就业等，然后根据这些目标划定责任。例如，中央政府可以负责制定全国性政策和标准，确保国家各地在社会保障领域的基本一致性，而地方政府可以负责根据当地需求和情况调整政策细节，以确保更好地满足本地区居民的需求。

其次，明确的责任划分需要根据各级政府的资源能力来确定。中央政府通常拥有更大的财政资源和政策制定能力，因此可以承担更高层次的社会保障责任，例如制定全国性的福利标准和大病保险政策。地方政府可以根据自身的财政能力和实际需求，在地方层面推动具体政策的实施，例如建设养老院或提供就业培训。

责任划分还需要考虑各地区的差异性。不同地区在经济发展水平、人口结构、医疗资源等方面存在差异。因此，地方政府需要在社会保障责任划分中考虑这些差异，以确保每个地区都能够根据其实际情况制定相应的政策。

另外，责任划分需要建立有效的监督和协调机制。这些机制可以帮助中央和地方政府保持信息畅通，确保政策的一致性和协同操作。监督也有助于防止不当的政策实施和资源浪费。

因此，明确责任划分是一个复杂而重要的过程，需要综合考虑政策目标、资源能力、地区差异和监督机制。通过透明和合理的责任划分，社会保障体系可以更好地服务于各级政府和居民，促进社会的公平和稳定。

2. 协同合作

协同合作在完善地方政府社会保障职责划分中扮演着关键的角色，是一种在不同级别政府之间建立联系、合作和信息共享的方法，以便更好地服务居民、提高社会保障体系的效率和协调各方利益的机制。

首先，协同合作有助于克服政府层级之间的分隔。不同级别政府可能拥有不同的职责和资源，协同合作有助于弥合这些差异，确保政策协调一致，避免冲突和混乱。这使得社会保障体系更具连贯性，能够更好地满足居民的需求。

其次，协同合作还有助于资源整合。社会保障需要财政资源、医疗设施、专业人员等多种资源的支持。通过政府间的协同合作，这些资源可以更好地整合和共享，确保资源得以合理配置，提高社会保障服务的质量。

此外，协同合作可以促进政策协调和信息共享。不同级别政府之间的政策协调有助于确保政策的一致性，避免重复或冲突的政策制定。信息共享则有助于政府更好地了解社会保障需求和趋势，以便更好地规划和管理社会保障资源。

另外，协同合作可以提高政府的应对能力。在面临紧急情况、危机或突发事件时，政府之间的协同合作能够更迅速、有效地提供援助和支持，确保居民的社会保障得以保障。这种协同合作对于社会的稳定和危机管理至关重要。

因此，协同合作是一个非常重要的概念，有助于不同级别政府更好地合作，以提高社会保障体系的效率和协调各方利益。这种合作对于确保社会保障服务的全面性、公平性和可持续性至关重要，有助于创造更加稳定和繁荣的社会。

3. 区域差异的考虑

在完善地方政府社会保障职责划分时，必须充分考虑区域差异，因为不同地区之间存在着许多经济、社会和文化方面的差异，这些差异会影响到居民的社会保障需求和资源分配。

经济差异：不同地区的经济状况可能差异巨大。一些地区可能相对富裕，而其他地区可能较为贫困。这种经济差异要求政府采取不同的社会保障政策。富裕地区的政府可能更依赖市场力量，而贫困地区的政府可能需要提供更多的财政支持，以确保他们的居民也能够享受到适当的福利。

人口结构：不同地区的人口结构也会有所不同。一些地区可能面临人口老龄化问题，需要更多的养老和医疗保障措施。其他地区可能有更多年轻的人口，需要更多的就业和教育机会。社会保障政策应根据这些人口结构特点进行调整。

医疗资源分布：医疗资源在不同地区之间的分布可能不均衡，一些地区可能拥有更多的医疗设施和医疗服务，而其他地区可能缺乏这些资源。政府应该考虑如何平衡这些差异，以确保所有居民都能获得适当的医疗保障。

文化和社会习惯：不同地区可能有不同的文化和社会习惯，这些因素可能影响到居民对社会保障的需求和接受程度。政府应该考虑这些因素，以确保社会保障政策能够尊重和适应当地的文化和社会背景。

地理条件：地理条件也可能导致一些地区更容易受到自然灾害或环境问题的影响。政府需要考虑如何加强灾害准备和紧急援助，以确保社会保障体系在灾难发生时的稳定性。

综合考虑这些区域差异，政府可以采取差异化的政策和措施，以满足不同地区的需求，促进社会的公平和稳定。通过确保社会保障政策能够适应地区差异，政府可以更好地为居民提供适合其地区和情况的社会保障服务，从而实现社会的公平和稳定。

4. 监督和透明度

监督和透明度在完善地方政府社会保障职责划分中具有关键作用，它们构成了保障政府行为公平、负责和有效的重要支柱。

政府负责性：监督和透明度有助于建立政府的负责性。当政府明确其社会保障政策和行为的可见性时，政府更有动力确保这些政策和行为符合公共利益，而不是满足狭隘的特殊利益。

公众信任：透明度允许公众更好地了解政府的决策和资源分配。透明政府建立了公众对政府的信任，因为公众可以更好地理解政府的行动，并参与监督政府的工作。这有助于建立更紧密的政府与公众之间的联系，增加政府的合法性。

资源监管：透明度有助于监督社会保障资源的使用。公开的财政数据和支出信息使公众和独立监督机构能够追踪政府的支出，确保资源被用于社会保障目的，而不是滥用或浪费。

政策改进：监督和透明度使政府能够更好地评估其社会保障政策的效果。政府可以借助公众反馈和独立监督机构的建议，识别政策的优点和不足之处，并进行改进，以更好地满足公众需求。

预防腐败：透明度和监督可以减少腐败风险。公众和监督机构的存在充当着防止腐败的监督者，鼓励政府更加谨慎和诚实地执行社会保障政策，减少滥用权力的可能性。

政策协调：透明度有助于协调不同级别政府之间的社会保障政策。政府间的信息共享和政策协调可以确保政策的一致性，避免不同政策之间的冲突和混乱。

因此，监督和透明度是确保地方政府社会保障职责划分的公平性、效率和负责任性的关键元素，有助于建立负责任的政府体系，增加政府的合法性，确保资源的合理分配，同时促进社会的公平和稳定。

中央政府和地方政府在社会保障责任方面分工合作，共同构建了覆盖广泛、多层次的社会保障体系。中央政府主导国家级的大型保障项目，提供财政支持和政策指导，而地方政府根据本地实际情况进行具体实施和管理。这种合作模式有助于确保人民的基本生活需求得到保障，促进社会的稳定和繁荣。然而，随着社会变革和经济发展，中央政府和地方政府的社会保障责任也需要不断适应和调整，以适应新的挑战和需求。

要梳理好中央与地方政府的责任，主要采取以下措施：

明确分工与合作机制：在明确中央与地方政府的社会保障责任分工时，应考虑地方经济发展水平、人口结构、社会需求等因素。例如，中央政府可以重点承担全国性的社会保障政策制定、基础标准确定等，而地方政府则可以根据本地实际情况，制定具有地方特色的社会保障政策。合作机制方面，可以设立定期会议，讨论社会保障政策的制定与调整，共同制定合作计划，确保责任分工的顺利实施。

政策协调与指导：中央政府在制定全国性社会保障政策时，应考虑不同地区的差异性，允许地方政府在一定范围内进行适度的调整。同时，中央政府可以设立政策协调机构，负责对各地政策进行审查和协调，确保政策的一致性和协调性。

此外，中央政府还可以通过政策宣传活动，向地方政府和公众传达政策的目的和意义，增强政策的执行效果。

资金分配与监督：资金分配应考虑地方政府的经济状况、社会保障需求以及人口规模等因素，确保分配的公平合理。中央政府可以设立专门的社会保障基金监管机构，负责对资金的使用情况进行监督和审计，防止滥用和浪费。同时，中央政府可以建立资金使用信息公开制度，向公众披露资金的使用情况，提高透明度和公信力。

信息共享与技术支持：中央政府可以建立统一的社会保障信息平台，实现各地区社会保障数据的互通共享。这有助于中央政府了解各地区的社会保障情况，及时发现问题。此外，中央政府还可以提供技术支持，为地方政府建设社会保障信息化系统提供指导和帮助，提高信息管理和服务效率。

通过在这些方面进一步丰富和完善中央与地方政府的社会保障责任划分和合作机制，可以实现更有针对性、协调性强的社会保障体系。这有助于提升社会保障的公平性、效能性和可持续性，为人民提供更加稳定和可靠的社会保障，促进社会的和谐发展。

二、关于政府在农村社会保障中的责任思考

在农村社会保障领域，政府扮演着重要的角色，需要积极履行各项责任，以保障农村居民的基本生活需求、提高农村社会稳定和发展。以下是关于政府在农村社会保障中责任的一些思考：

（一）基本生活保障责任

政府在农村社会保障领域有责任确保农村居民的基本生活需求得到满足。农村特殊的经济环境和资源分布使得一些农村居民可能面临贫困、特困甚至无助状态。政府应当建立严格的社会救助体系，包括定期的生活补贴、临时救助和低保制度，以确保特困家庭和弱势群体能够获得必要的经济支持。这样的支持可以缓解贫困问题，提高农村居民的生活水平，促进社会和谐稳定。

（二）农村养老保障责任

随着农村老年人的增加，政府应当着重关注农村养老保障问题。为了满足老年人的基本养老需求，政府可以逐步建立农村社会养老保险体系。这可以包括养老金制度，鼓励农村居民在劳动年龄积累养老金，以保障他们的晚年生活。同时，政府还应加强农村社区养老设施建设，提供各种形式的老年人照料和康复服务，以满足老年人多样化的需求。

（三）医疗保障责任

农村地区的医疗保障是农村社会保障的重要组成部分。政府可以推行农村医疗保险制度，为农村居民提供医疗费用报销。此外，为了改善医疗资源不足的问题，政府可以鼓励医疗机构下沉，提高基层医疗服务能力，同时扶持农村医生队伍的建设，以确保农村居民能够方便地获得医疗服务。

（四）就业扶持责任

农村就业是提高农村居民收入、改善生活质量的关键。政府可以通过支持农村产业发展、农村公益性岗位创设等方式，提供更多就业机会。同时，政府应该注重提升农村劳动力的职业技能，通过开设职业培训课程，帮助他们提升就业竞争力，更好地适应现代就业市场的需求。

（五）教育支持责任

在农村社会保障中，政府有责任推动农村教育的全面发展。这包括改善农村学校的基础设施和教学条件，提升教育质量。政府可以加大对农村学校的投入，建设更多的教室、图书馆和实验室，提供现代化的教育资源。此外，政府还可以吸引优秀教师到农村地区任教，提高农村教育师资水平，确保农村学生能够获得优质的教育资源。通过这些举措，政府能够实现农村教育的均衡发展，提升农村居民的教育水平，为其未来发展提供更好的平台。

（六）社会保障信息化建设

在现代社会中，信息化已成为各个领域发展的关键。政府应当推动农村社会保障信息化建设，建立农村社会保障信息平台。这个平台可以整合各类社会保障数据，包括社会救助、养老保险、医疗保障等，实现信息的共享和管理的便捷性。通过信息化，政府能够更准确地了解农村居民的需求和现实情况，优化政策制定和资源分配，提高社会保障的精准度和效率。

（七）扶贫与发展责任

农村社会保障不仅仅是提供基本生活保障，也应该与扶贫和发展相结合。政府可以通过扶持农村产业发展，提高农村居民的收入水平。这可以包括支持农村特色产业、农产品加工业等，帮助农村居民增加收入来源。同时，政府还应该改善农村基础设施，如道路、电力、通信等，提升农村地区的发展水平。通过扶贫与发展相结合，政府能够帮助农村居民脱贫致富，增强他们的社会保障能力。

三、关于提高养老保险统筹层次的思考

（一）统筹城乡养老保险制度

养老保险制度的统筹是实现社会公平的关键。在养老保险领域，城乡之间存在差异，城市居民的养老保障更加完善。政府应推动建立统一的养老保险制度，涵盖城市和农村居民。这可以通过逐步将城乡养老保险制度整合，确保不同地区、不同类型的参保人员都能够享受到基本的养老保障。这样的统筹机制可以减少城乡居民之间的保障差距，推动全民养老保障的实现。

（二）建立跨企业、跨地区统筹

养老保险制度应能够跨越企业和地区的界限，确保参保人员的权益不因外部因素受损。政府可以在法律和政策上设立统一的养老保险基金，将企业和地区的养老保险资金整合起来，形成跨界统筹。这有助于避免因企业倒闭或地区经济困难而导致养老金发放不稳定的情况，确保参保人员的权益和社会稳定。

（三）完善统一的养老保险基金

养老保险基金的合理管理和分配是提高统筹层次的关键。政府应确保基金的健康运行，避免资金的闲置和浪费。建立统一的养老保险基金池，将不同地区、不同部门的养老保险资金集中管理。这可以通过合理的投资和运营，确保基金的持续增值，提高养老保险体系的可持续性。

（四）制定统一的参保标准和待遇标准

统一的参保标准和待遇标准有助于消除不公平现象，确保养老保险制度的公平性。政府应当制定统一的参保资格条件和待遇标准，无论是城市还是农村，无论是不同行业还是不同地区，所有参保人员都应享受到相应的保障。这可以避免制度滥用，保证参保人员在养老时期能够得到合理的保障。

（五）跨部门合作与信息共享

实现养老保险统筹需要政府部门之间的协作和信息共享。政府可以建立跨部门的合作机制，将社会保障、财政、人力资源等相关部门整合起来，共同参与养老保险的规划、执行和监管。同时，建立信息共享平台，使各部门之间的数据能够实时互通。这样的合作和信息共享能够提高养老金管理的效率，减少信息不对称，为参保人员提供更便捷的服务。

（六）建立风险分担机制

养老保险制度中的风险分担机制对于确保养老金的稳定发放至关重要。政府

可以建立基金，专门用于应对不同风险。例如，设立风险补偿基金，用于应对投资市场波动带来的风险；设立长寿风险基金，用于应对老年人寿命延长可能带来的挑战。这些基金可以通过风险转移和分担，保障养老金的持续支付，降低个体风险。

这些举措有助于克服现有养老保险体系中的困难，确保养老金的稳定发放，为老年人提供可靠的养老保障。同时，政府在养老保险统筹方面的努力也能够增强民众对养老保障体系的信心，促进社会的稳定和可持续发展。政府可以提高养老保险的统筹层次，实现更加公平、稳定、可持续的养老保障体系。这不仅有助于提升老年人的生活质量，也能够促进社会的稳定和可持续发展。

四、多措并举健全社会保障体系

社会保障体系是保障和改善民生、维护社会公平、增进人民福祉的基本制度，也是促进经济社会发展的重要机制。它在民生保障、收入分配调节、经济运行稳定等方面发挥着关键作用。在新时代，党中央更加突出了社会保障体系建设的地位，将其置于更加重要的位置，推动我国社会保障体系建设进入快车道。我国已初步建立起世界上规模最大的社会保障体系，以社会保险为主体，同时包括社会救助、社会福利、社会优抚等制度。这一体系不仅为人民创造美好生活奠定了坚实基础，也为全面建成小康社会、实现第一个百年奋斗目标，以及促进共同富裕目标的实现，提供了有力支撑和有利条件。

目前，我们已经迈向全面建设社会主义现代化国家的新征程，进入扎实推进共同富裕的历史阶段。党的十九届五中全会公报提出，到 2035 年“全体人民共同富裕取得更为明显的实质性进展”，党的二十大报告中指出，“扎实推进共同富裕”并作出战略部署。社会保障关乎人民最关心最直接最现实的利益问题，对促进共同富裕具有重要作用。我们要坚持人民至上，坚持共同富裕，把增进民生福祉、促进社会公平作为发展社会保障事业的根本出发点和落脚点，健全覆盖全民、统筹城乡、公平统一、安全规范、可持续的多层次社会保障体系，不断满足人民群众多层次多样化需求，进一步织密社会保障安全网，为广大人民群众提供更可靠更充分的保障，使改革发展成果更多更公平地惠及全体人民。

为促进社会保障发展，我们将着重拓展覆盖面。我们计划健全弹性就业人员社会保障制度，同时拓宽失业、工伤和生育保险的范围，以将更多民众纳入保障范围。针对困难群体，我们将进一步完善参保援助政策，力争实现所有合格人群的全覆盖，确保无遗漏。此外，我们还将强化社会保障互助共济功能，特别是加强失业保险的扩面工作。我们还计划建立多层次、多支柱的养老保险体系，致力于确保老年人养老有着落、有所作为，使他们尽享晚年生活的乐趣。

统筹推进城乡社会保障体系建设。探索适应人口大规模流动的城乡统筹的社会保障政策。加强城镇与农村社会保障制度衔接，逐步缩小职工与居民、城市与农村的筹资和保障待遇差距，逐步提高城乡居民基本养老金水平。

增强社会保障制度的公平统一性。充分发挥社会保障作为收入分配调节器的重要功能，完善基本养老保险全国统筹制度。优化基本养老和基本医疗保险的筹资和待遇调整机制，同时推进基本医疗保险、失业保险以及工伤保险在省级范围内实现更加协调的管理。此外，我们将加速发展全国统一的社会保险公共服务平台，以提升社会保险的公共服务均等化水平，使其更加便捷易用。

强化社会保障基金的规范管理至关重要。近年来，全国社会保障基金规模持续扩大，这对于加强基金监管能力和提升管理水平提出了更为紧迫的需求。我们将遵循法律规定，建立完善的社会保障基金监管体系，并着力构建社会保障基金的保值增值机制。对于任何欺诈骗保、套保，或者挪用贪污各类社会保障资金的违法行为，我们将持零容忍态度，坚决予以打击，确保人民群众的“养老钱”“保命钱”以及各类“救助款”“慈善款”得到切实守护。

为促进社会保障事业的可持续发展，我们必须正视当前我国人口发展的特点，包括少子化、老龄化以及区域人口变化的分化态势。一方面，我们需加强风险意识，预测可能出现的新情况和新问题，积极采取应对措施，保持工作的前瞻性和主动性。另一方面，我们要坚持务实原则，在力所能及的范围内推动社会保障水平的提升，但必须建立在经济和财力可持续增长的基础上，切忌超越现实情况，不可超负荷行动。

第十一章　我国城乡社会保障的实践创新研究

第一节　我国城乡多层次社会保障实践创新

一、统筹城乡多层次社会保障的基本理念

制度的设计和安排需要根据一种基本的理念来进行，统筹城乡多层次社会保障的基本理念，将从制度的总体框架构建和具体的机制设计两个层面决定着统筹城乡多层次社会保障的创新模式及探究。因此，研究我国城乡多层次社会保障的创新模式和选择，首要任务是明晰其基本理念。人类社会发展历程表明，社会公正作为永恒价值基准和核心准则，在现代社会具有显著地位。约翰•罗尔斯在《正义论》中强调，正义是社会制度的首要价值，就像真理是思想体系的首要价值一样。这使得社会公正不仅是制度设计的基石，也是城乡多层次社会保障的核心。社会公正是确保资源、机会和权益在社会中公平分配的原则，其要求每人享有公平的社会机会，不受背景、地域、财富等因素影响。社会公正促进公平和谐社会秩序，推动各阶层共同发展，维护社会稳定和持续发展。在城乡多层次社会保障方案中，秉持社会公正至关重要。因城乡、地区差异可能导致保障资源不平衡分配，使弱势群体难以获得必要保障，加大社会不公。秉持社会公正，确保保障资源平衡分配，使每人享有保障权益，缩小城乡、地区差距，促进社会和谐发展。总之，理解和坚持社会公正是制定城乡多层次社会保障模式的基础。保障资源公平分配，促进社会公平和谐，实现城乡社会保障协调发展。

（一）社会公正的基本内涵

我们必须正视，学术界对于公正的定义历来是纷繁复杂、莫衷一是的，这在很大程度上根源于公正的多重属性。具体表现在以下几方面。

一是阶级属性：不同阶级对公正有不同的观点、诉求和判断标准。社会不同阶层的利益和关注点不同，因此，对公正的看法会有明显的差异。

二是历史属性：公正的意义在人类社会历史发展中逐步演变。随着时间的推移，公正的内容和特点也会发生变化。在不同历史时期和社会阶段，公正的具体内涵和形式可能差异巨大。

三是社会属性：公正反映了人与人、人与社会之间的关系，贯穿于人类社会生活的各个领域。最终体现为以权利和义务关系为核心所形成的合理状态。

四是道德属性：公正实质上是协调社会成员权益关系的过程，旨在实现权益的合理分配和布局，以保障人类的道德传承，并推动社会文明的发展。

五是经济属性：公正涉及不同社会主体的多元利益，在复杂的博弈中寻求相对平衡，并通过多种方式进行确认和保障。经济因素在公正实现过程中扮演着重要角色，涉及资源合理分配和财富公平获取的问题。

这些属性交织在一起，共同构成了公正这一复杂多维的概念。在不同领域、不同文化和不同社会条件下，公正的具体含义可能会有所不同。

马克思对社会公正的看法是，社会公正观是根据特定历史观而形成的社会价值观。一般情况下，人们的历史观决定了他们对社会公正的看法。因为社会公正问题归根结底是特定历史背景下人类社会关系的问题。人们通常会根据对社会的理解来追求社会公正，而这种理解主要体现在历史观上。马克思进一步解释道：社会公正是历史条件下的概念，具有历史性，在人类文明社会的不同历史时期和不同发展阶段，会有不同的公正标准和内涵。尤其需要注意的是，社会公正是与阶级相关的，它没有超越时代、超越阶级、永恒存在的特质。在阶级对立的私有制社会中，社会公正在本质上是统治阶级的意志和利益的体现，与社会公正相关的社会规范、利益分配、权利分享等，直接为占有生产资料的阶级服务。所谓的社会公正实质上是维护不同时期的强势群体和统治阶级的利益。然而，无产阶级的社会公正是基于共同占有生产资料和消除剥削的基础上的公正和平等。无产阶级的社会公正包括社会地位、政治地位的平等，也包括社会和经济领域的权利享有。马克思的社会公正观以所有人的自由和全面发展为目标。然而，他同时承认，消除阶级剥削和压迫并不等于社会矛盾的消失，也不等于社会多样性的消失。在社会主义社会中，仍然存在着不同民族、城乡、地区、社会阶层以及个人之间的差异，存在着具体利益和思想认识上的差异和矛盾。随着社会现代化和高度分工的发展，社会的多样性、差异性以及人们的独立性和自主性还会不断增强。

社会公正与社会保障密切相关，两者相辅相成，共同构建着一个平衡和谐的社会秩序。社会公正是确保资源、权益和机会在社会中公平分配的原则。它体现了社会各成员的平等和公平，是社会稳定和可持续发展的基石。社会保障则是通过制度和政策，为弱势群体提供必要的保障，以确保他们能够享有基本的福利、医疗、养老等权益。这种社会保障体系有助于减少社会不平等，促进社会的和谐与稳定。

在现实中，社会保障的设计与执行应当体现社会公正的原则。这意味着社会保障制度应当针对不同阶层和群体的需求，确保资源分配的公平性，避免贫富差距进一步扩大。公正的社会保障体系将帮助减少社会的不平等现象，让每个人都能在社会中享有平等的机会和权益。

同时，社会公正也推动了社会保障的改进和完善。通过不断调整和优化社会保障政策，确保资源更好地服务于整个社会，特别是弱势群体。社会保障的公正性体现在对于不同群体的平等对待，以及对于社会风险的全面覆盖。这有助于缩小社会的差距，为每个人提供平等的发展机会。

社会公正与社会保障相互依存，共同构建着一个公平、和谐的社会。社会公正的追求是社会保障制度的动力，而公正的社会保障则是实现社会公正的重要手段。只有通过公正的社会保障体系，我们才能更好地实现社会公正的目标，创造一个更加平等和包容的社会环境。

（二）统筹城乡多层次社会保障必须秉持社会公正的基本理念

统筹城乡多层次社会保障必须秉持社会公正的基本理念。社会公正作为一项核心价值，在社会保障领域具有重要意义。统筹城乡多层次社会保障意味着要兼顾不同地区、不同群体的需求，使每个人都能够平等地享受社会保障的权益，避免因地域、阶层等差异而导致的不公平现象。

秉持社会公正的原则，需要在社会保障制度中建立公平的规则和政策。这意味着要根据不同地区的经济发展情况、人口结构等因素，制定差异化但公平合理的保障方案，确保每个人都能获得适当的保障水平。无论是城市还是农村，无论是弱势群体还是一般人群，都应该在社会保障中得到公平对待。

此外，社会公正还要求保障制度的透明度和监管机制的健全。这意味着社会保障资金的使用应当公开透明，确保资金不被滥用或浪费。同时，建立有效的监督和投诉机制，确保社会保障政策的执行不偏袒、不歧视，使每个人都有权利监督政策执行和维护自己的合法权益。

因此，统筹城乡多层次社会保障必须秉持社会公正的基本理念。只有在公正的原则指引下，我们才能建立起一个真正包容、平等和和谐的社会保障体系，让每个人都能够在社会保障中享有平等的权益和机会。

二、统筹城乡多层次社会保障实践的基本原则

秉持社会公正的基本理念，并立足于我国社会经济发展的现状及其未来走向，同时充分考虑城乡社会保障制度建设的现实约束及其自身的客观发展规律，统筹城乡社会多层次社会保障需要遵循如下六项基本原则。

（一）适度普惠的原则

公民的社会保障权源于社会契约、国家责任和满足公民基本生活需求的基本人权。社会契约理念强调社会成员在共同体中有权获得保障，国家在其中担负责任。社会保障作为国家对公民的责任之一，体现了国家对于人民福祉的承诺。此外，满足公民的基本生活需求是确保每个人能够过上有尊严的生活的基本前提，因此，社会保障被视为基本人权之一，旨在实现公平和社会稳定。既然社会公正理念以人权保障和人道尊严为价值基准，那么，每个公民，不因身份差别、职业差别、性别差别、种族差别，都应该平等地享有社会保障权，国家（体现为政府）也负有向全体公民提供基本社会保障的义务。但是，我们也应该清醒地认识到，人权平等仅仅意味着自由权利及经济社会权利的绝对平等，社会公正理念以人权保障和人道尊严为价值基准，但并不要求社会物质财富再分配以及经济地位的绝对平等。正如恩格斯所指出的，“在国和国、省和省、甚至地方和地方之间总会有生活条件方面的某种不平等存在，这种不平等可以减少到最低限度，但是永远不可能完全消除”。具体到我国统筹城乡多层次社会保障的改革实践，鉴于城乡社会经济发展水平差距的客观存在和发展失衡的格局并非短期内就能改变，统筹城乡多层次社会保障只能遵循适度普惠的原则。所谓适度普惠的原则，即以确保人人享有基本的社会保障为目标，尽快弥补制度缺失，发展覆盖全体城乡居民的基本养老保障制度、基本医疗保障制度、基本生活保障制度，实现每一个公民的基本社会保障权利平等，但是允许因地区差距、城乡差距及群体差距的客观存在而在具体的保障形式和待遇水平上有所差别。事实上，西方发达的福利国家，其社会保障制度无一例外均经历过从选择性制度安排到普惠性制度安排的发展过程。

（二）统一规划、城乡双向推动的原则

实现社会保障城乡一体化是中国社会保障体系改革整体推进和优化发展的终极目标。社会保障城乡二元分设和分治的长期存在，使城乡社会保障制度缺乏统一性、规范性和可持续性，不但加大了社会保障的管理成本，也不利于中国新型城镇化的顺利推进，进而拖累了中国现代化进程。统筹城乡社会保障是实现社会保障城乡一体化的必由之路。“统筹”的概念指将相关矛盾各个方面纳入视野，进行统一筹划、通盘考虑、综合处理。其主要特点在于体现全面性、综合性和整体性。在统筹城乡多层次社会保障改革中，必须突破既有的城乡社会保障制度分离式发展思维的束缚。这意味着不能仅仅关注优化城市社会保障制度，也不能孤立地思考农村社会保障制度的建设。相反，应将这两者统一到一个城乡、多层次社会保障体系的构建中。这样的改革取决于战略高度，以适应中国社会经济结构的急剧

转变，尤其是城乡劳动力就业方式的转变和劳动力跨地区迁移的需求，同时与社会管理方式的转变保持一致。

为了解决劳动力流动时的社会保险问题，需要从战略层面上进行统一规划。中央政府应在城乡社会保障统筹发展的战略框架下进行顶层设计，制定制度目标和框架，同时充分考虑城乡社会保障制度的衔接和转换，使城市社会保障制度的优化和农村社会保障制度的建设相互促进。通过逐步的融合和整合，最终实现城乡社会保障的一体化。

（三）政府主导与责任分担原则

实现社会公正不可避免地需要政府的主导作用。政府具有公共特性，必须承担公共服务和社会管理职能。如果政府不能维护社会公正，其行使公共权力的合法性将受到影响。在秉持社会公正理念下，统筹城乡多层次社会保障同样需坚持政府主导原则。

首先，社会保障被视为公共品或准公共品，存在市场机制失灵情况。因此，只有政府主导，才能确保有效实施。这一原则在中国社会保障的发展中得到验证，保障民生是我们党的核心宗旨，各级政府应承担保障责任。社会保障作为基本制度安排，更成为政府的重大使命。

其次，统筹城乡多层次社会保障目标是实现公民基本社会保障权利，推进城乡基本社会保障均等化。政府的主导作用是实现这些目标基础。在中国，社会保障改革中政府责任曾缺位，个人和家庭责任过于被强调，影响了社会保障的公平性和有效性。

因此，政府的主导作用至关重要。政府需明确自身在制度建设、资金保障、执行落实、监管管理中的主导责任。同时，政府应合理确定市场、企业、社会组织、个人和家庭在多层次社会保障中的责任和分担机制。明确政府主导责任，能引导其他福利供给主体明确责任，确保政策决策的科学性和政策运行的有效性。

（四）可持续原则

统筹城乡多层次社会保障改革是一个渐进的过程，可持续发展是统筹城乡多层次社会保障改革进程得以顺利推进的保证。城乡多层次社会保障制度要实现长期可持续发展，其内在要求体现在以下几方面。一则要有助于实现公民基本社会保障的权利平等和机会均等，建立覆盖全体城乡居民的基本社会保障体系，让全体公民均能够分享社会经济发展的成果。二则应合理控制社会保障的资金成本，实现各项社会保障项目的财务可持续性。对于以政府财政筹资为主的社会保障项目，比如各种社会救助项目，应与各级政府的财政保障能力相一致；对于以各方责任主体缴费作为主要资金来源的社会保险项目，应科学、合理地确定其缴费和给付水平，力求实现制度自身的财务平衡。三则要求提高城乡社会保障制度自身的运行效率，以尽可能低的管理成本提供尽可能高的福利保障。四则统筹城乡多层次社会保障应与我国社会经济的可持续发展之间形成良性互动，包括与我国社会结构转型、经济增长方式转变、社会管理方式转变以及城乡就业结构、就业方式转变之间形成良性互动。

（五）以人为本的原则

以人为本就是以人的需要为本。统筹城乡多层次社会保障应遵循以人为本的原则，其基本内涵体现在两个层面。其一，城乡社会保障制度设计和安排应以满足全体社会成员的基本需要为本，以更好地维护并增进人民的福祉为基本准则。也就是说，我们应改变社会保障制度建设中以国家为本，以强化社会控制为首要目标的状况，通过统筹城乡多层次社会保障改革，满足全体社会成员的基本保障需要，包括基本养老保障、基本医疗保障以及贫困人群的基本生活保障，以实现并维护公民的基本社会保障权利。其二，尊重个体的自由和全面发展。基于个体的禀赋差异，人的需要具有多层次性、多样性。以人为本的原则，就是要求社会保障制度建设应尊重个体的自由和全面发展，通过多层次、多元化的制度设计和安排，允许社会成员在满足基本保障的需要之上，有机会亦有渠道获得有差异的保障。

（六）弹性原则

众所周知，每个国家的社会保障制度都建立在特定时期的特定制度条件之上。当社会、政治、经济、人口结构、文化以及社会价值取向发生变化时，社会保障制度也需要相应调整。然而，作为政府主导的正式制度，社会保障制度的设计和安排应在相当长的时间内保持相对稳定，以维护政府的权威和公信力。因此，政策制定者需要顺应社会经济转型趋势，以发展的眼光和前瞻性视角来规划社会保障制度，以确保其具备开放性、制度弹性和动态可调整性。

在制定社会保障制度时，必须考虑各种变化和挑战。政策制定者应具备适应新形势的能力，不断调整制度，以适应人口结构变化、劳动力市场的动态和社会经济的演变。社会保障制度应具备开放性，能够吸纳不同层面的需求和观点，以更好地满足社会各方面的要求。制定社会保障制度还需要具备制度弹性，以适应不同阶段的需求变化。制度应当能够灵活地适应新的社会情况和问题，确保制度的持续适应性，不会因为外部变化而丧失效力。此外，社会保障制度也应具备动态可调整性。政府应当有能力随时对制度进行调整和改革，以适应变化的情况和需要。这种调整应该基于充分的研究和评估，确保调整的合理性和有效性。

统筹城乡多层次社会保障应遵循弹性原则，其内涵体现在以下几方面。一是社会保障制度不能成为固化社会等级、妨碍社会流动的因素，当城乡居民的社会身份发生改变时，其社会保障权利包括已积累的社会保障权益并不因身份的改变而丧失，其社会保险关系能够方便、快捷地进行转换、转移和接续；二是社会保障制度要为个体的自由选择留有空间；三是社会保障制度设计和安排应注重平衡经济政策与社会政策的关系，当宏观经济运行状况发生改变时，社会保障制度也能相应地进行调整和及时修补，并在一定程度上纠正宏观经济运行的非常态偏离，使之回到正常的轨道上来。

三、统筹城乡多层次社会保障实践的创新模式与选择

（一）合理界定国家、市场、企业、社会组织、家庭和个人在城乡社会保障体系中的责任定位及职能边界，构建多元化、多层次、城乡统筹的社会保障体系

合理界定国家、市场、企业、社会组织、家庭和个人在城乡社会保障体系中的责任定位及职能边界，是统筹城乡多层次社会保障改革的核心与关键。透视西方福利国家改革的历史进程，自第二次世界大战以后，受“贝弗里奇—凯恩斯干预主义”的影响，国家逐渐成为福利供给中的主导甚至是唯一的责任主体，市场、家庭和个人在福利供给中的作用日渐消减。但自20世纪70年代中期以来，根源于西方福利国家宏观经济的不景气，以及新自由主义的复兴和经济全球化的挑战，福利国家模式受到越来越多的质疑，理论研究者和政策制定者都在重新审视单一国家责任主导下的福利供给模式，福利三角范式、福利多元主义理论悄然兴起。无论是福利三角范式，还是福利多元主义理论，其实质均强调福利提供从国家到多元部门的转型。也就是说，国民的福利保障需求，既不能完全依赖于市场，也不能仅仅依靠国家，而是强调福利来源的多元化，即福利来源于国家、市场、企业、各种社会组织、社区和家庭。具体而言，福利多元主义理论纠正了过去过分偏向国家提供福利的看法，强调政府、市场、企业、公民社会组织、社区、家庭和个人等共同承担福利供给责任。这种多元理念建立了多元提供者的福利结构，从过去单一的国家主导福利模式转向更加多元的供给模式。福利多元化改革实践唤起了人们对于福利需求多样性的认识，认识到满足福利需求需要多种渠道，而不是仅仅依赖政府或市场。

特别值得强调的是，政府购买服务的普及使得市场和公民社会组织可以与政

府建立合作关系，成为提供福利的方式之一。这种合作模式扩大了福利的供给渠道，更好地满足不同人群的需求。福利多元主义理念也强调了个人的自主权，鼓励家庭和社区更加积极地参与福利供给和管理。

改革开放以来，中国城乡社会保障制度改革的基本政策取向就是实现福利供给的社会化、多元化。具体来说，改革之前的城乡社会保障体系具有明显的国家负责、单位（集体）包办、城乡分割、封闭运行的制度特征，而改革旨在实现政府主导、责任共担、社会化、多层次的城乡一体化社会保障模式。中国城乡社会保障制度改革30年的经验揭示，统筹城乡多层次社会保障的核心和关键在于合理界定国家、市场、企业、社会组织、家庭与个人在社会保障供给中的责任定位及其各自的职能边界。

1. 国家（体现为政府）在统筹城乡多层次社会保障体系中的责任定位和职能边界

国家的福利功能是现代社会保障制度产生的缘起。工业化的发展对现代民主国家的福利供给功能提出了需要，亦提供了可能。早期的民主国家，政府凭借国家权力，主动介入国民的经济保障领域，借此强化了国家的权威，亦加强了社会控制；现代民主国家，政府通过建立和完善社会保障体系，积极介入社会资源的配置，干预社会财富的分配过程，不仅对“市场失灵”进行了一定程度的修正，而且还力求实现国民的基本社会保障权利平等和机会均等，维护社会公正。因此，国家（体现为政府）在多层次社会保障体系中的责任是不可或缺的。前文述及，建立政府主导、责任分担、社会化、多层次的社会保障体系，是中国统筹城乡多层次社会保障改革的目标所在。那么，如何合理确定政府在多层次社会保障体系中的责任定位和职能边界呢？

总体来看，基于政府的基本属性及其职能定位，政府在统筹城乡多层次社会保障中应当承担起制度建设、资金保障、落地执行、监督管理上的主导性责任。就制度建设而言，政府的主导性责任体现为统一规划，完善城乡社会保障的制度设计和安排，推进社会保障相关立法进程，加快建立覆盖全体城乡居民的基本社会保障体系，并实现城乡社会保障制度的逐步定型。就资金保障而言，政府的主导性责任体现在以下两个方面。一是调整政府财政支出结构，加大政府在基本社会保障项目上的财政投入，主要是继续加大各级政府在城乡居民基本养老保险、城乡居民基本医疗保险、城乡居民医疗救助、城乡居民最低生活保障上的直接财政投入，实现国民的基本社会保障权利平等和机会均等；二是通过税收优惠等间接财政支出的方式鼓励企业和职工向缴费型的社会保险项目供款，鼓励企业和市场经济主体发展各种形式的补充养老保险计划、补充性的健康保险计划，引导和鼓励发展各种形式的民间慈善事业、社区互助保障计划。至于落地执行和监督管理上的主导责任，其着重点在于整合城乡社会保障的经办管理体制，构建城乡一体化的社会保障信息管理平台，强化社会保障运行过程监控。

2. 市场（体现为市场经济主体和市场机制）在统筹城乡多层次社会保障中的责任定位和职能边界

在自由市场经济理念的鼓吹者看来，市场经济本身就能够为大多数国民提供所需的风险保障，政府的福利供给仅应该定位于“拾遗补缺”。但是，市场失灵又推动着政府更广泛、更深入地介入国民的福利保障领域，从而挤压了市场经济在福利供给中的职能边界。政府在福利供给中的某些领域同样存在失灵，这又反过来需要在福利的供给中适度引入市场经济。市场经济主体在统筹城乡多层次社会保障中的责任定位和职能边界应着重于以下两个方面。其一，社会成员基于个人自主和选择性原则，向市场经济主体购买基本保障之外的风险保障产品和服务，而市场经济主体则基于自身价值最大化目标生产并提供符合社会成员个体需求的风险保障产品和服务。也正因为如此，强调市场经济主体在统筹城乡多层次社会保障中的责任定位，更有助于实现社会成员的个体自由和全面发展，满足社会成员的差异化需求，从另一个层面维护了社会公正的价值理念。在统筹城乡多层次社会保障体系中，市场经济主体提供的产品和服务主要包括各种形式的私人养老金计划、商业养老保险产品、商业健康保险产品以及长期护理保险等。其二，通过政府购买服务的方式，市场经济主体积极介入基本社会保障项目的经办管理服务中来。比如，商业保险公司参与新农合、新农保的经办管理服务，以及市场金融机构参与基本养老保险基金的管理服务等。

3. 企业在统筹城乡多层次社会保障中的责任定位和职能边界

在计划经济时代，国有（或集体）企业承担了大量的社会保障职责。前文述及，改革开放之前的中国社会保障制度具有明显的“国家负责、单位（企业）包办”的特征。城镇社会保障制度的独特之处在于其与生产系统的紧密融合。这意味着并非在生产系统之外单独构建一个独立的社会保障体系，而是通过使生产系统本身承担社会保障功能来实现这一目标。这一理念的实质在于城镇社会保障制度与就业之间的密切关联。制度中的受益资格和待遇水平等方面都直接与劳动者的就业状况息息相关，取决于其所在就业单位的所有制结构。伴随市场经济体制的逐步确立，企业的社会保障职能得到了一定程度的消减，社会化成为中国社会保障制度改革的基本政策取向之一。不过，在过去的 10 年里，随着社会和谐发展的呼声越来越高，企业社会责任的概念和理论获得了新的发展，人们又开始重新审视企业社会责任与社会政策之间的关系。尽管关于企业积极履行社会责任的动机在理论解释上莫衷一是，尚无定论，但有一点是肯定的，即企业应该履行社会责任，企业是福利供给中不可缺少的一个责任主体。如果再考虑到中国社会主义的制度形态以及中国企业的所有制结构，我们更没有理由不强调企业在社会保障供给中的责任定位。总体来说，企业在统筹城乡多层次社会保障中的责任定位和职能边界应着重于三点：一是在缴费型的社会保险项目中，按时足额缴纳基本社会保险费；二是积极发展各种职业福利计划，比如企业年金计划、企业补充医疗保险计划，对国家基本社会保障项目形成有效补充；三是积极参与各种慈善捐赠。

4. 社会组织在统筹城乡多层次社会保障中的责任定位和职能边界

就社会保障的供给而言，无论是政府经济还是市场经济，其各自内在的运行方式都决定了“政府失灵”和“市场失灵”不可避免，社会组织（主要是非营利组织）的参与是政府和市场的必要补充。事实上，现代社会保障制度建立之后，非营利组织就以其目标与社会保障目标的一致性、方式上的灵活性、服务的有效性等组织特征，广泛地参与到社会保障事务之中。立足于中国的具体国情和社会保障制度建设的现实约束，社会组织在统筹城乡多层次社会保障中的责任定位和职能边界应着重于三个方面：一是提供多元化的保障服务。各类社会组织特别是非营利组织以其民间性、非营利性、深入社会基层的能力等天然优势，迎合社会成员的不同需求，提供形式多样的保障服务；二是积极介入社会保障资源的传递系统，提高社会保障服务的供给效率与服务质量；三是扩大社会保障的筹资规模，特别是社会救助和社会福利的筹资规模。

5. 家庭和个人在统筹城乡多层次社会保障中的责任定位和职能边界

我们必须认识到，现代社会保障制度的建立，尽管客观上可能确实弱化了家庭保障的功能，但其初衷并非以政府主导下的社会保障完全取代家庭保障，更不能以此作为逃避个人责任的借口。事实上，在西方社会，个人责任是社会保障最基本的原则之一。社会有义务为个人提供保障，同时，社会也有权利促使个人为自身提供生存保障。在中国社会，以血亲、姻亲为纽带的家庭或扩大化的家庭保障一直是非常重要的风险保障途径。因此，统筹城乡多层次社会保障，必须充分重视和发挥传统的家庭保障功能。具体来说，家庭和个人在统筹城乡多层次社会保障中的责任有以下定位：一是在缴费型的社会保险项目中，个人承担相应的缴费责任，包括为家庭的非劳动成员承担缴费责任；二是依托于社区服务体系，承担家庭老人、患病成员的生活照料和精神慰藉等责任；三是家庭成员之间的经济互助。

（二）以缴费型的社会保险为主体，选择性的社会救助和普惠性的社会福利为补充，构建统筹城乡的可持续社会保障体系

正确处理社会保险、社会救助和社会福利三者之间的关系，是我国统筹城乡多层次社会保障中必须加以认真研究和妥善解决的问题。从世界各国社会保障制度改革与发展的经验来看，因制度文化、社会政治经济条件等制度性因素的差异，各国的社会保障模式选择呈现出很大的差异。以德国为代表的大多数国家选择了社会保险为主体的发展模式，英国和加拿大更倾向于建立高度发达的社会福利体系，而澳大利亚、新西兰等国则强化了政府的选择性社会救助项目。究竟哪一种社会保障模式更优，对此我们很难简单地做出一个判断。事实上，一国社会保障的模式选择，必须立足于该国特定的社会、政治、经济、文化背景，包括制度演化的路径依赖、社会群体的价值取向以及传统习俗的影响等。鉴于中国现阶段的基本国情，以及城乡社会保障制度演化的路径依赖，我们主张以缴费型的社会保险为主体，选择性的社会救助和普惠性的社会福利为补充，构建统筹城乡的可持续社会保障体系。

首先，缴费型的社会保险制度建立在保险的技术机制之上，很好地体现了互助共济的原则。保险技术机制的内核是“风险的集中与分散”，即基于大数法则，通过参保人缴费，建立保险基金，并利用积累的保险基金对遭遇特定风险事故的被保险人进行补偿与给付。保险的技术机制是现代社会保险制度产生的重要制度基础。社会保险遵循权利与义务相结合的原则，通过征收社会保险费，建立社会保险基金，为制度覆盖范围内的社会成员提供基本的风险保障。因此，建立在保险技术机制之上的社会保险制度安排，很好地体现了互助共济的原则，实现了社会成员之间的风险分担和个人自助基础上的他助。

其次，缴费型的社会保险制度遵循劳资分责的原则，明确了企业和个人在社会保险中的供款责任，政府往往以提供税收优惠、直接的财政补贴或最终财务责任承担主体的方式承担供款责任。这一方面增强了社会保险制度自身的筹资能力，有助于实现社会保险制度的财务可持续性；另一方面，更为重要的是，社会保险制度的筹资方式，有助于以一种政府财政负担最小化的方式建立覆盖全体城乡居民的社会保障体系。后者对于发展中的中国来说，应该更有现实意义。

最后，强调缴费型的社会保险制度在统筹城乡多层次社会保障体系中的主体地位，并不意味着就可以忽视选择性社会救助以及普惠性社会福利项目的积极作用。社会保险制度自身的运行机制，决定了国家需要发展选择性的社会救助项目以及普惠性的社会福利项目，为那些因各种原因而游离于社会保险制度覆盖范围的社会成员提供基本的或至少是最低的生活保障。因此，建立健全城乡社会救助

体系，特别是城乡居民最低生活保障制度、城乡居民医疗救助制度，以及发展覆盖全体城乡居民的非缴费型老年津贴制度和社区服务，同样也是我国统筹城乡多层次社会保障改革的重点。

（三）重视正式制度安排与非正式制度安排的有机协调

发展多元、多层次的社会保障体系，特别是在城乡统筹方面，展示了当代社会风险管理的决策思路。这一社会风险管理理念最初由世界银行于 1999 年提出，旨在应对全球化对社会发展所带来的挑战。该理念强调采用多种风险控制手段，构建多元的社会风险防范和补偿制度，以一种系统、综合、动态的方式应对不断严峻的社会风险，从而实现经济社会的平衡发展和可持续进展。社会风险管理的制度框架强调综合协调正式制度安排和非正式制度安排在处置社会风险与实现社会稳定方面的重要作用。社会风险管理制度框架中的正式制度安排主要包括政府主导下的各种缴费型社会保险项目、选择性社会救助项目以及普惠性社会福利项目。除此以外，还包括市场经济主体基于市场机制提供的各种风险保障产品。社会风险管理制度框架中的非正式制度安排主要包括传统的家庭保障、邻里和社区互助等形式。

考虑到当今中国社会风险的成因和现实状况，社会风险管理的核心焦点应该是建立制度框架，通过合适的制度安排来调整、协调社会内部的各种关系，提升国家和社会的应对能力，激发各社会行为主体的潜能，共同有效地应对全球性和制度转型所带来的风险。具体而言，首先要增强国家的公共责任和民主治理能力，以维护社会与国家的信任关系，为社会和谐提供基础支持。其次，需要积极培育、完善和壮大市场与公民社会，提升它们的自我组织和自我规范能力，充分发挥市场、家庭和社区在社会风险管理中的作用。因此，统筹城乡社会保障制度时，不仅要注重正式制度的发展，还应充分发挥传统文化、心理和习俗等非正式制度在社会风险自我调控中的潜在价值。只有综合利用正式制度和非正式制度，才能更有效地应对社会风险，并为不同国家的国情寻求适宜的社会保障机制。

第二节　我国统筹城乡多层次社会保障实践的创新性制度构建研究

一、统筹城乡多层次养老保障的创新性制度构建

（一）现阶段我国城乡社会养老保险制度的分立

自中华人民共和国成立以来，中国社会保障制度在城乡二元社会经济结构的

背景下逐步形成，城乡之间出现了两种发展路径，导致城乡社会保障制度之间存在明显的制度性断裂。总体来看，城镇社会保障制度长期以来内嵌于生产系统之中，而非在其外部独立构建，目标是使得生产系统本身具备社会保障功能。这在城镇社会保障制度与就业之间的紧密联系中体现，涉及受益资格和待遇水平，都与劳动者的就业状态及其所在单位的所有制结构有关。相反地，农村社会保障制度长期依赖于土地的经济保障功能，形成了以家庭保障为核心，国家和集体提供自然灾害救助和生活困难救助为辅助的制度模式。改革开放以来，伴随我国社会主义市场经济体制的逐步确立，城乡社会保障制度亦同步进行了多番改革探索。中国城乡社会保障制度的改革并非一蹴而就，探索之路充满曲折和艰辛。城乡养老保险制度的改革之路亦是如此。就城乡社会养老保险制度建设现状而言，城乡社会养老保险制度分设和分立的状况并没有得到根本改变。具体体现为以下几个方面。

1. 制度模式上的分立

自 1993 年提出“社会统筹与个人账户相结合”的城镇企业职工基本养老保险制度模式以来，城镇企业职工基本养老保险制度设计虽几经调整和完善，但始终坚持了“社会统筹与个人账户相结合”的制度模式。“统账结合”的城镇企业职工基本养老保险制度设计，既实现了企业退休职工养老负担一定程度上的均衡，又有助于激励参保职工自我积累、自我保障。而新农保和城镇居民社会养老保险制度，虽然均强调要实行“社会统筹与个人账户相结合”的制度形式，但究其实质而言，无外乎是政府财政转移支付的非缴费型养老金计划与基金积累制个人账户养老金计划的简单叠加，其制度设计并没有体现出城乡居民养老风险的共济互助。

2. 参保对象资格认定上的分立

我国现行的养老保障制度依参保人的职业、户籍身份不同而分设，在制度设计上呈现出碎片化的趋势。城镇企业职工基本养老保险制度的参保对象主要针对城镇各类企业职工，正规部门就业的企业职工基本上是强制参保的，城镇个体工商户和灵活就业人群则自愿参加；机关公务员和事业单位职工主体上仍旧实行另成体系的退休养老制度；新农保的参保对象范围主要涵盖年满 16 周岁（不包括在校学生）的未参加城镇企业职工基本养老保险制度的农村居民，他们可以自愿选择在户籍地参保。而城镇居民社会养老保险制度的参保对象则专门针对城镇非从业居民，同样限定年满 16 周岁（不包括在校学生），且不符合职工基本养老保险参保条件的人群，他们也可以在户籍地自愿选择参保。对于流动就业的农民工和被征地农民，以往的实施方式要么是将他们纳入城镇企业职工基本养老保险制度，要么是建立独立的封闭综合保险制度来确保他们的保障需求。

3. 筹资机制上的分立

机关公务员和事业单位职工的退休养老制度主体上仍旧还是由政府财政拨款单方面筹资。城镇企业职工基本养老保险制度遵循三方付费的原则，企业按其上年度在岗职工工资总额的 20% 缴费，企业缴费全部进入社会统筹账户，形成社会统筹基金；个人按其上年度月平均工资的 8% 缴费，个人缴费记入个人账户；城镇个体工商户和灵活就业人员按统筹地上年度在岗职工平均工资的 20% 缴费，其中 8% 记入个人账户，12% 划入社会统筹基金；政府对企业和个人缴费均提供税收优惠，并对城镇企业职工基本养老保险制度的稳定运行承担最终财务责任。

根据《中华人民共和国社会保险法》第三条规定，参加职工基本养老保险的个人达到法定退休年龄后，累计缴费不足十五年（含依照第二条规定延长缴费）的，可以申请转入户籍所在地新农保或者城镇居民社会养老保险，享受相应的养老保险待遇。

参加职工基本养老保险的个人达到法定退休年龄后，累计缴费不足十五年（含依照第二条规定延长缴费），且未转入新农保或者城镇居民社会养老保险的，个人可以书面申请终止职工基本养老保险关系。社会保险经办机构收到申请后，应当书面告知其转入新农保或者城镇居民社会养老保险的权利以及终止职工基本养老保险关系的后果，经本人书面确认后，终止其职工基本养老保险关系，并将个人账户储存额一次性支付给本人。

新农保的缴费标准采取自主选择缴费、政府补贴和个人多缴多得的原则。缴费标准涵盖缴费档次、各档次的政府或集体补贴、参保年龄等要素。个人根据每年 100 元、200 元、300 元、400 元、500 元、600 元、700 元、800 元、900 元、1000 元、1100 元、1200 元等 12 个档次进行自主选择，并实行多缴多得原则。此外，地方还可根据实际情况增设缴费档次。在集体补助方面，有条件的村集体应为参保人提供缴费补助，补助标准由村民委员会召开村民会议民主确定。另外，鼓励其他经济组织、社会公益组织和个人为参保人的缴费提供资助。国家将根据农村居民人均纯收入增长等情况适时调整缴费档次。

4. 养老金待遇领取条件和养老金待遇计发办法上的分立

根据现行城镇企业职工基本养老保险制度标准，参保人领取养老金待遇需要满足两个条件：达到法定退休年龄并办理退休手续；缴费年限（含视同缴费年限）满 15 年。法定退休年龄女性工人为 50 岁，女性干部为 55 岁，男性职工统一为 60 岁，并明确了提前退休的各种具体情形。企业职工退休后的养老金待遇遵循“老人老办法，新人新制度，中人逐步过渡”的办法计发养老金。退休时的基础养老金月标准计算方法如下：首先，以统筹地上年度在岗职工月平均工资和个人指数化月平均缴费工资的平均值作为基数；然后，根据缴费年限，每满1年缴费发放1%的养老金。这意味着，职工的实际缴费年限越长，其基础养老金月标准也就越高。

个人账户养老金月标准的计算方式是根据个人账户储存额和计发月数来确定。具体计算公式为：个人账户养老金月标准＝个人账户储存额/计发月数。计发月数是根据多个因素综合考虑确定的，包括职工退休时城镇人口平均预期寿命、个人退休年龄以及个人账户的积累利息等因素。需要特别注意的是，退休养老金的具体计算标准可能因地区、政策等因素而有所不同，而且养老金的发放也可能会受到各种因素的调整和影响。如果您想获取更详细、准确的信息，建议查阅相关法律法规和政策文件，或者咨询当地相关部门。

5. 基金管理层次的分立

从多个角度分析目前我国养老保险基金运行的整体情况：

首先，基金收支保持平衡。在企业职工基本养老保险基金中，整年的收支基本保持平衡，这反映了基金的运行相对稳定。基金的收支平衡是保证养老金按时足额支付的基础。其次，基金调剂机制发挥作用。为解决基金分布不均的问题，我国实施了基金中央调剂制度。在此基础上，2022年全国范围内启动了统筹制度，这进一步加大了基金调剂力度，有助于平衡不同地区之间的养老保险基金压力。再次，财政投入持续增加。中央财政对养老保险的补助持续增加，地方财政也建立了长期投入机制，这表明政府在保障养老金发放方面的投入力度在持续加大，有助于确保养老金的稳定发放。最后，社会保障基金不断扩大。全国社会保障基金的规模在不断扩大，同时，划转国有资本充实社会保障基金的工作已经完成，这为养老金发放提供了长远的储备基础。这些举措有助于保障养老金的可持续性和稳定性。

上述我国城乡社会养老保险制度分立的种种表象，诸如筹资机制以及养老金待遇水平上的差异，在现阶段具有相当合理性，毕竟中国城乡二元社会经济结构并非朝夕之间就可以彻底消除的，统筹城乡养老保障制度改革将是一个长期的过程。但是，根源于城乡养老保障制度设计上的分设和分立，客观上亦不能适应中国快速城镇化、工业化的发展需要，不能适应中国社会管理方式转变的现实需要。有鉴于此，统筹城乡养老保障制度改革，需要在制度设计之初就具备城乡统筹发展的战略意识，统一规划，城乡双向推进，通过城乡养老保障制度的逐步“并轨”和全面“整合”，实现城乡养老保障制度的一体化目标。

（二）统筹城乡多层次养老保障制度的创新性制度框架设计

为实现城乡养老保障制度的统筹发展和可持续性，中国改革应遵循社会公正，平衡制度结构灵活性，实现城乡养老保障制度的公平与效率。城乡养老保障制度需平衡以下要点：首先，建立覆盖全体城乡居民的社会养老保险，确保老有所养，提供稳定合理的老年收入。其次，预防老年贫困，减少贫困风险。建立缴费与养老金待遇的合理关系，为参保者提供适当的养老金替代。此外，提升城乡养老保障制度财务状况，增加运行效率。建立与经济增长互动的机制，使养老保障成为经济发展支持。制度应开放、有弹性，适应变化。总之，中国的城乡养老保障改革应基于国情，借鉴国际经验，建立以缴费型养老保险为主、非缴费型养老金为辅的制度，融合经济和服务保障，覆盖城乡，统一结构，多层次多元化。

1. 建立适度集中、有序组合的多元化、多层次养老保障制度体系

建立适度集中、有序组合的多元化、多层次养老保障制度体系的目的是覆盖全体城乡居民，从而实现人人都能在老年阶段得到适当养老支持的改革目标。

统筹城乡养老保障制度改革的首要目标是建立覆盖全体城乡居民的社会养老保险制度，实现人人老有所养，为全体老年人提供稳定而合理的老年收入保障，从而有效预防老年贫困，降低老年群体的贫困发生率。透视国际养老保障制度改革的实践经验。我们可以发现，通过发展多元化、多层次的养老保障制度体系来覆盖全体城乡居民，实现人人老有所养，是国际养老保障制度改革的基本政策取向。

进一步分析显示，多元化、多层次的养老保障制度体系符合福利多元化的社会政策供给模式的内在需求。这种模式强调根据不同群体的需求提供不同形式的福利，适应个体差异。同时，这也反映了现代社会风险管理的决策方法，即在面对多样化的风险时，采取多层次、多策略的方式进行管理，以提高风险应对的效能。而且，通过发展多元化、多层次的养老保障制度体系，有助于合理界定政府、市场组织、企业、个人及家庭以及各类社会公益组织在养老保障中的责任定位，充分发挥个人及家庭、企业、市场组织和各类社会公益组织在解决养老保障问题中的积极作用。立足于中国城乡养老保障制度建设的具体实践，尽管基于中国现阶段城乡之间、地区之间社会经济发展不平衡的现实国情，以及因历史和现实多重因素的制约，不同群体之间的养老金待遇差距较大的格局也非短期内可以改变，使得城乡之间、地区之间、不同社会群体之间的养老保障制度呈现分立状态具有相当的现实合理性，但现阶段多元化的养老保障制度体系存在过度分割、相对封闭、杂乱无序且漏洞较大等问题，则有违社会公正的核心价值理念，而且也不能适应我国劳动力市场就业结构和就业方式变化的需要。有鉴于此，建立适度集中、

有序组合的多元化、多层次养老保障制度体系，以覆盖全体城乡居民，实现人人老有所养，势必将成为中国可持续城乡养老保障制度改革的首要目标。

进一步的分析显示，多元化、多层次的养老保障制度体系符合福利多元化的社会政策供给模式的内在要求。这一模式认可社会成员的多样性，主张根据不同需求提供不同层次、形式的福利。养老保障的复杂性与这种模式相呼应，要求为不同年龄、职业、地区的个体提供量身定制的保障方案。此外，这一体系还体现了当代风险管理的决策思路。在风险多变且多样化的背景下，采取多层次、多策略的方法来进行风险管理被认为更为有效。将这种思想应用于养老保障，有助于更好地应对个体的不确定性，确保养老金获得稳定增长。同时，这种制度体系有助于在养老保障中平衡公平与效率。通过设置不同层次的保障，可以照顾到社会中不同收入和需求水平的人群，减少社会贫富差距，实现社会公平。与此同时，通过多样的制度设计，养老保障制度可以更精准地满足个体需求，提高效率，避免资源浪费。

第一层次，政府财政预算筹资、覆盖全体城乡居民的非缴费型老年津贴制度，旨在针对因各种原因未能参加缴费型基本养老保险制度的城乡居民，提供最低限度的老年收入保障。此举的目标是预防老年贫困，有效减少老年人口中的贫困发生率。覆盖城乡居民的非缴费型老年津贴制度在我国多元化、多层次的养老保障制度体系中居于补充性地位，并建立在适当的家庭经济状况调查基础之上。城乡居民非缴费型老年津贴制度采取政府财政预算、多级财政分担的筹资方式，而具体的业务管理则适合地方政府负责。为尽可能减少其对城乡居民参保缴费型基本养老保险制度的负向激励，非缴费型老年津贴的给付水平应低于各种缴费型社会养老保险制度的最低养老金待遇水平。伴随新农保、城镇居民社会养老保险制度以及职工基本养老保险制度覆盖面扩展，非缴费型老年津贴制度的受益人群必将逐渐减少。对此，政府可考虑推进相关制度的整合，即将城乡居民的非缴费型老年津贴制度与现行城乡居民最低生活保障制度、计划生育夫妇的老年津贴制度、对符合优抚条件的老人发放优抚金的制度以及针对残疾老人发放特别救济金的制度等整合起来，形成一个统一的、针对城乡居民的非缴费型老年津贴制度，以减少管理主体和管理环节，降低制度运行的管理成本，提高管理绩效。当然，经整合后的老年津贴制度，其发放的老年津贴应当由一般津贴和特殊津贴两部分组成。一般津贴是指符合年龄条件、收入条件且未享受城镇职工基本养老金待遇以及城乡居民基本养老金待遇的城乡老年人都可以领取的老年津贴，其待遇水平实行均一制，以体现社会公平原则；特殊津贴则是针对符合某些特殊条件的老年人发放的津贴，比如残疾老人、孤寡老人、特困家庭的老人、计划生育夫妇的适龄老人等，其核心是承认老年群体的身份差异、实现社会公正的价值取向。

第二层次，涵盖了现收现付制与基金积累制相结合的缴费型基本养老保险制度，包括城镇职工基本养老保险、城镇居民社会养老保险以及新农保。此阶段的重点在于整合城镇居民和新型农村养老保险，形成城乡居民基本养老保险制度。同时，政府还会推进公职人员和事业单位职工退休养老制度改革，建立公职人员基本养老保险制度。最终，我国将建立“三险一贴”城乡养老保障体系，包括城乡居民基本养老保险、公职人员基本养老保险和职工基本养老保险，辅之以城乡居民非缴费型老年津贴制度。这将实现统一的国民基本养老保险制度。在这一层次，各种养老保险制度遵循政府主导、责任分担、互助共济的原则，采用“社会统筹与个人账户”相结合的模式。这种模式能够为城乡劳动者提供基本的老年收入保障，实现养老金收入替代。这一层次构成了我国养老保障制度体系的核心。强调发展缴费型基本养老保险制度，是因为它能够更好地平衡权利与义务，实现责任分担，激励和约束参保人，确保养老保险制度的可持续发展。

第三层次，各种形式的职业年金计划，主要包括公职人员的年功年金、企业年金。这一层次的职业年金计划均遵循政府引导、雇主责任（抑或劳资分责）、自主举办的原则，旨在提高退休员工的养老金待遇水平，激发在职职工的工作积极性，其对缴费型基本养老保险制度形成重要补充。

第四层次，各种商业性的养老保险计划或个人养老储蓄计划。这一层次的养老金计划完全遵循商业性原则，由个人购买，市场私人机构提供相应产品，政府可以给予某些优惠政策，并承担维护市场稳定以及促进市场有序、规范发展的责任。该层次的养老金计划旨在进一步提高个人的老年收入保障水平，改善老年生活质量。

第五层次，家庭、社区以及社会公益组织提供的各种非正式的养老保障制度安排。这一层次的养老保障制度安排旨在提供老年服务保障和精神慰藉，以使得每一个老年人均能够颐养天年，从而有效地弥补正式的养老保险制度安排在提供老年服务保障、精神慰藉方面的先天不足。

2. 建立多元化、多层次养老保障体系涉及多方面措施

首先，进一步优化城镇企业职工基本养老保险制度、新农保以及城镇居民社会养老保险制度。这将有助于加强各项制度的适应性和可持续性。其次，迅速推进机关公务员和事业单位职工退休养老制度改革，以使制度更加现代化，适应时代发展的需要。最终，目标是建立一个覆盖全体城乡居民、基本结构一致、并合理结合现收现付制和基金积累制的缴费型基本养老保险制度。这样的制度设计将

兼具稳定性和可持续性，为广大民众提供更可靠的养老保障。

建立现收现付制和基金积累制适度结合的缴费型养老保险制度，是国际养老保险制度改革的一重要方向。经济学分析显示，这种制度能平衡公平与效率，既考虑代际公平，又提升外部经济效益。它维持养老金稳定，提升管理效率，增强老龄化应对能力。此外，转型成本减少，有助于改革顺利推进。这种设计不仅在国际范围启示深远，也在理论和实践上兼具多重优势，为养老保险制度的改革和可持续发展提供有益参考。

中国目前城乡社会养老保险制度存在制度分割、过度分隔、相对封闭、杂乱无序等问题，不利于可持续发展。要结合中国的社会经济背景和养老保险制度的演进路径，创新性地构建一个覆盖城乡居民、统一基本结构、合理整合现收现付制和基金积累制的缴费型基本养老保险制度。这一制度构建过程中，应坚持政府主导、责任分担、互助共济原则，适当结合现收现付制和基金积累制，合理规定政府、雇主和个人在基本养老保险制度中的责任。尽管当前我国难以建立全国性的国民基本养老保险制度，但根据不同群体的劳动特点，建立适应性的基本养老保险制度，包括城乡居民基本养老保险、职工基本养老保险和公职人员基本养老保险是可行的。然而，随着社会结构和劳动市场的演变，为适应社会变革，不同群体的缴费型基本养老保险制度应实现基本结构的统一。这包括采用“社会统筹与个人账户”相结合的制度结构，其中社会统筹部分采用现收现付制融资，个人账户部分采用基金积累制融资，个人账户实账运行。通过全国统筹基础养老金，有助于增加基本养老保险制度的可携带性，解决不同群体之间的养老保险转移和衔接问题。

目前，构建城乡基本养老保险制度的工作应集中在以下几个方面。

（1）进一步优化城镇企业职工基本养老保险制度，逐步构建一个覆盖不同企业职工、以政府主导、劳资共同分担责任、互助共济、社会统筹与个人账户相结合的制度。在这一制度中，个人账户将实现实账运行，同时基础养老金实现全国范围内的统一管理。

首先，打破城乡分割、企业所有制分割以及人群身份分割的格局，将现行城镇企业职工基本养老保险制度的覆盖面进一步扩展至包括城乡各类企业职工、社会团体从业人员、民办非企业单位从业人员、其他劳动合同制下的劳动者，同时鼓励个体工商户、私营企业主以及自雇职业者等群体参加职工基本养老保险制度。扩大职工基本养老保险制度覆盖面的关键，是将正规部门就业的劳动者（包括正规部门雇用的非正式职工）以及雇用员工人数在一定规模以上的非正规部门就业的劳动者强制性纳入职工基本养老保险制度的覆盖面。特别是对于乡镇企业员工和进城务工人员而言，应根据他们的劳动关系将其纳入职工基本养老保险体系，以扩大保险制度的覆盖范围。同时，为了解决乡镇企业员工和进城务工人员在养老保险方面的转移和衔接问题，可以建立职工基本养老保险制度与城乡居民基本养老保险制度之间的衔接机制。此外，实现基础养老金的全国统筹也是一个解决方案，通过统一的制度来确保养老金的公平分配。

其次，建议遵循政府主导、劳资分责、互助共济的原则，对职工基本养老保险制度进行进一步完善。在筹资机制方面，可以进行调整，同时完善个人账户的积累规模。在这一过程中，要实现个人账户的实际运作，确保养老保险制度更加健全。在各国普遍采用的缴费型养老保险制度中，政府主导、劳资分责、互助共济的原则被认为是重要的资金筹集途径。在中国，政府主导的概念不仅仅体现在制度的建立和监督上，还应包括对养老保险制度的财政支持责任。特别是在从现行的现收现付制向更为综合的资金积累制转变的过程中，政府应当承担主要的成本转移责任，以确保养老保险制度的顺利过渡。而“劳资分责、互助共济”也就是要求改革现行城镇企业职工基本养老保险制度的筹资方式，由劳资双方平等分担基本养老保险制度的缴费义务，参保职工个人缴费中的大部分应当进入社会统筹基金，小部分记入个人账户。如此调整职工基本养老保险制度的筹资方式，将有助于更好地实现基本养老保险制度中的互助共济原则，更有助于实现代际分配公平。此外，为鼓励进城务工人员、乡镇企业职工、部分收入较低的灵活就业人员参加职工基本养老保险，可在缴费基数、缴费率上设置不同档次，由参保人自主选择，其退休后的基本养老金待遇水平相应有所下降。

再次，职工基本养老保险应继续坚持“社会统筹与个人账户”相结合的基本制度结构，政府需要在调整个人账户积累规模的基础之上，全面做实个人账户，实现职工基本养老保险个人账户的实账运行。反对做实个人账户改革的人认为，维持现行城镇企业职工基本养老保险制度个人账户“空账”运行，并将之改造为“名义账户制”的养老保险制度，亦不失为中国养老保险制度改革的一种适宜选择或过渡性的制度安排。持这种观点的人认为，名义账户制的养老保险制度能够很好地解决中国养老保险制度改革的转轨成本问题，避免养老保险制度改革过程中的“隐性债务”显性化问题。另外，名义账户制的养老保险制度更适合中国资本市场的发展现状。统筹城乡养老保障制度改革，在制度设计之初，对于诸如此类的观点将不得不慎重。诚然，相比较于现收现付制待遇确定型养老保险制度，名义账户制的养老保险制度强化了缴费与养老金待遇之间的关联，增强了积累养老金权益的可携带性，其更有助于增加个人的劳动供给、鼓励劳动者延迟退休、改善劳动力市场的流动性。此外，名义账户制度作为一种特有的养老保险制度，具备独特的内在机制，使其能够灵活适应人口结构和宏观经济状况的变化，从而自动地调整养老金的发放水平。这一特点有助于确保养老保险制度在长期内保持财务平衡。但是，我们同样必须清醒地认识到，名义账户制养老保险制度本质上还是建立在现收现付制的融资机制上，其并不能从根本上解决中国日益加速发展的人口老龄化对未来养老金支付所带来的压力。进而言之，虽然名义账户制养老保险制度特有的内在机制有助于实现养老保险制度的长期财务平衡，但这种长期财务平衡是以退休人口可获得的养老金的收入替代率波动为代价来实现的。而且，自2001年以来，做实城镇企业职工基本养老保险制度的个人账户试点改革已经逐步扩展至全国近半数的省（自治区、直辖市），做实个人账户已经成为中国养老保险制度改革的基本路径依赖。至于因全面推进做实个人账户改革而带来的养老保险制度隐性债务显性化问题，在扩展职工基本养老保险制度的覆盖面、降低制度内的抚养比、调整职工基本养老保险制度的筹资机制、调低个人账户的积累规模以及逐步提高退休年龄等整体改革的基础上，养老保险制度改革的转轨成本总体规模并不会太大，以中国经济持续高速增长以及国家财政实力持续大幅度增强的发展态势来看，解决养老保险制度改革的转轨成本并非一个难以逾越的障碍。此外，中国资本市场的发展现状并不能成为反对做实个人账户改革的理由。

因此，全面做实个人账户，实现职工基本养老保险制度个人账户的实账运行，应该是中国统筹城乡养老保障制度改革的适宜选择。当然，在全面做实个人账户的同时，国家应该尽快制定并出台基本养老保险制度个人账户积累基金投资运营的具体办法，并建立有效的政府监管体制，以实现个人账户积累基金的保值增值。

最后，推进基础养老金全国统筹。所谓基础养老金全国统筹，其核心在于养老统筹基金在全国范围内统收统支，其实质性内容包括：统一缴费基数（均按企业和个人的实际工资水平或当地社会平均工资水平缴纳基本养老保险费）、要实现统一的城镇职工基本养老保险制度，需要统一各个方面的要素，如缴费率、劳资分担比例、基础养老金计发规则、基金管理、经办机构、业务规程和信息系统等。其中，全国范围内的基础养老金统筹变得尤为迫切，因为它有助于解决劳动力流动对养老金权益转移所带来的问题。此举将促进劳动力市场流动性，推动形成统一的劳动力市场，并更有效地分配劳动力资源。另外，全国统筹还可以确保企业缴费率的一致性，为企业竞争创造公平的环境。此外，全国统筹还能提高基本养老保险制度的公平性和有效性，实现不同地区和不同收入水平群体之间责任的公平分担。此举将最大化基本养老保险基金的使用效益，推动基本养老保险制度实现自我平衡和完善。

实现基础养老金全国统筹，需要妥善解决两个关键问题：一是统筹基金的来源；二是基础养老金的计发办法。针对第一个问题，我们认为统筹基金主要来源于中央财政补贴、用人单位的全部缴费和参保个人的部分缴费，亦可考虑动用全国社会保障基金弥补统筹基金的不足。至于全国统筹后原属于地方管理的统筹基金，可全部留归地方，用于建立地方附加养老金、做实基本养老保险个人账户。中央财政对中西部财政困难省份，可通过转移支付部分分担做实基本养老保险个人账户所需要的资金。对于第二个问题，我们主张参保职工退休后的基础养老金应该根据本人指数化的月平均缴费工资计发，建立基础养老金与个人缴费工资水平、缴费年限的动态关联机制。

（2）基于事业单位分类改革，推进机关事业单位退休养老制度改革，引入公职人员基本养老保险制度和年功年金制度。

机关事业单位职工养老保险制度改革的主要思路是：在事业单位分类改革和公职人员工资制度改革的基础上，将国家机关公务员和公立事业单位的员工纳入公职人员基本养老保险制度和年功年金制度，同时将非公立事业单位的员工纳入职工基本养老保险制度。

这一改革措施的目的在于实现更为统一和公平的养老保障体系。通过将国家机关公务员和公立事业单位职工纳入公职人员基本养老保险制度，以及采用年功年金制度，可以更好地满足公职人员的养老需求，充分体现他们在国家和社会中的特殊地位。同时，将非公立事业单位职工纳入职工基本养老保险制度，有助于弥补不同行业、不同性质单位之间的养老保障差异，确保更广泛的劳动人群都能够享受到基本的养老保障。也就是说，公职人员基本养老金制度的覆盖范围，应当包括适用《中华人民共和国公务员法》的党委政府、人大、政协、法院、检察院、民主党派等国家机关的工作人员，还应当包括公立机构的教育工作者、医疗卫生工作者、科技工作者以及现役军人、武装警察等。为实现基本养老保险制度的结构统一，公职人员基本养老保险制度同样应当采用“社会统筹与个人账户”相结合的制度结构，实现现收现付制与基金积累制的适度结合，社会统筹基金来自政府财政预算拨款（中央与省级财政分级负责）以及个人缴费的一部分，个人账户基金则完全来自公职人员个人缴费。为体现劳资分责、互助共济的原则，实现代际分配公平，公职人员应当承担缴费责任，部分缴费记入个人账户，个人缴费的其余部分记入统筹基金账户，统筹基金实现全国统筹。退休公职人员获得的基本养老金同样包括基础养老金和个人账户养老金，基础养老金来自统筹基金，实行与物价指数挂钩的调整机制；个人账户养老金来自个人账户基金。在公职人员基本养老保险制度中，政府向统筹基金供款体现的主要是雇主责任。除了基本养老金，公职人员还可获得年功年金作为其退休收入的有力补充。公职人员的年功年金可根据公职人员的服务年限、工作岗位、行政或专业级别、年度考核结果，每年计算一定的年功绩点并逐年积累，待其退休时一次性计发。年功年金的资金来自于政府财政预算拨款，并同样由中央和省级财政分级负责。

（3）在完善农村社会养老保险和城镇居民社会养老保险的基础上，推动试点方案的整合，建立全面覆盖城乡居民、结合社会统筹和个人账户的新型城乡居民基本养老保险制度。

贯彻“保基本、广覆盖、有弹性、可持续”的基本原则，完善并整合现行新农保和城镇居民社会养老保险试点方案，建立覆盖全体城乡居民、基本结构全国统一、具体业务分级管理的城乡居民基本养老保险制度，是当前我国统筹城乡养老保障制度改革亟待重点推进的工作。具体来说，当前统筹城乡居民基本养老保险制度应着力于以下工作。首先，将现行的新农保和城镇居民社会养老保险试点方案整合成城乡居民基本养老保险制度。城乡居民基本养老保险制度的结构应实现全国统一，并充分考虑与职工基本养老保险制度的衔接。也就是说，为适应中国工业化、城镇化发展背景下农民向工人、市民的转化以及城乡居民跨地区迁移日益发展的趋势，城乡居民基本养老保险制度的基本结构应实现全国统一，即统一采用“社会统筹与个人账户”相结合的制度模式，便于与职工基本养老保险制度实现对接。个人账户基金来自于城乡居民个人缴费、集体补助以及其他经济组织、社会组织和个人为参保人缴费提供的资助。个人账户实行基金完全积累制，并明确个人账户基金的私人产权属性，参保人对个人账户积累基金拥有既得受益权。社会统筹基金则主要来自于各级财政补贴，实行现收现付制。政府对城乡居民基本养老保险制度的供款可视为政府履行特殊雇主的责任。其次，调整现行财政补贴的方式，即将地方政府对城乡居民基本养老保险的补贴由缴费环节调整为待遇支付环节。按现行新农保和城镇居民社会养老保险的试点方案，地方政府对参保人的缴费给予补贴，并全部记入个人账户。显然，这种制度设计确实有助于当前激励城乡居民参加社会养老保险，但却增加了个人账户积累基金保值增值的压力，而且也加重了当前地方政府的财政支付压力。因此，我们认为，应调整现行财政补贴的方式，将地方政府对城乡居民基本养老保险制度的补贴由缴费环节调整为待遇支付环节，地方政府的财政补贴与中央政府的财政补助资金均进入社会统筹基金，用于提高现行基础养老金的给付水平。同时，将基础养老金的给付水平与参保人的缴费水平以及缴费年限建立关联，以增强城乡居民的缴费激励性。最后，提高城乡居民基本养老保险基金的管理层次，城乡居民基本养老保险基金直接实行省级管理（条件成熟时亦可考虑将城乡居民基本养老保险制度中的基础养老金实现全国统筹），并将城乡居民基本养老保险个人账户基金统一纳入职工基本养老保险个人账户积累基金的管理体系，以提高城乡居民基本养老保险个人账户基金的管理绩效。

（三）重视培育良好的制度环境，加快养老金市场的发展

前文述及，合理界定国家、市场、企业、社会组织、家庭和个人在城乡社会保障体系中的责任定位及职能边界，是统筹城乡多层次社会保障改革的核心与关键。有鉴于此，在优化缴费型基本养老保险制度设计的同时，政府应当高度重视培育良好的制度环境，加快养老金市场的发展。而加快养老金市场的发展，重点是推进企业年金计划、商业养老保险计划和个人养老储蓄计划的发展。立足于现阶段中国社会经济发展的状况，加快养老金市场的发展，应着力于围绕下列几个要点来培育良好的制度环境。首先，调整收入分配结构，增加城乡居民的当期可支配收入，这是推进养老金市场快速发展的源泉；其次，优化缴费型基本养老保险制度，适时降低基本养老保险的缴费水平和基本养老金的待遇水平，为养老金市场预留发展空间；再次，规范并落实企业年金、商业养老保险和个人养老储蓄的税收优惠政策，激励职工、城乡居民参加或购买各种形式的养老金计划；最后，推动养老金产品创新，发展各种形式的企业年金计划、商业养老保险计划和个人养老储蓄计划，并加强养老金市场的监管，确保养老金市场规范、稳定和可持续发展。

（四）通过经济保障与服务保障相结合，提高养老保障质量

各类养老保险制度旨在解决老年人的经济保障问题，但要真正实现老有所养，必须建立健全的养老服务体系。特别是随着人口老龄化的加速，家庭结构的小型化，以及女性在劳动力市场中的增加，仅有养老金收入的支持是不足以维持老年人的生活质量的。因此，在推进城乡居民养老保险制度的建设的同时，我国应紧密关注老年服务保障的发展。

国家应大力发展老年服务产业，形成一个公助民办、官民合作的格局，构建以居家养老和社区照料为主体，同时也涵盖各类机构养老的全面老年服务保障体系。

在这一进程中，国家需要积极培养老年专业护理人才，建立专业护理员队伍。同时，还应引导和发挥家庭在老年服务保障和精神慰藉方面的重要作用，持续提高老年人的生活质量，确保每位老年人都能够过上有尊严的晚年生活。

二、统筹城乡基本医疗保障的创新性制度构建

（一）我国现阶段多元并存的城乡基本医疗保障体系

改革开放四十多年来，中国城乡医疗保障体系始终处于不断改革调整的过程

之中。截至目前，我国已初步构建了覆盖城乡的“三险一助”基本医疗保障体系。这一体系包括针对城镇职工的基本医疗保险制度，面向城镇非就业居民的城镇居民基本医疗保险制度，以及农村居民的新型农村合作医疗保险制度，还有覆盖全体城乡居民的医疗救助制度。在制度建设层面，“三险一助”的城乡基本医疗保障体系已经基本覆盖了国民，理论上每个人都可以选择适合自己的医疗保险计划，或在需要时通过医疗救助获得基本医疗保障。但是，我们也应该看到，现阶段我国多元并存的城乡基本医疗保障体系，在参保对象的资格认定标准、筹资机制、补偿机制、统筹层次、经办服务等方面均存在诸多差异，城乡基本医疗保障体系呈现出多元分割与“碎片化”的状况。城乡基本医疗保障制度的多元分割与“碎片化”，客观上不能满足城乡统筹发展的现实需要，无法适应中国快速城镇化、工业化的发展要求，也不利于通过社会互济来分散风险、保持医疗保险基金财务的稳健性和可持续性，从而将直接降低医疗保险制度运行的效率。

1. 参保对象

我国现阶段城乡基本医疗保障制度的参保对象范围主要根据职业、就业部门和户籍身份等多重标准来确定。城镇所有用人单位，包括不同性质的企业（国有、集体、外资、私营等）、机关、事业单位、社会团体、民办非企业单位及其职工，必须加入城镇职工基本医疗保险。而乡村企业及员工、城镇个体经济组织业主及从业人员是否纳入城镇职工基本医疗保险，由各省、自治区、直辖市人民政府决定。此外，部分地区仍保留着机关事业单位的公费医疗制度，与城镇职工基本医疗保险制度分隔运行。至于城镇非就业居民，包括中小学生、少年儿童和其他非就业城镇居民，主要采取家庭缴费的方式，自愿选择参加城镇居民基本医疗保险。农村居民则以家庭为单位自愿参保新农合。而城乡医疗救助制度则覆盖城乡低保对象或低收入群体中需要救助者。

2. 筹资机制

城镇职工基本医疗保险基金的筹资来源于用人单位和在职职工的共同缴纳。用人单位的缴费率大致为工资总额的 6%，而在职职工的缴费率则约为本人工资的 2%。退休职工无需支付基本医疗保险费。在城镇职工基本医疗保险基金中，采用了社会统筹与个人账户相结合的模式。职工个人缴纳的基本医疗保险费全部存入个人账户。用人单位缴纳的基本医疗保险费分为两部分，一部分用于建立医疗统筹基金，另一部分则划入个人账户。划入个人账户的比例通常为用人单位缴费的 30% 左右，实际比例会因统筹地区根据个人账户支付范围和职工年龄等因素的不同而有所调整。

城镇居民基本医疗保险以家庭缴费为主，政府予以适当补助，有税收鼓励政策，60岁以上的老年人仍旧需要缴费参保。新农合实行个人缴费、集体扶持和政府资助相结合的筹资机制，60岁以上的老年人需要缴费参保。地方增加的资金，应以省级财政承担为主，尽量减少困难县（市、区）的负担。城乡居民医疗救助资金由财政预算拨款、专项彩票公益金、社会捐助等渠道筹集，地方财政每年安排救助资金，中央和省级财政对困难地区给予适当补助。

3. 补偿机制

就保障范围而言，城镇职工基本医疗保险一般按照“板块式”的方式偿付医疗费用，即个人医疗账户主要用于支付门诊医疗费用、定点零售药店自行购药费用以及住院医疗费用中应由参保患者负担的费用；医疗统筹基金主要偿付定点医疗机构、定点药店发生的目录内的住院医疗费用，有起付线、封顶线和共付机制的设计，参保患者要负担部分医疗费用。城镇居民基本医疗保险以大病统筹为主，同样有起付线、封顶线和共付机制的设计。随着居民疾病谱的演变和门诊医疗费用的不断上升，城镇居民基本医疗保险的范围已从最初的住院统筹和大病统筹逐步扩展，涵盖了门诊医疗保障。在新型农村合作医疗中，统筹模式主要包括大病统筹加门诊家庭账户、住院统筹加门诊统筹，以及独立的大病统筹这三种模式。这些模式均考虑了起付线、封顶线和共付机制的设计。城乡居民医疗救助制度的保障范围则包括资助参加新农合或城镇居民基本医疗保险，减免部分医疗服务费用，或者提供部分医疗费用资助等。

就医疗费用的偿付水平而言，城镇职工基本医疗保险的偿付水平相对要高些，住院医疗费用的整体报销比例可达70%左右；城镇居民基本医疗保险的报销比例大约为50%；新农合的报销比例比较低，大约为30%。“新医改”方案实施后，各地三大基本医疗保险的封顶线均提高到当地在岗职工年平均工资收入（当地居民年人均可支配收入或当地农民年人均纯收入）的6倍左右。

在支付方式上，三项基本医疗保险制度普遍实行按项目付费的事后支付方式，目前正在积极探索医疗保险经办机构与医疗机构、药品供应商通过协商谈判合理确定医疗服务的付费方式及标准，发挥医疗保障对医疗服务和药品费用的制约作用；探索实行按病种付费、总额预付、按人头付费等结算方式，由后付制向预付制过渡，充分调动医疗机构和医生控制医疗服务成本的主动性和积极性。

4. 统筹层次

城镇职工基本医疗保险主要的统筹单位原则上是地级以上行政区（包括地、市、州、盟），同时也可以考虑以县（市）为单位进行统筹。而北京、天津、上海这三个直辖市一般在全市范围内实行统筹。城镇居民基本医疗保险一般以县(市)为统筹单位，有一定条件的地方可以实现地市级统筹。至于新农村合作医疗，通常以县（市）为单位进行统筹，但在起步阶段条件不具备的地方，也可以暂时以乡（镇）为单位进行统筹，然后逐步过渡到以县（市）为单位进行统筹。

5. 经办服务

当前，城镇职工基本医疗保险和城镇居民基本医疗保险都是由人力资源和社会保障部门负责经办和管理；而新农村合作医疗则由卫生部门负责经办管理。少数地区已经将城镇居民基本医疗保险和新农合整合成为城乡居民基本医疗保险制度，实现了统一管理，比如成都市，则统一由人力资源和社会保障部门经办管理；还有的地方将新农合的具体业务交由商业保险公司运作，比如河南新乡。

目前，我国城乡医疗保障体系呈现多元共存的状态，但同时也存在一些问题。这些问题包括在制度定位上存在城乡分割和人群划分的情况，制度设计方面存在人群关联和待遇差异的现象，制度运行中存在业务竞争和服务关联的情况，制度治理方面存在多头管理和统筹分割的问题，同时制度绩效方面存在功能互补和效应趋同的局面。在三项基本医疗保险制度中，保障对象有一定的交叉，但在参保原则、筹资水平、偿付标准、统筹层次、经办服务等方面存在显著的差异。制度设计方面，以职业状态和户籍身份为依据，导致政策不统一，待遇存在差异，管理体制不够协调，缺乏整体规划和公平机制。此外，不同制度之间缺乏有效的衔接机制，这可能影响全民医保制度的进展。因此，需要解决当前城乡医疗保障体系存在的问题，以促进全民医保制度的发展。

（二）城乡基本医疗保障制度的整合与优化

1. 城乡基本医疗保障制度整合发展的战略目标

我国目前的城乡基本医疗保障制度正朝着整合发展的战略目标迈进。这一目标的核心在于通过有机整合现有制度，从之前城乡分割的三元制度逐步演变为城乡融合的二元制度，最终向区域性的统一国民医疗保险制度发展。这一发展旨在确保每个人都能够获得相对充足的基本医疗保障，最终建立全国范围内统一的国民健康保险制度，以实现人人享有健康的目标，并逐步提升国民的整体健康水平。

为了实现这一制度建设目标，合理的基本医疗保障制度设计应具备以下几个标准：首先，要确保人人能够公平地获得基本医疗保障，制度的范围应覆盖所有国民，以满足不同需求的医疗保障需求。其次，制度设计要符合大数法则，有效实现风险分散，同时也需要约束保障对象的就医行为以及医疗服务机构的治疗行为。最后，制度应具备可持续发展性，既要满足国民疾病医疗需求，又需要有效控制医疗费用的过快增长，以在提供医疗服务的过程中改善国民的整体健康状况。

2. 城乡基本医疗保障制度的模式选择

无论从历史的演变还是从比较的角度看，人类社会实施的医疗保障制度主要可以归纳为七种模式，包括公费医疗、强制医疗保险、自愿医疗保险、医疗救助、个人医疗储蓄账户、商业医疗保险和社区筹资。基于我国城乡基本医疗保障制度建设的既有路径依赖以及社会经济发展的未来走向，我们认为，强制性的缴费型社会医疗保险制度应该是我国城乡基本医疗保障制度的主体模式选择，并辅之以城乡居民医疗救助制度。原因包括以下几个方面。

其一，缴费型的社会医疗保险制度模式符合我国社会经济结构变迁的未来发展趋势。随着中国工业化和城市化的迅速发展，劳动力市场的就业结构正在经历重大变革。第二、第三产业将成为主要的就业领域，正规就业将占据未来就业人口的大部分。因此，被雇用劳动者及其雇主将成为医疗保险制度的核心参与者。同时，非就业居民也需要参与社会医疗保险，他们需要个人承担一定的缴费责任，政府也将提供相应的参保补贴。因此，缴费型社会医疗保险制度不仅与未来就业结构相契合，还具有经济可行性。这种制度有助于建立有效的社会互助机制，促进社会融合。通过被雇用劳动者和非就业居民的共同缴费，医疗保险制度可以更好地分担风险、调配资源，以确保全体人民获得合理的医疗保障，同时也有助于维护社会的整体稳定和可持续发展。

其二，强制性的缴费型社会医疗保险制度在中国城乡基本医疗保障制度的发展中具有重要的历史依赖性。我国的城乡医疗保障制度改革一直朝着建立缴费型社会医疗保险制度的方向推进。城镇职工基本医疗保险、城镇居民基本医疗保险，以及新农合，实质上都是建立在个人缴费基础上的社会医疗保障制度模式。不同之处在于，城镇职工基本医疗保险对于正规就业劳动者及其雇主的参保要求是强制性的，而新农合和城镇居民基本医疗保险则仍然采取自愿参保的方式。这一历史依赖性反映了我国城乡基本医疗保障制度改革的路径。从最初的城镇职工医疗保险开始，逐步扩展到城镇居民和农村居民。强制性的缴费型制度模式在保障医疗服务的可持续性和公平性方面具有优势，有助于确保更多人获得合理的医疗保障，同时也有利于促进医疗资源的合理配置和社会稳定的维护。

其三，缴费型的社会医疗保险制度模式遵循权利与义务相结合的原则，强调多方主体的筹资责任，更有助于建立一个有效的医疗费用风险分担机制。鉴于人口老龄化和疾病谱的转变，中国社会未来医疗费用的负担将是非常沉重的。缴费型社会医疗保险制度要求雇主和个人共同缴纳费用，从而在一定程度上分担了医疗费用负担，这在多个方面带来了积极的影响。首先，这种制度能够有效地约束个人过度使用医疗服务的行为，因为个人在使用医疗服务时需要在经济上承担一定的责任，从而减少不必要的医疗消费。其次，缴费型社会医疗保险制度减轻了政府财政的医疗费用负担，因为雇主和个人的缴费能够部分覆盖医疗费用，减少了政府的支出压力。

其四，缴费型社会医疗保险制度内部蕴含了医疗服务的第三方购买机制，这为以更合理的成本获取更优质医疗服务创造了有利条件。社会医疗保险机构在其中扮演着重要角色，作为医疗消费的中介，代表着广大参保人的共同利益。通过优化医疗费用支付方式以及有效执行定点医疗机构的合同管理，这一机制建立了高效的医疗服务购买机制。这一购买机制有助于引入市场机制，以激励、规范和限制医疗服务提供者的行为。社会医疗保险机构能够通过合理的购买策略，引导医疗机构提供更适宜、高效的医疗服务。借助合同管理和费用支付的规范化，可以推动医疗服务提供者更注重服务质量，避免不必要的检查治疗和过度医疗，从而全面提升医疗服务的整体质量。因此，这一第三方购买机制在缴费型社会医疗保险制度中扮演着重要角色。它通过市场机制的引导，优化医疗资源的分配，鼓励医疗服务提供者提供更有价值的医疗服务，为参保人提供更可靠的医疗保障和更高质量的医疗服务。

3. 城镇职工基本医疗保险制度的优化

城镇职工基本医疗保险是在计划经济时期的公费医疗和劳保医疗制度之上逐步改革而成的，尽管已经经历了十多年的改革与发展，但其在保障对象、筹资机制、偿付机制、统筹层次等方面仍旧存在诸多有待改进的地方，这样才能适应统筹城乡基本医疗保障制度改革的现实需要。

（1）扩展制度的覆盖面，将全体公职人员、乡镇企业及其职工、城镇私营或个体经济组织业主及其从业人员、进城务工的农民逐步强制性地纳入城镇职工基本医疗保险制度的保障范围。当然，为尽可能减少制度“扩面”的障碍和阻力，政府需要妥善解决关闭破产国有企业退休人员参保等历史遗留问题，并适时调整缴费基数、缴费比例和缴费方式，建立“弹性缴费基数制”以及缴费水平与医保待遇挂钩的激励机制等。拓展城镇职工基本医疗保险制度的覆盖面，要摆脱传统的按人群划分的思维模式，适应企业深化改革和农村剩余劳动力流动的现实。此外，还需要顺应城镇化的快速进程以及大量进城就业人口频繁流动的需求。这样的适应性调整可以促进医疗保障制度更好地服务于多样化的就业人群，实现更广泛的保障范围和更高效的运行机制，根据各地未参保职工的构成、原因，充分考虑其医保需求，发挥政策引导作用，鼓励、引导就业人群参保。

（2）调整完善筹资机制。立足于城镇职工基本医疗保险制度设计的现状，调整完善筹资机制的重点在于逐步取消个人账户设计，用人单位和参保人的缴费全部进入医疗统筹基金，实施退休职工终身缴费参保。城镇职工基本医疗保险制度设计中建立个人账户的弊端主要体现在以下方面。一是将用人单位缴费的30%左右资金划入个人账户，减少了医疗统筹基金的规模，削弱了医疗统筹基金“共济”功能的发挥，不利于疾病风险分担机制的可持续发展；二是个人账户的基金结余有限，投资渠道有限，其应对人口老龄化预筹资金的目的也无从达到；三是到定点零售药店购药以及在定点医疗机构发生的门诊医疗费用由个人账户支付，主要采取按项目付费的方式，这与自费医疗的个人零散支付没有本质区别，不仅难以规避医疗服务机构的诱导消费行为，也没有能够利用医疗保险制度的集中购买服务的优势；四是设置个人账户增加了管理环节，加大了管理成本，提高了医疗保险的管理难度。综合而言，个人账户制度的社会互助性有所欠缺，其有效规避和减轻疾病经济风险的能力也相对有限。此外，该制度的管理成本较高。尝试将有限的个人账户积累用于长期目标时，可能会出现短期内资源闲置和浪费的情况，从长远来看，这还可能导致基金隐性损失的问题，从而在一定程度上降低了当前医疗保险基金的支付能力和使用效率。

在人口老龄化加速的情况下，强调退休职工的终身缴费参保具有重要意义。如果仅由工作一代承担医疗费用，可能会给医疗基金支付带来压力，加重工作一代的负担，引发代际矛盾。当前城镇居民基本医疗保险和新农合均采用终身缴费模式，为实现制度融合和公平性，应平等对待退休职工，使其终身缴费参保。这将有助于确保医疗保障体系的长期稳定和公平性，促进社会的和谐发展。进而言之，如果城镇职工基本医疗保险制度实施退休职工终身缴费参保，则流动就业人员基本医疗保障关系转移接续问题将不再是一个棘手的难题，以异地安置退休人员为主体的基本医疗保险异地就医结算服务难题亦将不攻自破。之所以我们得出这样一个结论，是因为困扰流动就业人员基本医疗保障关系转移接续的主要障碍就是各种基本医疗保险制度的缴费年限如何折算问题。也就是说，由于现行城镇职工基本医疗保险制度规定了最低缴费年限，而且将参保人实际缴费年限是否达到此最低缴费年限作为其退休后能否继续享受基本医疗保险待遇的先决条件。

实际情况表明，城镇职工基本医疗保险、城镇居民基本医疗保险和新农合之间存在缴费和待遇水平上的差异，这是无可争辩的事实。当参保人员由于就业或居住地的变化而需要进行医保关系转移和接续时，尤其是从城镇居民基本医疗保险或新农合转移到城镇职工基本医疗保险制度时，如何合理折算不同医保制度下的缴费年限成为一个需要解决的问题。这种情况下，需要考虑如何平衡不同医保制度之间的权益，确保参保人员的权益得到合理保障，同时也要维护医保基金的平稳运行。这可能需要相关部门制定一套合理的折算规则和政策，以确保转移和接续过程的顺利进行，并最大限度地减少参保人员的不便和权益损失。因此，从制度设计的层面来说，如果城镇职工基本医疗保险制度实施退休职工终身缴费参保，则也就意味着，无论是城镇职工基本医疗保险，还是城镇居民基本医疗保险、新农合，在制度设计上均统一为终身缴费参保、当期参保、当期获得基本医疗保障。参保人因居住地或就业地的改变而需要转移基本医疗保障关系时，只需中止原来的医保关系，同时在就业地或新的居住地参加相应的基本医疗保险制度，就能获得当期基本医疗保障。

换句话说，如果农村居民迁往城镇并在那里找到稳定的工作，只需要雇主按照《社会保险登记管理暂行办法》的规定办理登记手续，加入该城镇的职工基本医疗保险。如果农村居民进城务工但没有稳定的工作关系，可以选择参加居住地的城乡居民基本医疗保险。如果已经参加城镇职工基本医疗保险的人在不同统筹地区找到工作，若有新的雇主，雇主应按照《社会保险登记管理暂行办法》的规定办理登记手续，将其纳入新就业地的城镇职工基本医疗保险。若没有新雇主，个人应在原保险关系中断后的 3 个月内前往新就业地的社会（医疗）保险经办机构办理登记手续，按照当地规定加入城镇职工基本医疗保险或城乡居民基本医疗保险。至于异地安置的退休人员，既然城镇职工基本医疗保险制度实施终身缴费参保，则只需参加居住地的城镇职工基本医疗保险，继续缴费，享受居住地的基本医疗保险待遇，自然也就不存在异地就医的医疗费结算问题了。总之，一个基本的原则是，取消参保人的户籍身份限制，按照居住地或劳动关系来确定基本医疗保险的参保范围。

当然，无论是取消个人账户，还是实施退休职工终身缴费参保，均要求同步调整职工基本医疗保险的缴费水平和偿付机制，比如适时降低缴费基数和缴费率，全面建立职工医保的门诊统筹制度，提高职工医保的偿付水平等。而且，实施退休职工终身缴费参保，还需要同步调整退休职工的基本养老金水平，既确保退休职工的基本医疗保险费缴费能力，还不能降低退休职工的基本生活保障水平。

（3）提高统筹层次，壮大基金规模，增强城镇职工基本医疗保险制度的共济功能。考虑到地区差距和风险分摊的需要，政府可以尽快将县（市）级和城市的市（区）统筹，提升为地市级统筹，并实现对区域内参保人群的直接管理。随着国家行政管理体制和“省直管县”财政体制改革的进展，再创造条件向省级统筹迈进。具体来说，政府可以在各县市优先推行一致的管理流程、统计指标和服务标准，构建基础性制度和标准，以确保城镇职工基本医疗保险制度在各地的运行和管理一致。然后，建立统一的运行和管理体系，确保各县市在管理服务指标、流程和规章上保持一致。在此基础上，建立网络化、开放性的医疗保险信息管理系统，以更好地监控和管理基金的使用情况。此外，在明确地市级政府和下级政府的财政和管理职责的基础上，实现全市范围内的基金统筹和垂直管理。

4. 城镇居民基本医疗保险和新农合的整合

城镇居民基本医疗保险和新农合的整合旨在解决两者之间的衔接问题，确保参保人员在身份和居住地变化时，能够顺利地进行医疗保险关系的转换、接续和转移。这种整合的根本任务在于探索建立一个统一的城乡居民基本医疗保险制度，实现信息资源的共享，保障待遇的无缝衔接。从国内不同地区统筹城乡基本医疗保障制度改革的实践来看，城镇居民基本医疗保险和新农合的整合路径大体为一体化的城乡居民医疗保险，城乡居民的缴费和待遇相同，财政补贴相同，比如东莞。在整合城镇居民基本医疗保险和新农合时，有几种可行的具体路径。首先，可以采用分层选择的方式，将整合后的医疗保险制度划分为多个缴费档次和报销待遇，实现统一的管理和经办。例如，成都市的居民可以按需自愿选择合适的档次。其次，也可以保留制度分设，但在管理体制上实现统一。这意味着可以继续维持城镇居民基本医疗保险和新农合的二元制度，但将原本由卫生部门管理的新农合划归至人力资源和社会保障部门管理，以实现行政管理体制上的一致性。另外，还可以保持制度分设，但整合经办资源。即继续保留城镇居民基本医疗保险和新农合的分设，但将两者的经办管理资源整合，通过一体化的经办管理方式，例如借助城镇居民信息系统，实现农村居民的看病实时报销，就像江苏兴化市所实行的方式。

总的来说，鉴于我国城乡社会经济发展的差异，整合城镇居民基本医疗保险和新农合可以遵循以下路径：首先，在医疗保障全民覆盖的前提下，实现城乡医疗保障体系的统一经办服务以及各项医疗保险制度的顺利转移和接续；其次，调整管理体制，实现管理部门的一体化；再次，在单一制度内部设置不同缴费档次，并对不同档次的待遇进行分层选择；最后，逐步实现城乡居民基本医疗保障制度的整体统一。

具体来说，城镇居民基本医疗保险和新农合整合的核心内容包括以下方面。

（1）参保对象上的整合。政府应该打破地域和户籍身份的限制，将统筹地区农村居民和城镇非从业居民纳入统一的城乡居民基本医疗保险制度的覆盖范围，实现城乡居民基本医疗保障“一个制度全覆盖”。随着整合后的城乡居民基本医疗保险制度日趋完善以及城乡居民实际参保率的不断提高，政府应调整城乡居民的参保方式，变自愿参保为强制性参保。只要整合后的城乡居民基本医疗保险制度的缴费水平合理、财政补贴逐步提高并切实到位、医疗费用的补偿机制合理、医疗保险服务的可及性得到切实改善，则强制要求城乡居民参保基本医疗保险的阻力应该不会很大。

（2）医疗保障管理体制的整合。这意味着将原本分属于不同部门管理的城镇居民基本医疗保险和新农合，进行整合，实现在行政管理体制上的统一。通过这种方式，能够消除管理重叠，降低管理成本，提高管理效率。通过建立统一的管理机构和规则，可以确保政策的一致性，从而为参保人员提供更加便捷和一致的医疗保障服务。

（3）医保信息的整合。建立一个网络化、开放性的医疗保险信息管理系统，可以使不同医保制度之间的信息资源实现共享与互通。通过整合信息，政府和参保人员能够获得更准确、实时的信息，从而更好地进行医疗保障管理和决策。这有助于提升医疗保障管理的智能化水平，使参保人员能够更便捷地获取所需的信息和服务。

（4）公共财政支持与保障机制的整合。整合后的医保制度需要建立相应的公共财政支持和保障机制，以确保医保基金的稳定运行。政府可以通过财政补贴、风险分担等方式，为医保基金提供额外支持，特别是在面临高风险的医疗费用支付时。这种机制有助于降低参保人员的负担，保障医保制度的可持续性发展。

第三节　我国城乡多层次社会保障实践的创新性

一、城乡基本养老保险制度的统筹衔接机制创新

统筹城乡基本养老保障制度是统筹城乡社会保障制度改革的重中之重。鉴于基本养老金权益的长期积累属性，构建合理有效的城乡基本养老保险制度转移接续机制，无疑将是实现统筹城乡基本养老保障制度改革目标的关键所在。以城乡基本养老保险制度整合和优化为基础，以期构建城乡基本养老保险制度的统筹衔接机制。

（一）新农保与老农保的制度衔接

在推动城镇居民基本医疗保险和新农合整合过程中，解决新农保与老农保制度衔接的问题至关重要。这涉及到缴费体系、待遇标准、参保人员转移等多个方面的挑战和应对措施。

在缴费体系方面，新农保和老农保存在缴费金额和频率的不同。为实现顺畅

衔接，可以通过渐进的方式逐步调整缴费规则，确保参保人员从老农保转入新农保时缴费的平稳过渡，减少不适应感。

待遇标准的差异也需要得到妥善处理。建立统一的标准，通过逐步调整新农保和老农保的报销比例、封顶线等待遇参数，使两者趋于一致。这将有助于避免制度转移过程中待遇明显波动，保障参保人员的权益。

参保人员转移问题是另一个关键考虑因素。在转移过程中，应设立过渡期，允许参保人员根据实际情况选择转入新农保。同时，建立统一的信息管理系统，确保参保人员的信息实时共享，避免信息不一致造成的问题。

综合考虑，应采取综合性的措施来应对新农保与老农保的制度衔接挑战。制定渐进的改革方案，设立过渡期，建立统一的信息管理系统，以及逐步调整待遇标准，这些举措将有助于平稳实现两个制度的衔接，确保参保人员的权益得到充分保障，同时促进医保制度的顺利运行。

（二）新农保与城镇职工基本养老保险制度的转移接续

新农保与城镇职工基本养老保险制度的转移接续是双向的。一种情况是新农保的参保人流动至城镇单位就业并有稳定劳动关系的，需要将其基本养老保险关系由新农保转续至城镇职工基本养老保险制度；另一种情况是，在城镇就业并参加了城镇职工基本养老保险制度的农民工，因各种原因返回农村时，需要将其基本养老保险关系由城镇职工基本养老保险制度转续至新农保。

在第一种情况下，当新农保参保人员从农村流动到城镇就业且获得稳定劳动关系时，制度衔接的问题显得尤为重要。具体而言，应确保在这种情况下，制度转移和接续能够有序进行。首先，新农保参保人员应由雇主按照相关规定办理城镇职工基本养老保险登记手续，确保其正式加入就业地的城镇职工基本养老保险体系。其次，应将新农保个人账户中的积累额无缝转移至城镇职工基本养老保险个人账户，同时针对缴费年限的问题进行合理的折算。

具体而言，在这个过程中，缴费年限折算的方法可以是：将每年新农保的个人缴费金额，按照就业地城镇职工基本养老保险的最低缴费基数和缴费比例进行折算，转化为相应的城镇职工基本养老保险的缴费年限。举例说明，假设参保人员每年缴纳的新农保保险费为 200 元，而就业地城镇职工基本养老保险的最低缴费基数为 1200 元，则新农保 1 年的缴费年限应折算为城镇职工基本养老保险 1/6 年的缴费年限。

通过这种制度衔接的方式，可以确保新农保参保人员的权益得到维护，同时避免了在制度转移过程中的重复缴费现象。这种安排不仅有助于平稳推进新农保与城镇职工基本养老保险的制度衔接，还能够促进基本养老保险制度的整合和协调发展。根据现行城镇职工基本养老保险制度的规定，缴费年限将直接决定基础养老金的给付水平，为了不过分增加城镇职工基本养老保险制度的统筹基金支付压力，折算后的缴费年限仅作为城镇职工基本养老保险基础养老金待遇领取条件的最低缴费年限计算使用，参保人退休后能够从城镇职工基本养老保险制度下领取的基础养老金待遇，将根据其转入城镇职工基本养老保险制度后的实际缴费年限计算。而参保人在新农保下积累的基础养老金的既得受益权应继续保留，并可考虑根据农村居民年人均纯收入增长率的一定比例进行动态调整，待参保人符合基本养老金待遇领取条件时，与城镇职工基本养老金一并发放。

至于第二种制度转续情况，则相对要简单些。在城镇就业并参加了城镇职工基本养老保险制度的农民工，因各种原因返回农村时，如果是跨统筹地区转续，需要将其在城镇职工基本养老保险制度下的个人账户积累资金转入新农保基金账户并建立新农保个人账户，城镇职工基本养老保险的缴费年限视同为新农保的缴费年限，同时也要将参保人在城镇职工基本养老保险制度下的基础养老金既得受益权所对应资金转移至新农保。

上述新农保与城镇职工基本养老保险制度的转移接续机制，看似很复杂，其实原理很简单。总的原则是：参保人在新农保和城镇职工基本养老保险制度间进行转续，如果是跨统筹地区转续，则需要转移个人账户资金和基础养老金的既得受益权所对应的统筹基金；如果是在同一统筹地区转续，只需转移参保关系并保留原制度下积累的基础养老金的既得受益权，不需要转移资金。由此可见，提高个人账户积累基金的管理层次，逐步将城乡居民基本养老保险个人账户基金纳入城镇职工基本养老保险个人账户基金的管理体系，并尽快实现基础养老金的全国统筹，将更有助于解决基本养老保险关系的转移和接续难题。此外，建立省际财政转移支付体制和机制，亦是解决基本养老保险关系转移接续问题的重要支撑。

（三）新农保与被征地农民养老保障的制度衔接

新农保与被征地农民养老保障制度的衔接主要存在下列几种情况。

其一，在被征地农民已在非农产业就业且有稳定劳动关系的情况下，可通过用人单位按照《社会保险登记管理暂行办法》的规定办理登记手续，使其参加就业地城镇职工基本养老保险制度。这使得被征地农民能够在融入城镇职工基本养老保险制度后，享受稳定的养老保障，而在解除劳动关系后，他们可以保持灵活就业身份继续缴费，或将基本养老保险关系转移至新农保或城镇居民社会养老保险制度，实现个人权益的转接与延续。

其二，针对已参加相对独立的被征地农民社会养老保险制度的情况，需要逐步关闭原制度，将其参保人员纳入新农保或城镇居民社会养老保险制度中。在这一过程中，需要将已实行的被征地农民社会养老保险制度进行合并关闭，参保人员的缴费年限进行合并计算，个人账户的积累资金并入新制度下的个人账户基金。同时，如果在原制度下存在基础养老金既得受益权，这些权益可以被转移至新制度，以确保参保人员权益的平稳转接和保障。

其三，对于未参加任何社会养老保险制度的被征地农民，应视情况纳入城镇居民社会养老保险制度或新农保（或者是整合后的城乡居民基本养老保险制度）。

其四，各级政府应从被征地农民的安置补助费以及土地补偿金中拨付专门资金，用于提高被征地农民的基本养老保险费缴费补贴（如果地方政府对城乡居民基本养老保险的财政补贴由缴费环节调整为待遇给付环节，则针对被征地农民而言，地方政府的额外补贴可以一次性注入其个人账户）、加发基础养老金等。

（四）新农合与计划生育家庭生活保障制度的衔接

新农合与计划生育家庭生活保障制度的衔接是在推动我国社会保障制度整合和优化的过程中的一个重要环节。这种衔接旨在确保农村居民在享受基本医疗保障的同时，能够得到全面的社会保障支持，尤其是在计划生育方面的保障。

在具体实施中，新农合与计划生育家庭生活保障制度可以通过以下几个方面进行衔接：

首先，将计划生育家庭生活保障的范围扩展，将农村居民纳入保障范围，使他们能够享受到类似城镇居民的计划生育家庭生活保障待遇。这意味着农村居民在生育方面能够获得相应的补贴和待遇，从而减轻他们在生育方面的经济负担。

其次，通过信息共享和协同管理，实现新农合和计划生育家庭生活保障制度的数据互通。这样一来，农村居民在参与新农合时，可以同时被纳入计划生育家庭生活保障制度的管理范围，从而保障其在医疗和生育方面的权益。

此外，还可以考虑在保障标准方面进行整合和统一。例如，可以对计划生育家庭生活保障的经济补贴和新农合的医疗费用报销标准进行协调，确保农村居民在计划生育和医疗方面都能够得到合理的补偿和保障。

总体来说，新农合与计划生育家庭生活保障制度的衔接，体现了社会保障制度整合和人民生活水平提升的方向。通过将不同保障领域的待遇进行衔接，农村居民能够更加全面地享受到社会保障的好处，提升他们的生活质量和幸福感。

（五）新农保与农村居民最低生活保障制度的衔接

从制度属性来看，新农保属于社会保险的范畴，其遵循权利与义务相结合的原则，参保人缴费与养老金待遇之间建立了某种关联机制；而农村居民最低生活保障制度属于选择性的社会救助制度，其遵循需要原则，基于家庭经济状况调查的基础之上来确定受益人的资格条件。从制度功能来看，新农保致力于解决参保人未来的老年财务风险，而农村居民最低生活保障制度则致力于解决低收入群体的当期最低生活保障问题。因此，对于那些处于参保年龄段（16 ～ 59 岁）的低保户而言，他们可以同时参加新农保并领取农村居民最低生活保障金，这两者并不发生冲突。然而，对于一些低保户，其中部分或全部家庭成员达到领取新农保基本养老金或基础养老金的条件时，需要将其领取的养老金计入家庭当期收入，以此重新评定低保户的资格和待遇标准。需要强调的是，除了那些属于重度残疾等缴费困难群体的情况，政府不应代替低保户缴纳新农保个人缴费。这样的做法有助于在保障低保户权益的同时，也保持了社会保障体系的公平性和可持续性。

（六）参保人跨地区转移新农保的制度衔接

鉴于新农保试点地区的扩展速度比原计划的要快得多，因此，参保人因婚嫁等各种原因迁往外地时，其新农保的参保关系转移将变得十分简单。换句话说，当参保人员迁往其他地区时，如果目的地与原参保地处于同一个社会保险统筹地区内，那么无需进行新农保的养老保险关系转移。但是，如果迁移到的地区与原参保地不在同一个社会保险统筹地区内，那么参保人需要将其养老保险关系和个人账户中的储存资金一并转移到迁入地的新农保经办机构。这样的做法有助于确保参保人的养老保险关系得以顺利转移，并保持其个人账户中的资金积累不受影响，缴费年限合并计算，并辅之以迁入地和迁出地的财政转移支付，以保障其基础养老金的既得受益权。

二、城乡基本医疗保险制度偿付机制的统筹衔接

逐步消除城乡居民基本医疗保险待遇上的不平等无疑是统筹城乡基本医疗保障制度改革的目标之一。在这一改革过程中，医疗保险的偿付机制发挥着关键作用，直接影响着医疗保险的健康保障功能。因此，偿付机制的统筹衔接成为改革的核心。偿付机制的统筹衔接包括城乡居民医疗费用偿付结构的趋同、偿付水平的趋同以及支付方式的趋同。

（一）调整城乡基本医疗保险制度的偿付结构，尽快建立普通门诊统筹制度

考察现行的城乡基本医疗保险制度，城镇职工基本医疗保险制度主要依托个人账户支付普通门诊费用，而新农合和城镇居民基本医疗保险制度均主要以大病统筹为主。这种“保大病、保住院”的医疗费用偿付结构，一方面参保人员的受

益面过窄，参保人员的基本医疗保障需求得不到满足；另一方面医疗统筹基金的结余水平又过高，基本医疗保险制度并不能完全实现其健康保障功能。特别是如果城镇职工基本医疗保险制度取消个人账户的设计，参保职工对分担普通门诊医疗费用的需求更是大大增强了。因此，建立普通门诊统筹制度，将城乡基本医疗保险制度的偿付结构由仅仅“保大病、保住院”的单一模式，向“门诊、住院兼顾”的全面保障模式转变，就更显得尤其紧迫了。

普通门诊统筹制度遵循“保障基本、统筹共济、依托社区、定额结算”的原则，实行以社区卫生服务机构为主的首诊、转诊制，医保经办机构可分别制定门诊统筹费用的筹资标准、调剂金提取比例、医疗待遇支付比例、支付限额与支付范围等实施细则，指定定点医疗机构的管理办法和医疗费用结算办法。新农合的报销范围主要囊括了参保人员在统筹期内因疾病住院治疗所发生的医疗费用，这包括药费、检查费、化验费、手术费、治疗费、护理费等，即有效医药费用。这意味着在指定的定点医院住院治疗所产生的与疾病治疗相关的费用可以根据政策规定在新农合下得到部分报销。

新农合基金设立了起付标准和最高支付限额，规定了医疗费用支付方式。在同一统筹期内，个人需支付医院年起付标准以下的住院费用。达到起付标准后，同一统筹期内住院两次及两次以上的费用可累计报销。超过起付标准的住院费用将分段计算，累加报销，每人每年有最高限额。

（二）逐步提高新农合和城镇居民基本医疗保险制度的偿付水平，缩小城乡居民基本医疗保险待遇与城镇职工基本医疗保险待遇上的差距

要逐步缩小城乡居民基本医疗保险待遇与城镇职工基本医疗保险待遇上的差距，首先还得逐步提高城乡居民基本医疗保险的筹资水平。当前理论研究和政策实践中存在一个认识上的误区，认为受限于城乡居民的缴费能力，要提高城乡居民基本医疗保险制度的筹资水平并不现实。城乡居民的缴费能力与城镇职工存在差异，无疑这是一个不争的事实，可我们也要澄清这样一个事实，即影响城乡居民基本医疗保险缴费意愿的主要障碍并不能完全归结为其缴费能力较低，恰恰相反，基本医疗保险的偿付水平过低才是影响城乡居民缴费意愿的“罪魁祸首”。因此，伴随城乡居民当期可支配收入的不断增加，逐步提高新农合和城镇居民基本医疗保险的筹资水平，应该是一种可行的政策选择。

随着城乡居民基本医疗保险筹资水平的提高，应该相应地逐步提高其偿付水平，逐步缩小城乡居民基本医疗保险待遇与城镇职工基本医疗保险待遇上的差距。具体包括以下策略：逐步提高城镇居民基本医疗保险和新农合的住院费用报销比

例；降低乡镇卫生院、社区卫生服务中心的起付线，并提高乡镇卫生院、社区卫生服务中心的报销比例；统一设定新农合、城镇居民基本医疗保险的定点医疗机构和“三个目录”，并逐步与城镇职工基本医疗保险制度实现统一。

（三）改革城乡基本医疗保险制度的付费方式，以多元付费方式取代按项目付费制

基本医疗保险制度的付费方式改革直接关系到能否建立有效的约束和激励机制，既控制了医疗费用的不合理增长，又能够为参保人员提供便捷优质的医疗服务。基本医疗保险付费方式改革的要点包括以下方面。

（1）普通门诊采取社区定点制和转诊制。所有参保人员必须首先确立普通门诊的定点医疗机构，除了三级医院和专科医院外，所有其他拥有门诊服务资格的医疗机构都可以成为普通门诊的定点医疗机构。参保人员可以选择 2~4 家普通门诊定点医疗机构，并且有权每年进行更换，从而照顾到参保人员的选择权，并且能够鼓励医疗机构开展竞争。参保人员只有在定点医疗机构接受普通门诊服务并接受转诊，才能享受高比例的医疗费用报销。普通门诊定点医疗机构扮演了医疗服务体系的“守门人”角色。

（2）普通门诊采取按人头付费制。医保经办机构根据普通门诊定点医疗机构所吸引的注册参保人员，按照人头每年支付定额费用。人头费可以根据注册参保人的年龄结构进行调整。

（3）急诊、住院和专科医疗服务采取多元化的付费方式，比如单病种定额付费方式。

（四）探索建立医保经办机构与医药服务提供方的谈判机制，旨在确保医疗服务价格和药品价格的科学合理性

医疗保险经办机构参与医疗卫生服务定价会商，建立合理的价格形成机制，是国际上常见的做法。这种做法有助于保障参保人员的权益，特别是在“第三方付费”机制中。由于普通人在医疗服务和药品价格方面的信息不对称和专业知识有限，他们难以准确判断价格的合理性。医保机构代表参保人员，参与定价谈判可以平衡利益，监管医疗服务和药品市场。通过谈判，医保机构可以确保价格公平合理，同时监督医疗市场的行为，避免不正当竞争和价格操纵。这种参与不仅保护参保人员权益，还提高了整个医疗系统的透明度和效率。因此，医保机构在“第三方付费”模式中的角色至关重要，应扮演维护参保人员利益的角色，通过合理的谈判机制，促进医疗服务和药品价格的合理性，为广大参保人员提供更好的医疗保障。

三、城乡基本养老保险个人账户基金管理模式创新

（一）中央政府成立或委托专门机构集中管理运营基本养老保险个人账户基金的优势和制约条件分析

1. 优势

风险管理与稳定性提升：集中管理可以实现基金风险分散，减少个人账户受市场波动冲击的风险，提高基金稳定性。

专业运营与资产配置优化：专门机构能够聚集专业人才，优化资产配置，提高投资收益，确保养老基金的长期稳健增值。

统一监管与透明度增强：集中管理方便监管部门对基金实施统一监管，增强监督透明度，防范潜在违规行为。

降低管理成本：集中管理可减少各级地方性机构的重复设置和管理成本，提高养老基金使用效率。

2. 制约条件

地区差异限制：不同地区的养老金需求和经济情况差异大，集中管理可能导致政策难以照顾各地区特点，削弱灵活性。

政策风险增加：中央集中管理可能使养老金政策容易受到政治和宏观经济影响，增加政策风险。

运营挑战：专门机构的设立需要应对内部管理挑战，如人才招聘、培训和运营流程建设。

信息安全问题：集中管理涉及大量个人信息，信息安全和隐私保护需求凸显。

利益冲突可能性：专门机构管理人员可能面临利益冲突，需要建立有效监督机制以维护公正性。

综合而言，中央政府成立或委托专门机构集中管理运营基本养老保险个人账户基金有其明显优势和一系列制约条件。在制定决策时，需要权衡不同利益和风险，以确保国家养老体系的可持续发展。

况且，就目前我国的社会养老保险制度发展现状而言，中央政府成立或委托专门机构集中管理运营基本养老保险个人账户基金还存在很多制约因素。一是基本养老保险个人账户基金的统筹层次低。目前全国共有2000多个统筹单位，况且现阶段所谓的省级统筹大多数情况下也仅仅是建立省级调剂金制度，并未实现真正的统收统支和基金的分账管理，这就给个人账户基金的归集造成了障碍。即使能够将所有的个人账户基金上解到中央，随着制度覆盖面的进一步扩大，庞大的

资金规模将使中央政府面临巨大的投资压力。二是各省份社会养老保险制度的隐性债务和基金积累规模存在较大差异。按照我国目前做实社会养老保险个人账户的政策思路，中央政府根据各省份的财力状况对其在做实过程中实行不同的补助标准。从地方利益的角度，中央政府集中管理运营将使地方政府丧失对庞大的个人账户基金的投资使用权，从而影响其做实个人账户的积极性，最终可能导致做实个人账户工作无法继续进行。三是中央政府的公共管理能力和政策执行能力有待提高。地方政府为了政绩往往从自身利益的角度考虑，对中央政策执行不力，这自然成为统一管理基本养老保险个人账户基金的重大障碍。四是社会保障信息化建设落后。

（二）省级社会保险经办机构集中管理运营基本养老保险个人账户基金的优势和制约条件分析

省级社会保险经办机构集中管理运营基本养老保险个人账户基金是一种有利于提高养老金管理效率和质量的模式。通过将个人账户基金集中管理，可以实现规模效益，减少管理成本，提高资金的利用效率。这有助于确保养老金的稳健增长，从而更好地满足养老金领取者的需求。此外，集中管理还可以提高养老金的透明度和监督性，降低腐败和滥用风险，提高公众对养老金管理的信任。然而，要实施这一模式，需要解决一些问题，包括确保充分的监管和审计机制，防范政府干预，平衡风险和回报，以及适应政策变动。因此，省级社会保险经办机构集中管理运营基本养老保险个人账户基金可以是一种有效的管理模式，但需要谨慎考虑并采取适当的措施来克服潜在的挑战。该模式具有以下优势。其一，制度改革的阻力和行政成本较低。目前，随着我国逐步推进“先省级统筹、后全国统筹”的政策思路，基本养老保险基金的业务管理（包括预算管理、收支管理、运营管理、结余管理等）都以省级政府为中心开展各项治理工作。而且在当前以及今后很长一段时间内，各省级行政区间的巨大经济发展水平差距和社会保障基金积累规模的差距将继续存在，社会保障基金投资的外部经济效应也使得各地对自身利益的争夺与保护将继续存在，中央政府很难在短期内完全协调好各省级行政区的利益诉求。因此，由省级社会保障经办机构集中管理基本养老保险个人账户基金既符合我国行政体制的特点，又能够减少政策执行的阻力和行政成本，从而提高制度运行效率。其二，有利于落实省政府的社会养老保障责任。基于我国特定的财税体制，在逐步做实社会养老保险个人账户的过程中，中央和地方政府应各自承担相应的财政补贴责任。若省级政府成为个人账户积累基金的掌管者，并将个人账户的做实工作纳入政府的绩效考核，就能促使省政府加大财政补贴额度，积极推进个人账户的做实工作，并有效地建立起实现个人账户基金保值增值的激励机制。

当省级社会保险经办机构集中管理运营基本养老保险个人账户基金时，涉及以下优势、制约条件和相关因素的考虑：

1. 优势

本地特点考虑：省级机构更接近基层，可以更好地理解和分析本地居民的养老保险需求和经济情况，从而更有针对性地制定养老保险政策，满足地方居民的实际需求。

更有效的地方政策：省级机构可以基于本地特点制定更为精准的养老保险政策，包括缴费标准、养老金水平等，使政策更具针对性和灵活性，更好地满足地方的社会和经济需求。

政策调整更灵活：在养老金政策调整时，省级机构能够更迅速地响应和实施政策变化，因为其与地方政府的沟通更为紧密，决策执行更加迅速。

地方监管与沟通便利：集中管理允许省级监管部门更方便地对基金进行监督和调查，便于与地方政府和其他相关部门协调合作，维护地方的整体利益和稳定。

2. 制约条件

地方利益影响：省级机构受到地方利益的影响，可能导致资源分配不均，某些地区可能获得更多资源，而其他地区则可能受到限制。

信息共享难题：不同地区的养老金信息系统可能不同，信息共享和整合可能存在障碍，这可能会影响跨地区养老金管理的有效性和效率。

标准不一致性：不同省份的养老金标准和政策可能存在差异，可能导致标准不一致性问题，可能引发社会不满和争议。

监管协调困难：不同省份的监管部门可能存在协调困难，导致监管效果下降，也可能导致政策执行的不一致性。

政策执行难题：省级机构在政策执行方面需要克服地方形式主义，确保政策得以顺利执行。

综合考虑上述因素，当省级社会保险经办机构集中管理运营基本养老保险个人账户基金时，需要充分权衡各种优势和制约条件，以确保养老金体系的稳健运行，满足不同地区居民的养老保障需求。

（三）市场私人机构分散管理基本养老保险个人账户基金的优势和制约条件分析

市场私人机构分散管理基本养老保险个人账户基金，涉及以下优劣势和制约条件的综合考量：

1. 优势

市场竞争和效率提升：私人机构的参与引入市场竞争，刺激创新，推动养老基金管理效率的提升。私人机构追求效益，可有效降低基金管理成本，提供更优质的服务。

专业资产管理：私人机构通常具备丰富的资产管理和投资经验，能够进行专业化的资产配置和风险管理，提高基金的长期稳健增值能力。

风险分散和监督机制：分散管理降低了基金的风险，多家私人机构之间相互监督，减少整体基金的风险暴露。

个性化服务提升：私人机构注重客户体验，能够提供更便捷的养老金账户管理、查询服务，满足个体化需求。

2. 制约条件

信息不对称：分散管理可能导致信息不对称，参保人难以全面了解基金的运作情况和风险，增加投资风险。

监管困难：私人机构的分散管理需要强化监管，但监管可能面临技术和法律等方面的挑战，监管成本也可能上升。

利益冲突风险：私人机构可能受到利益冲突的影响，如倾向于推动高费用产品。因此，需要建立严格的监管机制，保障参保人权益。

不均衡发展：分散管理可能导致不同机构的发展水平不一，影响基金管理的整体水平和质量。

政策风险：私人机构管理养老基金可能受到政策调整的影响，不稳定的政策环境可能对基金运作和参保人权益产生影响。

综合考虑上述因素，市场私人机构分散管理基本养老保险个人账户基金在取得优势的同时，也需要应对各种制约因素。在设计和实施时，应坚持保障参保人权益为核心，确保养老保险体系的稳健发展。

（四）中国基本养老保险个人账户基金投资管理体制的选择

中国基本养老保险个人账户基金投资管理体制的选择涉及以下几个方面的考虑：

国家投资管理：选择由国家统一管理基本养老保险个人账户基金的投资，确保资金安全、稳健投资，但可能缺乏市场竞争和创新。

公募基金管理：委托公募基金公司管理基金，可以引入市场机制，提高投资效率和灵活性，但需要建立严格监管和风控机制。

私募基金管理：私募基金公司管理基金，可能获得更大的自主权，但也需要加强监管，防止风险和利益冲突。

社会保障基金管理：设立专门的社会保障基金管理机构，独立管理基金，有利于专业化管理，但需要考虑机构的独立性和监管机制。

多元化管理模式：综合考虑，可以采用多元化的管理模式，包括国家、公募和私募基金，以及社会保障基金，以平衡各种利益和风险。

在选择投资管理体制时，需要权衡投资效益、风险控制、监管和市场竞争等因素。无论选择哪种体制，都需要建立严格的监管机制，保障基金安全，最终实现基本养老保险个人账户基金的稳健增值和长期可持续发展。

（五）基本养老保险个人账户基金的资产组合

基本养老保险个人账户基金的资产组合通常是为了平衡风险和追求长期稳健的投资回报。典型的资产组合可能包括以下几类资产：

股票：股票投资能够获得较高的长期回报，但也伴随着较高的风险。基金可以投资于稳定成长的公司股票，以期望获得股息和资本增值。

债券：债券投资相对较稳定，适用于风险承受能力较低的投资者。国债、企业债等固定收益证券可提供稳定的利息收入。

房地产：投资商业房地产或房地产基金，可以获得租金收入和资本增值，但也需要考虑房地产市场波动性。

现金及货币市场工具：保持一定比例的现金及货币市场工具有助于应对市场波动，提供流动性和保本能力。

另类投资：另类投资如基础设施、私募股权、基金、大宗商品等可以分散风险，但需要更高的专业知识和投资门槛。

国际资产：在资产组合中加入国际资产可以实现全球化的分散投资，提高投资组合的抗风险能力。

资产组合的配置应根据基金的投资目标、风险承受能力和市场状况进行调整。一般来说，年轻参保人可配置较多股票等风险较高的资产，而年龄较大的人则可能偏向稳健的债券和现金等资产。在资产配置过程中，还需要考虑投资管理费用、税务因素等。综合考虑多种因素，合理的资产组合能够实现养老基金的长期稳健增值和风险控制。

（六）个人账户持有人对基金管理的选择权

个人账户持有人在基本养老保险个人账户基金的管理方面，是否拥有选择权通常取决于养老保险制度的设计和实施方式。以下是几种可能的情况：

全权委托管理：在这种情况下，基本养老保险个人账户基金的投资管理完全由专业机构或政府管理，个人账户持有人没有直接的投资选择权。基金的投资决策和管理由专业团队执行，以保障养老金的稳健运行。

限定选择权：个人账户持有人可能获得有限的投资选择权。例如，可以从预先设定的投资组合中选择，但这些选择可能受到一定的限制，以控制风险和确保投资目标的实现。

自主投资权：在某些情况下，个人账户持有人可能被允许自主选择投资标的，例如选择股票、基金、债券等。这样的设计需要保证个人有足够的金融知识和决策能力，以避免风险和损失。

混合模式：在实际中，也可能采用混合模式，即将一部分资金由专业机构管理，另一部分由个人自主投资。这可以平衡风险和灵活性。

无论个人账户持有人是否有投资选择权，都需要考虑以下因素：

金融素养：个人是否具备足够的金融知识和理财能力来做出投资决策。

风险承受能力：不同个体的风险承受能力不同，需要根据个人的情况来选择投资方案。

监管和风控：如果允许个人选择投资，需要建立监管和风控机制，避免投资风险和滥用。

信息透明度：如果允许自主投资，需要确保个人能够获得足够的信息和透明度，以做出明智的投资决策。

最终，个人账户持有人是否有选择权需要在政策制定和养老保险体系设计过程中进行权衡和决策。

目前，虽然我国的基本养老保险个人账户基金的持有人对基金管理并没有明确的投资选择权，但随着资本市场的快速发展和参保人投资意识的增强，设置适度投资选择权将成为一种必然趋势。如何设计有效的个人账户投资选择权应主要考虑制度设计因素（包括制度设计中的个人投资选择范围、默认基金设置、收益保证等）和社会环境因素（包括经济发展水平与金融市场效率、人口结构以及成员风险认同度）。鉴于个人的非理性行为和金融知识的匮乏，参保人并不能理性地使用自己的投资选择权，实现资产组合的最优化和经济福利的最大化。况且在制度建立初期，受政府推动、媒体宣传、过度自信等的驱动，参保人的积极投资比例较高，很可能在投资机构、投资基金、投资产品间较为频繁地转换，巨大的制度运行成本使得个人投资选择权的设立单从提高投资收益的角度评价显得并不十分必要。因此，在设立我国基本养老保险个人账户基金投资选择权的初期，我国仍应该实行集体决策投资，设置合理的生命周期基金和指数基金是满足不同参保人投资需求、实现个人账户基金保值增值的有效渠道。

中国企业职工基本养老保险是一项覆盖城镇企业职工的社会保险制度，旨在为参保人员提供退休后的养老金和相关福利。企业职工基本养老保险进展情况如下：

制度建立与发展：中国的企业职工基本养老保险制度最早于20世纪90年代开始建立，经过多年发展逐步完善。政府不断修订和调整相关政策，以适应人口老龄化和社会变化。

覆盖范围扩大：制度的覆盖范围逐步扩大，从最初的国有企业逐步扩展到各类城镇企业和机构，以及部分农村企业职工。同时，政府也努力推动自由职业者、个体工商户等群体的养老保障。

缴费体制：企业职工养老保险通常采用“雇主与员工共同缴费”的模式，雇主和员工分别缴纳一定比例的工资作为养老保险基金。缴费比例和基数随政策变化可能有所调整。

个人账户和统筹账户：养老保险基金分为个人账户和统筹账户，个人账户用于个人缴费积累，统筹账户用于基本养老金的支付。这样的分账制度有助于实现长期的可持续运行。

养老金调整：中国政府根据经济状况和通货膨胀等因素，定期对养老金进行调整。调整通常涉及基本养老金水平、缴费比例、退休年龄等。

信息化建设：为提高管理效率和服务水平，中国推动企业职工养老保险信息化建设，建立电子档案、在线查询等系统，方便参保人员管理养老保险信息。

跨地区转移：为方便参保人员跨地区流动，中国逐步建立了养老金跨地区转移接续机制，使参保人员的权益得到保障。

持续改革和完善：随着社会和经济环境的变化，中国不断进行养老保险制度的改革和完善，以更好地满足老年人的养老需求。

（七）个人账户积累资金的可携带性

基本养老保险个人账户的可携带性是指基本养老保险制度的参保人在跨地区流动时继续持有或转移已积累养老金权益的相关制度安排，具体体现在已积累养老金权益的可携带性、参保年限的可携带性和积累的个人账户基金的可携带性。由于我国的基本养老保险采取“社会统筹＋个人账户”的模式，加之制度统筹层次低、碎片化严重及各地区基金积累规模和养老金待遇的差异，均加剧了基本养老保险的可携带性难度。

个人账户积累资金的可携带性是指养老保险参保人在跨地区流动或转移时，个人在原地区缴纳的养老保险个人账户积累资金能够顺利转移并继续积累的特性。这一特性在现代社会中具有重要意义，因为人们的工作和生活往往涉及地区间的变动，保障个人的养老权益需要跨地区的协调与保障。

个人账户积累资金的可携带性对于养老保障体系的健全发展至关重要。首先，它为劳动者提供了更大的灵活性和自主性，使得他们能够根据自身的职业发展和生活需要，在不同地区间进行工作和居住的选择，而不必担心养老权益受到损害。这有助于促进劳动力资源的优化配置，同时也鼓励跨地区的人才流动，有利于不同地区经济的发展。

其次，可携带性强化了个人的养老保障感。个人账户积累资金是个人缴费的直接体现，能够在离退休时获得一定的积累金额。如果这些资金在跨地区流动时能够无缝转移，个人在不同地区的工作阶段都能够获得养老金的积累，从而增强了个人的养老保障感，减轻了不确定性和焦虑。

然而，实现个人账户积累资金的可携带性也面临一些挑战。首先是监管和信息共享的难题。不同地区的养老保险制度和管理机构可能存在差异，资金转移涉及监管协调和信息共享的问题，需要建立跨地区的合作机制以确保资金流动的顺畅和透明。

其次是资金的平衡和投资管理。不同地区的经济发展水平和养老金支出水平可能存在较大差异，如何保持资金的平衡，确保转移后的积累资金能够在新地区继续增值，需要仔细考虑资产配置和风险控制等问题。

因此，个人账户积累资金的可携带性在养老保障体系中具有重要作用，有助于促进人才流动和就业机会，同时也需要政府和相关机构的协调合作，以确保资金的顺利转移和管理，从而为个体提供稳定的养老保障。

（八）个人账户养老金的支付方式

在养老保险个人账户制度中，其给付方式主要有四种：一次性给付、计划提取、生命年金、计划提取与生命年金的结合。其中，一次性给付是指在退休时将个人账户基金的积累额一次性支付给个人，由个人承担长寿风险、通胀风险等全部风险。如香港的强积金计划就规定，当其计划成员达到 65 岁的法定退休年龄时，可一次性全额提取个人账户余额。其优点就是操作简单，但可能因为退休者个人的过度消费或盲目投资而提前消耗完养老基金，从而无法保证其年老后的基本生活需要。计划提取是指在退休时由个人账户管理者如养老基金管理公司为退休者制订一个领取计划，个人按月领取，账户余额继续按实际的投资回报率计算利息，并根据退休者的预期寿命和实际积累相应调整养老金的领取额。该方式由智利首创，在英国、墨西哥、秘鲁、新加坡等国家都有实施。其优点是退休者可以获得比较稳定的退休收入，个人账户养老金仍可继续在资本市场上获得投资收益，且余额可被继承。生命年金是指在退休时将个人账户养老金用于购买人寿保险公司的生命年金，再由寿险公司向退休者支付养老金直至死亡，即通常所谓的养老金年金化支付。如瑞典的辅助养老金受益必须以辅助养老金管理局提供的强制年金形式领取。其最大的缺点就是剩余的养老金不能继承。因此，很多国家允许个人选择计划提取与生命年金的结合，即允许个人先按照计划提取到一定年龄后，个人账户余额全部转换为生命年金；或将个人账户基金分为两部分，一部分按计划提取，另一部分用以购买生命年金，同时拥有两种支付方式的优点，因而更容易获得国民的认可和接受。

（九）政府对基本养老保险个人账户基金最低投资收益率的担保机制

政府对基本养老保险个人账户基金最低投资收益率的担保机制是一种保障措施，旨在确保个人账户积累资金的最低投资收益率，以保障养老保险参保人的基本养老金权益。这一机制可以在保障个人养老金稳健增值的同时，降低投资风险和不确定性，提高个人的养老保障感。

通过政府的担保机制，个人账户积累资金的投资收益率在市场环境不利或投资风险较高时，仍能够获得一定的最低保障收益。这有助于防止个人养老金积累资金因市场波动或不利因素导致严重损失，从而维护个人的养老保障权益。

担保机制的实施可以通过以下方式：

设定最低收益率：政府可以设定基本养老保险个人账户基金的最低投资收益率标准，确保个人账户资金获得一定的稳定增值。这可以提高个人的养老保障感，鼓励更多人参与养老保险制度。

政府财政担保：政府可以提供财政支持，确保个人账户积累资金的最低投资收益率。在市场环境不利时，政府可以通过财政拨款等方式补足个人账户资金的收益。

基金收益分配：政府可以规定养老保险个人账户基金的收益分配方式，确保个人账户资金获得一定比例的收益。这有助于平衡个人账户积累资金的投资风险和收益。

风险管理机制：同时，政府也应建立相应的风险管理机制，防范因担保机制导致道德风险（Moral Hazard）或不当投资行为。

需要注意的是，政府对基本养老保险个人账户基金最低投资收益率的担保机制需要在平衡风险和资金稳健增值之间找到合适的平衡点。过高的担保收益率可能增加财政负担，而过低的担保收益率可能无法满足个人的养老保障需求。因此，政府在制定担保机制时需要综合考虑经济状况、市场情况和财政可持续性等因素。

第四节　社会保障高质量发展重要性

一、社会保障发展的重要性

中国社会保障学会会长郑功成指出，我国已经建立起全球最大规模的社会保障体系。事实上，社会保障制度已经成为全体人民共享国家发展成果的主要途径，也是稳固的制度保障。中国特色现代化进程的加速推进以及国家推动共同富裕的力度不断加大，为社会保障的全面发展提供了更有利的环境。在这一时代背景下，我国社会保障改革和制度建设需要尽快进入成熟、定型的新发展阶段，而且这个过程也需要紧迫感，因为它是关键性的发展阶段。

郑功成强调："目前正处在中国特色社会保障建设的关键时期。通过优化结构，现行社会保障制度将朝着更成熟、更定型的方向发展，这也是实现社会保障制度高质量发展的必经之路。"展望未来，需要进一步加强系统性思考，追求综合效应，进行更高层次的顶层设计，为全面优化社会保障结构提供科学的理论框架和具体行动方案。

二、社会保障高质量发展的途径

社会保障高质量发展中的各方面都要优化结构。在社会保障制度的建设方面，我们需立足于填补短板、加强薄弱环节，突出法定保障制度的公共属性，以实现统一性为目标。我们的目标是在 2035 年前建立一个功能齐备、结构完整的多层次社会保障制度体系。在资源配置方面，应向乡村人口、低收入群体、非传统就业人群以及灵活就业者倾斜，同时通过公共投入引导市场和社会投入。在责任分担方面，我们的目标是使各主体平衡分担社会保障责任。这其中，个人责任意识的强化是关键，同时建立有能力者多承担责任的新格局。在权益保障方面，我们致力于缩小社会差距、促进平等。透过深化改革逐步解决不平等问题，实现资源共享并逐步走向公平的共享。总之，结构优化是社会保障高质量发展的内在要求，也是我国社会保障体系现代化和能力现代化的重要体现。通过上述措施，我们将逐步构建更稳定、公平、可持续的社会保障体系，确保人民的养老保障和社会福利得到可靠的支持。

改革开放以来，我国社会保障领域进行了一系列改革，实现了制度转型和范围扩展，促进了经济发展和民生福祉改善。但应认识到，现行社会保障制度还存在一些缺陷，例如结构不合理、发展不平衡和不充分等。伴随我国社会保障制度进入高质量发展的新阶段，需进一步深化改革，优化社会保障子系统之间、社会保障和其他领域之间的关系，实现社会保障制度的系统集成、协同高效。

在数字经济背景下，以劳动关系为纽带的传统社会保险制度模式面临诸多挑战和不适应性，应当尽快形成数字经济生产方式下社会保险制度创新的新思路，将新业态就业者纳入到社会保险体系之中。要根据社会发展需要，加快完善各项制度，在夯实政府主导的法定保障制度的同时，积极调动市场主体和社会力量，健全多层次社会保障体系，更好地满足人民日益增长的美好生活需要。

在扎实推进共同富裕的历史进程中，养老金制度肩负着重大的责任与使命，需要通过加快发展多层次养老金体系与结构优化来促进养老金制度高质量、可持续发展。要提高养老金的参保质量，尤其是灵活就业人员和农民工群体的参保质量，使更多劳动者参加企业职工基本养老保险制度；要加大对城乡居民养老保险制度的财政投入力度，缩小城乡居民与企业职工、机关事业单位基本养老保险的待遇差距。

三、社会保障高质量发展助推共同富裕

共同富裕是中华民族矢志不渝的目标追求。在全面建成小康社会之后，共同富裕实现了由“打基础”到“扎实推”的重大转向。社会保障作为一项重要的社会制度安排，在推动全体人民共同富裕过程中发挥着举足轻重的作用。“十三五”时期，我国建成世界上规模最大的社会保障体系。在共同富裕目标指向下，未来社会保障需从变革理念、夯实体系、改革体制、革新技术四方面发力。

（一）融入共建共享理念，推进社会保障法治化

社会保障理念不仅彰显社会保障制度追求的价值目标，也规范引导着社会保障具体发展方向，是社会保障制度建设和实践活动的重要基石。中国现代社会保障从渐进性建制伊始到如今改革深化，社会保障理念经历了从“国家—单位”保障到“国家—社会”保障的实质性转变，实现了社会保障全覆盖。不过，社会保障“分性别”“分职业”“分地域”“分城乡”的“碎片化”特征依旧明显，成为制约社会保障高质量发展的因素之一。究其根源在于社会保障理念仍存在一定程度不足，无论是改革开放前的“国家—单位”保障，还是改革开放后的“国家—社会”保障，均强调国家的主要责任，缺少社会共建共享理念的导引。

笔者认为，要融入共建共享理念，推进社会保障法治化。其一，遵循社会保障立法先行的根本原则，以公民权利义务对等为准则、以社会保障责任共担为手段、以共享社会保障成果为目标健全社会保障法律制度规范。其二，全面整合“碎片化”的社会保障制度体系，包括不同社会保障子项目以及各个子项目的基金筹集、管理、经办、监督等各个要素制度，确保社会保障实现机会公平、过程公平和结果公平。其三，强化公民社会保障共建意识，完善社会保障问责规范，明确被保障人的权利救济方式和途径，切实维护公民社会保障权益。

（二）夯实多层次社会保障，满足多样化服务需求

伴随改革开放后社会保障渐进性改革建制，我国逐步建立起以社会保险为主体层、以社会救助为兜底层、以社会福利为扩展层、以慈善捐助和优抚安置为辅助层的多层次社会保障体系。社会保障体系中的每一层次又由多层次具体保障项目构成，形成社会保障多层嵌套结构。多层次社会保障体系的建立为医疗、养老、就业、减贫等民生问题提供了可靠保障，成为社会发展的“安全阀”和“稳定器”。然而，多层次社会保障实践中仍存在社会保险层较大、社会救助层受限、其他社会保障层发展缓慢，不同层次社会保障制度之间衔接机制不够健全，多种力量分散难以形成合力等诸多问题。

为此，笔者认为，亟须瞄准未来改革方向，从治理格局调整、补短板强弱项、制度机制衔接等多方面夯实多层次社会保障体系。其一，在政府主导社会保险主体层的前提下，激发市场活力，扩大社会参与空间，鼓励支持社会组织、互助机构、慈善机构等社会力量参与社会保障治理，形成多层次社会保障治理合力。其二，补齐社会救助兜底层“短板”，完善社会救助对象确认机制，动态调整社会救助范围，扩大资金来源，提高救助力度和水平。其三，针对多层次社会保障中社会福利、商业保险、慈善和互助保障的“弱项”，通过政策激励、税收优惠、服务购买等方式延长社会保障链条，为个性化、高品质社会保障服务获得提供可靠保证。其四，在各项社会保障制度不断完善并走向成熟定型的过程中，健全不同层次之间、同一层次不同制度之间的有效衔接机制，避免因体系内部张力而降低多层次社会保障整体性治理绩效。

（三）深化体制机制改革，推进社会保障服务协同高效

社会保障的跨领域、跨部门、跨层级性决定了社会保障管理体制的复杂性，进而直接影响社会保障发展质量。就此，笔者认为，其管理权责和机构设置还可以进一步完善：社会保障管理可以考虑建立更高层次的社会保障决策机制和高效的跨部门协同机制，专门负责社会保障事务的宏观决策和组织协调；随着养老保

险全国统筹、医疗保险省级统筹以及其他社会保险市级统筹的实现，要综合考量统筹层次提高后，省级以下各级政府社会保障管理的“职责同构”问题；以社会保障需求为根本出发点，打破职能部门界限，建立社会保障相关事务“一条龙”服务，提升社会保障服务的便捷性。

同时，适应社会保障从外延性发展向内涵式高质量发展转变的要求，通过深化社会保障主要子项目的机制改革，建立规范可持续的长效机制。其一，养老保险中强化第二、三支柱养老保险，使多层次养老保险功能充分发挥。建立基本养老保险筹资责任的合理分担机制，变城乡居民养老保险定额缴费为按比例缴费，形成与收入水平挂钩的按比例缴费制度。其二，医疗保险方面，深化医保经办机制改革，依据“政事分离”原则，厘清医保经办机构和行政主管部门的权责，提升经办服务专业化、精细化水平。其三，社会救助方面，适应新形势，建立社会救助对象的主动瞄准机制，基于基本生活品指数的社会救助标准动态确定机制。其四，社会福利方面，以“一老一小”为重点，建立集“卫生保健、健康管理、医疗护理、预防康复、生活照料、临终关怀”等于一体的整合型养老服务，拓展儿童福利。

（四）数字赋能社会保障治理，助推社会保障提质增效

数字化时代，大数据、“互联网 +”的推广和应用给社会保障基金监管、社会保障经办服务精准化供给、社会保障管理者科学决策等带来革命性影响，推动社会保障从传统治理走向数字化治理。

为提升社会保障数字化治理绩效，笔者认为，应从服务平台、监控系统、决策支持系统、数字保障机制四方面着眼。其一，打造一体化的社会保障智慧服务平台。将社会保障服务项目、服务内容、服务流程规范化和标准化，统一纳入社会保障智慧服务平台，并形成以国家平台为中心、各地平台为支撑的一体化智慧服务平台，实现社会保障数据的互联互通。其二，建立社会保障基金智能监控系统。运用大数据算法、自然语言理解等数字技术，对社会保险参保人、社会救助对象、社会保障经办机构、社会保障管理人员进行全方位、实时性监控，系统分析异常社会保障行为并形成电子凭证，为及时处理违规违法行为提供有力证据。其三，建立基于大数据的社会保障决策支持系统。动态掌握社会保障政策实施、基金收支、医疗养老资源配置和服务供给等方面的实时数据，并对大数据进行系统分析，深层次挖掘产生原因，为社会保障良性可持续运行提供决策依据。其四，明确数字社会保障的主体责任和权利边界，构建强有力的社会保障数据安全机制、非法行为惩处和侵权救济机制，为数字社会保障保驾护航。

第五节　多措并举健全社会保障体系

一、城乡社会保障体系有利于现代化国家的发展

社会保障是保障和改善民生、维护社会公平、提升人民福祉的基本制度保障。它在推动经济社会发展、实现人民共享改革成果等方面发挥着重要作用。当前阶段，我国政府将社会保障体系建设摆在更加突出的位置，推动我国社会保障体系进入快速发展的阶段。我国已初步构建了以社会保险为主要构成的庞大体系，其中涵盖了社会救助、社会福利、社会优抚等多项制度，形成了全球最大规模的社会保障网络。这一体系为人民创造美好生活打下了稳固基础，为全面建成小康社会、实现第一个百年奋斗目标提供了有力支持，同时也为促进共同富裕创造了有利条件。

在当前阶段，我们已启程迈向全面建设社会主义现代化国家的新征程，进入了实现共同富裕目标的历史阶段。党的第十九届五中全会公报提出了到 2035 年实现“全体人民共同富裕取得更为明显的实质性进展”的目标，党的二十大报告强调了“扎实推进共同富裕”的战略部署。在这一历史时刻，社会保障问题牵涉人民最关切、最紧迫、最真实的利益，对于促进共同富裕具有重要意义。我们要始终确保人民至上，坚定不移地推动共同富裕进程。在发展社会保障事业时，我们必须将增进人民福祉、促进社会公平放在首位，将其作为发展社会保障体系的根本出发点和落脚点。我们需要构建一个覆盖全体人民、统筹城乡、实现公平统一、安全可持续的多层次社会保障体系，以更好地满足人们多样化的需求。同时，我们还需进一步加强社会保障安全网，以提供更可靠、更全面的保障，确保改革和发展的成果更加广泛、更加平等地惠及全体人民。

二、城乡社会保障体系建立途径

（一）扩大社会保障覆盖面

完善弹性就业人员社会保障机制，拓展失业、工伤和生育保险的范围，把更多人纳入社会保障体系。完善困难群体参保帮扶政策，努力实现应保尽保和法定人群全覆盖。进一步强化社会保障互助共济功能，加强失业保险参保扩面工作。发展多层次、多支柱养老保险体系，努力实现老有所养、老有所为、老有所乐。

（二）统筹推进城乡社会保障体系建设

探索适应人口大规模流动的城乡统筹的社会保障政策。加强城镇与农村社会

保障制度衔接，逐步缩小职工与居民、城市与农村的筹资和保障待遇差距，逐步提高城乡居民基本养老金水平。

（三）增强社会保障制度的公平统一性

充分发挥社会保障制度在调节收入分配方面的重要作用，同时进一步完善基本养老保险的全国统筹制度。加强基本养老和基本医疗保险的筹资机制和待遇调整，同时推动失业保险、工伤保险在省级范围内实施统筹管理，以进一步促进社会保障体系的完善和健全。加快完善全国统一的社会保险公共服务平台，提升社会保险公共服务均等化和便捷化水平。

（四）加强社会保障基金规范管理

近年来，全国社会保障基金规模不断扩大，对加强基金监管能力、提升管理水平提出了更高要求。必须在法律框架下完善社会保障基金监管体系，进一步健全社会保障基金保值增值机制。以零容忍的态度严厉打击任何形式的欺诈骗保、套保或滥用挪用社会保障资金等违法行为，坚决保护人民群众的“养老金”“保险金”以及各类“救助金”和“慈善款”安全。

（五）促进社会保障事业可持续发展

当前，我国人口发展呈现少子化、老龄化、区域人口增减分化的趋势性特征。在这个问题上，我们应该采取两方面的措施，一方面，要提高风险意识，对可能出现的新情况和问题进行充分分析，以增加工作的预见性和主动性，并提前采取适当的措施来应对潜在的风险。另一方面，我们要始终坚持实事求是的原则，既要尽力而为，又要根据实际情况作出决策，确保社会保障水平建立在经济和财力可持续增长的基础上，避免超越当前阶段的实际能力范围。

三、社会保障推动发展成果惠及全体人民

党的十八大以来，习近平总书记明确提出“人民对美好生活的向往，就是我们的奋斗目标”，强调“让发展成果更多更公平惠及全体人民”，将不断增进民生福祉作为国家发展的核心任务，把社会保障体系的建设摆在更加重要的位置，推动我国社会保障体系建设进入快车道。我们已经建立了世界上规模最大的社会保障体系，要使其成为全体人民共享国家改革发展成果的基本途径，为人民幸福提供坚实支撑。

（一）习近平总书记系列重要论述引领社会保障变革

自党的十八大以来，习近平总书记对社会保障改革与发展作出了一系列重要

论述，涉及社会保障的科学定位、先进理念、建设目标等多个方面，全面回应了新时代人民的福利诉求，为我国社会保障改革与制度建设提供了根本遵循。

明确提出社会保障的科学定位。习近平总书记在社会保障改革与发展方面的重要论述包括："社会保障是保障和改善民生、维护社会公平、增进人民福祉的基本制度保障，是促进经济社会发展、实现广大人民群众共享改革发展成果的重要制度安排，发挥着民生保障安全网、收入分配调节器、经济运行减震器的作用，是治国安邦的大问题。"这一观点明确了社会保障在保障民生、维护公平、促进经济社会发展以及稳定国家大局中的重要作用。这一定位不仅凸显了社会保障制度的战略地位，也展示了社会保障在实现国家目标、追求人民幸福中的关键性角色。这一观点的提出，为我国在新时代下社会保障体系的建设和发展提供了重要指引。

明确提出发展社会保障的新理念，包括：将社会保障纳入国家发展总体和战略布局，强调整体思维。坚持中国特色社会保障发展道路，注重自主发展。以增进人民福祉和促进社会公平为核心出发点，强调人民至上。与经济社会发展水平和需求相协调，注重平衡发展。坚持统一、规范和科学的制度建设，强调合理性和适用性。积极预防风险，主动应对各种挑战，强调风险意识。在有条件的情况下逐步提升，实现可持续发展，注重科学渐进、务实进取。学习借鉴国外先进经验，吸取教训，强调国际视野与合作。这些新理念指引了我国社会保障事业在持续发展中的方向，推动着社会保障适应国家发展需要，不断创新和完善。

明确提出社会保障体系建设目标。提出要不断满足人民群众多层次多样化需求，完善覆盖全民、城乡统筹、公平统一、可持续的多层次社会保障体系，进一步织密社会保障安全网，为我国社会保障体系建设提供了明确目标与努力方向。

明确提出建设社会保障制度的主要原则。包括：普惠公平，即以促进社会公平正义、不断增进人民福祉为出发点和落脚点；共建共享、互助共济，即强调人人参与、人人尽责、人人共享；尽力而为、量力而行；高质量发展、可持续发展。这些原则为我国社会保障事业发展提供了重要遵循。

明确提出发展社会保障的新思路，提出要基于国家战略布局和民生发展升级，科学规划"十四五"时期乃至更长时期的社会保障事业。坚持制度的统一性和规范性，强调国家层面的顶层设计，增强制度的刚性约束，并加强对制度运行的管理监督。着力加大社会保障再分配力度，强化互助共济功能，使保障更加平衡和公平。全面深化社会保障改革，以优化各项保障制度为目标，不断提高制度的适应性和效率。从立法、执法、司法、守法各环节加强社会保障工作，推动社会保障事业在法治轨道上健康发展。全面加强精细化管理，提升社会保障治理效能，为人民群众提供更加满意的服务体验。这一新思路为我国社会保障事业的未来发展提供了清晰的指引，强调了制度建设、改革创新、法治建设和管理效能的全面提升以及维持经济发展和社会保障之间的水涨船高关系，等等。提出我国社会保障制度改革已进入系统集成、协同高效的阶段的重要判断，为推动整个社会保障体系内部及其与相关宏观政策系统协同配套发展提供了新的历史方位与理论依据。

明确提出社会保障改革与发展的实践路径。这些部署明确了我国社会保障事业的未来发展方向。具体包括：发展多层次、多支柱的养老保险体系，以满足不同需求。同时，完善基本养老、基本医疗保险的筹资和待遇调整机制，积极推动商业医疗保险的发展。推进基本养老保险的全国统筹，同时促进基本医疗保险、失业保险和工伤保险在省级范围内进行协调管理，明确权责分配。将农村社会救助与乡村振兴战略相结合，健全农村社会救助体系，提供日常帮扶。完善各类就业人员的社会保险制度，包括农民工、灵活就业人员和新业态就业人员。建立准确的社会救助和福利对象认定机制，确保援助措施准确到位。完善老年人政策体系，强化帮扶残疾人、儿童等弱势群体的社会福利。建设全国统一的社会保险公共服务平台，推动数字化转型，强化社会保障基金监管体系。这些措施共同构筑了我国社会保障事业发展的实践路径，涵盖了制度建设、数字化改革、精准帮扶等方方面面。

党的十八大以来，正是在上述科学的定位、理念、目标、原则、思路、路径引领下，党中央、国务院在社会保障领域推出一系列重大改革举措，养老保险制度改革总体方案、全面深化医疗保险制度改革的意见、改革完善社会救助制度的实施意见以及健康中国建设规划、积极应对老龄化与养老服务发展规划、儿童发展纲要、妇女发展纲要等一系列顶层设计与中长期规划纷纷出台，为新时代的社会保障改革与发展提供了清晰的目标指向和行动指南。

（二）社会保障领域的突破性进展与标志性成果

党的十八大以来，我国社会保障改革走向全面深化，社会保障事业发展得到全方位跃升，民生安全网越织越密。2016 年 11 月，国际社会保障协会将“社会保障杰出成就奖”授予中华人民共和国政府，以表彰中国在扩大社会保障覆盖面工作中取得的卓越成就。

社会保障制度持续优化，跨入成熟、定型发展新阶段。通过合并城乡居民基本养老保险制度，建立机关事业单位养老保险制度，形成了面向企业职工、机关事业单位职工、城乡居民三大群体的完整养老保险制度体系；企业职工养老保险正在走向全国统筹。通过整合城乡居民基本医疗保险制度，确立了由面向职工与居民的两大制度构成的中国基本医疗保险制度，职工医保统筹层次提升和个人账户改革均迈出关键性步伐，药品招采走向常态化制度化。通过制定社会救助行政法规和出台新的改革方案，建立了以最低生活保障为核心，包括专项社会救助、急难社会救助以及社会力量参与补充的完整的社会救助制度体系。通过制定退役军人保障法，使面向退役军人与军烈属的社会保障制度走向统一。此外，还包括建立残疾人“两项补贴”制度、探索建立基本养老服务制度、扩展儿童福利的内容等。

社会保障覆盖面持续扩大，成为惠及全体人民的福利制度安排。从 2012 年到 2021 年，我国参加基本养老保险的人数从 7.9 亿人增长到 10.3 亿人，按月领取养老金的人数从 2 亿人增长到近 3 亿人，进入了老年人皆享养老金的时代；参加基本医疗保险的人数达 13.6 亿多人，全民医保目标已经基本实现；社会救助制度实现了应救尽救，2021 年全国 4680 多万困难群众纳入低保或特困供养，全年实施临时救助 1089 万人次；养老服务不断发展并向社区与居民家庭延伸，儿童福利从孤儿向困境儿童扩展，贫困的重度残疾人有了专门生活补贴与护理补贴；通过大规模棚户区改造和城乡危房改造等工程，有效保障了低收入家庭的住房问题，这代表了我国社会保障体系在这段时间内的持续发展和不断扩大覆盖范围，为更多的人民提供了保障和福祉。这一数字的增长反映了我国在社会保障领域取得的积极成果，也体现了我国政府为满足人民群众需求所做的努力。

社会保障待遇水平稳步提高，为脱贫攻坚和全面建成小康社会提供有力支撑。从 2012 年到 2021 年，我国的社会养老金水平也取得了显著的提升。具体而言，企业退休人员月人均养老金从 1686 元增长到 2987 元，城乡居民月人均养老金从 82 元增长到 179 元，增幅分别超过 77%、118%。医疗保障待遇持续提升，职工、居民医保政策范围内报销比例分别达到 80% 以上和 70%。社会救助水平稳步提升，城乡居民低保标准分别从 2012 年的人月均 330 元、人年均 3960 元提高到逾 700 元、6200 多元，增幅分别达到 1 倍、2 倍以上；军人抚恤待遇以年均 10% 的幅度持续提高，其他保障项目的待遇水平同样持续提升。这反映了我国不断完善社会保障制度，提高养老保障水平的努力。这一变化不仅有助于提升退休人员的生活质量，也体现了社会保障体系在为民生福祉提供稳定支持方面的重要作用。

社会保障体制机制得以重塑，为社会保障事业健康持续发展奠定组织基础。一方面，经过 2018 年机构改革，扫除了长期制约社会保障事业发展的体制性障碍。包括组建退役军人事务部全面负责退役军人及军烈属保障事务，组建国家医疗保障局全面负责医疗保障事务，调整民政部、人力资源和社会保障部、财政部、国家税务总局等相关部门的行政职责，实现了社会保障管理体制整体优化。另一方面，社会保障经办服务水平进一步提升。我国已经建立了从中央到省、市、县、乡镇（街道）五级的社会保障服务网络，这一网络覆盖了不同层级，有助于社会保障工作的有效管理与服务。同时，社会保障服务网络的建设还在不断加强，使其更加规范化、标准化和信息化。这一网络架构有助于确保社会保障政策的落实和执行，使各级政府和社会保障机构能够更加高效地管理和提供服务。标准化和规范化的运作有助于保障公平性和透明度，确保每个参与者都能获得应有的待遇。此外，信息化的建设进一步提升了服务的效率，使信息流动更加迅速和准确，为参保人员提供更便捷的查询和办理服务。这样的社会保障服务网络的建设对于社会保障体系的健全与发展具有重要意义，社会保障公共服务水平有了质的提升，为确保人民群众获得更好的保障和服务提供了有力的支持。

（三）总结经验并不断完善社会保障制度

我国社会保障改革与发展的成功实践，积累了弥足珍贵的经验，它至少包括：坚持党的领导和社会主义制度是我们的根本遵循。中国特色社会主义制度为国家治理提供了坚实基础，而党的领导则确保了这一制度的顺利实施和持续发展。党的领导保障了国家方向的明确，决策的科学性，政策的有效性，为全社会的稳定和发展提供了强大保障。同时，坚持人民至上与共同富裕是我们的根本目的。中国共产党的初心和使命就是为人民谋幸福、为民族谋复兴。人民是国家的根本，保障人民的权益和福祉是国家发展的出发点和落脚点。实现共同富裕，消除贫困，促进人民共同分享发展成果，是社会进步的重要标志，也是国家发展的必然要求。在中国特色社会主义事业中，党的领导和人民至上的原则相互贯通、相互支持，为国家的繁荣稳定奠定了坚实基础，也为实现全体人民的幸福不懈努力。坚持走中国特色的社会保障道路是必由之路，坚持与时俱进改革创新和实事求是则是体现中国智慧的基本策略，坚持社会保障与经济社会发展水平相适应，这些经验需要长期坚持并发扬光大。

社会保障是走向共同富裕的支柱型制度安排，不断完善社会保障制度，需要正视制度整合没有完全到位、责任分担失衡、权责匹配存在错位、部分人群保障不足、市场主体和社会力量作用发挥不够、社会保障公共服务能力不足等问题，以及老龄化加剧、人员流动性偏高、就业形态多样、福利需求多层次等现实挑战。在习近平总书记关于社会保障工作系列重要论述指引下，我们应当按照系统集成、协同高效以及高质量、可持续的要求，进一步完善我国的社会保障体系顶层设计，加快优化现行各项制度，明确不同保障项目的功能定位，充分调动市场、社会、机构及家庭参与的积极性，持续壮大社会保障体系物质基础，促使其成为调节社会财富分配格局、促进社会平等的关键性制度安排。

这意味着，我们需要在习近平总书记的指引下，以系统性的思维来构建社会保障体系，将各项保障措施有机整合，确保体系的内在协调和互补。同时，要实现协同高效，各级政府部门和相关机构需要加强协作，确保社会保障政策的实施和执行没有盲点和间隙，确保人民群众的需求得到全面满足。高质量和可持续是社会保障体系的关键要素。我们要不断提升保障水平和服务质量，确保每一个人都能够获得体面的社会保障。同时，要考虑到长远发展，建立可持续的融资和管理机制，保障社会保障制度的稳定运行。

四、不断推进社会保障事业高质量发展

习近平总书记指出，“要在推动社会保障事业高质量发展上持续用力，织密社会保障安全网，为人民生活安康托底。”高质量发展成为新时代社会保障事业发展的重要目标，这既是国家发展进入到新阶段的必然要求，也是由社会保障体系的综合经济社会功能与制度发展的客观规律所决定的。高质量发展意味着我们要追求更高的标准和更好的服务质量。这包括提升社会保障覆盖面，增加保障水平，完善各项制度设计，使每一个参与者都能够得到充分的保障和福利。同时，我们还要加强制度的创新和改革，提高社会保障体系的运行效率和服务效能，确保人民群众享有更优质的社会保障。

织密社会保障安全网则是确保无论何时，人们都能够得到基本的保障和帮助。这需要建立全面、多层次、多渠道的社会保障体系，覆盖各个方面，确保每一个人都能在面临风险和挑战时有所依靠。同时，也需要加强风险防范和预警机制，提前识别潜在的风险，防止风险扩大化，保障社会稳定。

（一）社会保障事业高质量发展的理论内涵

社会保障事业高质量发展的理论含义体现在外部和内部两个层面上。社会保障制度既要处理好与其他基本制度以及重大公共政策之间的关系，实现良性互动和彼此增能；也要遵循自身内在发展规律，提高内部的系统性与协调性。

从外部层面看，社会保障制度应适应外部经济社会环境的变化，处理好与经济发展的关系，积极应对人口结构与就业形态的变化。首先，处理好社会保障与经济发展的关系，摒弃社会保障支出是经济发展拖累的错误观念。社会保障制度作为重要的再分配手段，遵循共建共享的基本原则，具有覆盖人群广、涉及全生命周期的基本特点。在构建新发展格局的背景下，社会保障对于消费具有显著拉动效应。其次，积极应对人口结构的变化。一方面，理性分析人口老龄化对社会保障制度带来的挑战，既要看到人口抚养比快速升高带来的压力，也要看到经济

发展使得“抚养力”提升所带来的对冲效应；另一方面，更加关注人户分离带来的人口区域分布结构的变化，以居住方式为主要表现的家庭实际规模和家庭保障能力的变化，以及农村剩余劳动力流动规模、方向和动力的变化，使社会保障等公共服务的资源分配方式与人口的实际分布相匹配。还应看到社会保障制度对生育意愿和决策的影响，考察其对人口规模及分布的反作用。再次，主动适应就业方式的变化。当前我国以社会保险为主体的社会保障体系是与传统工业化时代较为稳定和单一指向的劳动关系相匹配的。随着互联网等现代信息技术的发展及劳动者自主性的提高，以平台用工为主要形式的新就业形态日趋普遍。对此需从整体而非个体的层面理解劳资互助与责任分担机制，提高社会保障制度对新就业形态的适应性。最后，理性回应国民福利需求的变化。伴随经济发展和生活水平的提高，人民群众期待更高的福利水平、更丰富的福利内容、更便利的福利递送方式与服务等。应遵循多元责任分担的原则，完善多层次多支柱的社会保障体系，不断满足人民群众日益增长的美好生活需要。

从内部层面看，社会保障体系要提高系统性和协调性，优化内部结构，强化顶层设计和联动改革，积极回应人民群众在民生领域的迫切需求和重大关切，在扎实推进共同富裕方面发挥显著作用。习近平总书记明确指出，我国社会保障制度改革已进入系统集成、协同高效的阶段。在此阶段，我们需准确理解社会保障各方面、领域之间的联系，提升统筹谋划和协调推进能力，确保各改革形成整体合力。这需深刻认识改革举措之间的协调，避免孤立行动。同时，也要考虑社会保障与其他领域的关联，实现综合效应。

为此，需加强统筹谋划，确保改革协调推进。需要各级政府协同，建立完善的统筹机制，确保改革顺利进行，最大限度造福人民。首先，处理好不同社会保障项目之间的关系，提升项目之间的有机协同。其次，处理好不同社会保障给付方式之间的关系。现金给付和服务给付是社会保障的两种主要给付方式，两者既有互补效应也有替代效应，应根据需求者的特点加以协调。最后，处理好不同社会保障改革全流程中不同阶段改革措施之间的关系。对于参保者而言，社会保障是从履行缴费责任到享受福利待遇的全过程；对于管理者而言，社会保障涉及基金筹集、管理、投资运营和支付监督等多个环节，需要多措并举，发挥综合效力。

（二）社会保障事业高质量发展的重点方向

实现社会保障事业高质量发展，需要在以下方向做出努力。

一是从单纯强调资源约束转变为在资源约束下最大限度满足国民福利需求。把握好“尽力而为”和“量力而行”的关系，前者是目标，后者是约束条件，要调动一切可以调动的资源来满足人民群众的美好生活需要，将此视为衡量社会保障制度发展质量的核心指标。这意味着我们要充分发挥各种资源，包括财政资金、技术支持、人力资源等，来确保社会保障制度能够更好地满足人民群众的需求。为了实现这一目标，我们需要优化资源配置，确保资源得到最大限度的发挥，使人民能够享受到更好的社会保障服务。同时，将人民群众的美好生活需要作为衡量社会保障制度发展质量的核心指标，有助于确保改革和发展的方向始终与人民的期望保持一致。这需要不断听取人民的声音，了解他们的需求，从而更好地调整和完善社会保障制度，使其能够更好地满足人民的实际需求。在具体操作层面，以需求为导向，从传统“以收定支”的思路转变为“以支定收”；提高公共资源分配的有效性和精准性，按照常住人口分布而非行政区划来配置福利资源，在准确甄别个体需求及其差异性的基础上，实现精准供给；通过公共资源的投入更好地撬动社会资源投入，用多层次社会保障体系来更好满足人民群众多样化的福利需求。

二是从以拓展覆盖面为主的数量扩张转变为全面提升制度的有效性。进入21世纪以来，我国通过新建制度和扩面参保等方式，逐步建立起覆盖全民的社会保障体系，受益面的扩大成为中国社会保障体系建设最耀眼的成就，也奠定了提高社会保障制度质量的坚实基础。今后需进一步打破重点城市参保的户籍地限制，实现常住地参保；进一步加快社会保障法制建设，使之更好地适应经济社会环境的变化；进一步理顺社会保障管理体制，提高社会保障制度的运行效率和服务水平。

三是从局部的试验性改革向基于顶层设计的全域统一推进转变。社会保障等公共政策虽然可以在改革初期为探索目标模式而进行试点，但一旦目标明确、制度定型，就必须强调统一性和公平性。今后需要根据社会保障制度新的战略目标和功能定位，针对重要项目进一步完善顶层设计。

四是从基本社会保障项目拓展到补充保障项目，实现多层次多支柱的社会保障体系架构。以责任分担为原则建立多层次多支柱的社会保障体系，既是专业国际组织力荐的策略，也是各国在改革实践中形成的共识。我国很早就确立了多层次社会保障体系建设的目标。未来必须准确定位各类项目在社会保障体系中的定位与功能，从基本社会保障项目拓展到补充保障项目，按照供给侧结构性改革的思路，设计更具有吸引力的产品和项目。

（三）以是否推动共同富裕评价社会保障事业发展水平

社会保障制度具有显著的再分配功能，其是否缩小了收入分配差距，推动了共同富裕的实现，是评价其是否实现高质量发展的重要标准。由于社会保障体系兼具生产性和分配性，不同的社会保障项目缩小分配差距、促进共同富裕的机制不完全相同，因此需要从多个方面进行评价，主要包括以下方面：

第一，城乡收入分配差距是我国二元经济体制下国民收入分配差距的主要表现，在转移性收入占比逐渐提高的背景下，缩小城乡居民收入分配差距，不仅应着力发展农村集体经济、提高农民的劳动收入和经营性收入，也要缩小城乡居民社会保障待遇的差距。

第二，互助共济是社会保障的本质特征，其中包括区域之间的互助共济，并具体表现为各项社会保险制度的统筹层次。社会保险法明确规定，养老保险制度实行全国统筹，其他社会保险制度实行省级统筹。目前，职工养老保险全国统筹方案已开始实施，可以有效缩小省域内的养老金待遇差距，缓解省际间的养老保险基金两极分化趋势。相比而言，其他社会保险项目的统筹层次还比较低，风险分散范围有限，应加快推进省级统筹的步伐。

第三，缩小收入分配差距，在劳动力市场的主要举措是提高人力资本投资，缩小劳动生产率差距，实现劳动力市场公平统一。但对于因禀赋不足或其他客观原因无法充分参与劳动力市场的特殊群体，应加大转移支付力度。

第四，共同富裕不仅体现在收入水平上，也体现在消费水平上。传统观点认为消费仅取决于收入水平和比较成本（储蓄率），但中国社会转型与消费变化的实践充分说明，预期也是影响人们消费的重要因素。如果预期稳定，对未来没有担忧，重大风险带来的灾难性支出（如大病医疗支出）都有制度性保障，人们的边际消费倾向就会提高，广大中等收入群体的消费能力就能得到提振和释放。

第五，共同富裕不仅体现在物质方面，也体现在精神方面。在基本公共服务项目中，养老服务、托育服务等也是社会保障的重要给付方式。应通过赋权实现城乡居民公共服务权利的均等化，通过建立制度实现公共服务内容的均等化，通过公共服务硬件设施建设实现可及性的均等化，通过对服务提供者的培训、支持和绩效考核体系等软实力建设最终实现服务质量的均等化。

五、积极为社会保障事业贡献保险力量

党的二十大报告明确指出，坚持把实现人民对美好生活的向往作为现代化建设的出发点和落脚点。在这一背景下，社会保障体系具有极其重要的作用，不仅是人民生活的安全网，也是社会运行的稳定器。织密社会保障网，提升保障的均衡性和可及性，能够有效增强社会的韧性，为我国全面建设社会主义现代化国家的新征程提供有力的支持和保障。在这个使命中，社会保障体系不仅是对人民生活质量的保障，更是对人民幸福感的直接体现。通过建立健全的社会保障网，我们可以让人民群众更加安心，也能够降低社会不稳定因素，维护社会的和谐稳定。

这种稳定性能够为我国实现现代化目标提供稳固的基础，确保人民能够在新的征程中享有更好的生活。全面织密社会保障网，还能够有效提高我国社会的韧性和适应能力。在面对各种风险和挑战时，一个健全的社会保障体系能够为人民提供应急支持，减少社会的震荡和不确定性。这种韧性能够让我国更加从容应对各种复杂局面，确保国家的发展稳定和人民的幸福感。

积极为社会保障事业贡献保险力量是我们每个人的责任。社会保障是构建公平、和谐社会的重要支撑，为了实现共同富裕，我们需要共同参与其中。通过参与社会保险，我们为自己和他人建立起了应对风险和困境的保障网。每一份保险的参与都是对社会稳定和可持续发展的一种支持。无论是养老保险、医疗保险、失业保险还是其他保障形式，我们的积极参与都有助于推动社会保障体系的完善，让更多人受益。因此，通过主动参与社会保障，我们为共建美好社会贡献了自己的一份力量。

（一）服务新群体

服务新群体是社会保障事业发展的重要方向，也是构建和谐社会的迫切需要。随着社会变革和经济发展，新兴的群体和问题不断涌现，包括高龄老人、留守儿童、残疾人等特殊群体，以及新型就业形态从业者、创业者等。为了保障社会各界的公平权益，社会保障制度必须积极适应变化，创新发展策略，特别是针对新群体的需求制定更为灵活和有针对性的政策。

首先，服务新群体是社会保障制度的内在要求。不同群体面临不同的风险和挑战，因此，单一的保障模式已不再适应多元化的社会需求。针对高龄老人、留守儿童等特殊群体，社会保障政策应当加强医疗、养老、教育等方面的保障，为他们提供更全面的支持。对于新型就业形态从业者、创业者等，也需要建立相应的保障机制，以应对他们不稳定就业和收入波动的情况。其次，服务新群体是社会公平的具体体现。社会保障制度的目标是使每个人都能够享受到基本的社会保障，无论是老年人、儿童、残疾人还是新兴职业从业者。针对不同群体制定差异化的政策，有助于弥补社会中存在的不平等现象，促进社会的均衡发展。服务新群体还有助于减少社会的边缘化现象，让更多人分享社会发展的成果。最后，服务新群体是社会保障制度可持续发展的保障。新兴群体的出现可能引发新的社会问题，如果不及时采取措施，可能导致社会不稳定。通过为新群体提供适当的保障和支持，可以降低社会不确定性，促进社会的稳定和可持续发展。服务新群体还有助于激发他们的创造力和活力，推动社会经济的创新和增长。

服务新群体是社会保障事业的使命，也是推动社会和谐与可持续发展的重要举措。通过制定灵活的政策，满足不同群体的需求，我们可以实现社会保障制度的全面发展，为每个人提供更好的保障，共同建设更加公平、和谐的社会。

（二）把握新模式

把握新模式是推动社会保障事业创新发展的关键。随着科技、经济、社会的不断变革，新的模式和方式在社会保障领域不断涌现，如数字化服务、共享经济与社会保障的结合等。抓住这些新模式的机遇，对于提升社会保障的效率、覆盖面和服务质量至关重要。

首先，数字化服务的发展为社会保障提供了新的渠道。随着数字技术的不断进步，可以通过手机、互联网平台等途径实现社会保障信息的查询、申报和受理。这不仅方便了参保人员，也提高了社会保障管理的效率和透明度。此外，数字化服务还能够实现精准定位，更好地满足特定群体的需求，如残疾人、老年人等。其次，共享经济与社会保障的结合能够为参保人员提供更多选择。共享经济平台可以为个体从业者、创业者等提供社会保障服务，使他们能够获得相应的保障。这种模式可以适应新兴职业形态的特点，同时也能够扩大社会保障的覆盖范围，让更多人受益。再次，社会保障的新模式需要政府、企业和个人的共同参与。政府应当积极推动政策创新，为新模式的发展提供支持和引导。企业可以发挥其资源和技术优势，与社会保障部门合作，为员工提供更全面的保障。个人也需要加强保障意识，积极参与社会保障制度，共同构建更加健全的社会保障体系。

把握新模式是推动社会保障事业创新发展的重要途径。通过充分利用数字化服务、共享经济等新模式，我们可以实现社会保障制度的升级和优化，为人民提供更加便捷、高效的社会保障服务。这需要各方共同努力，以适应社会变革的需要，推动社会保障事业的不断进步。

（三）提升新能力

提升新能力是社会保障事业发展的迫切任务。面对日益复杂多变的社会需求和挑战，我们需要不断培养和提升适应新形势的能力，以更好地服务人民群众，推动社会保障事业创新发展。

首先，要提升政府部门的管理能力。随着社会保障体系的不断完善和扩展，政府部门需要具备更强的规划、协调和监管能力。只有做好充分的政策研究和制定，才能确保社会保障政策的科学性和有效性。同时，加强对社会保障运行的监测和评估，及时发现问题并采取措施加以解决，确保保障制度的稳定和可持续发展。其次，要提升社会保障服务的创新能力。随着科技的发展，我们有更多机会利用信息化、智能化等技术手段，提升服务效率和质量。要积极推动数字化转型，建设智能化的服务平台，实现社会保障信息的便捷查询、申报和受理。同时，也要加强与企业、金融机构等合作，推动社会保障服务与金融科技的融合，为参保人员提供更多元化的选择。再次，要提升对社会保障专业人才的培养能力。社会保障领域需要具备较高专业素养和综合能力的人才。要加强人才培训和引进，不断提升从业人员的业务水平和服务意识，确保他们能够胜任社会保障工作的各项任务。

提升新能力是社会保障事业创新发展的基础。通过提升政府管理能力、社会保障服务创新能力和专业人才培养能力，我们可以更好地适应新形势，为人民群众提供更优质、便捷的社会保障服务，推动社会保障事业不断迈向新的高度。

参考文献

[1] 朱军，董晨哲 . 乡村振兴视域下统筹城乡社会保障的法治路径 [J] . 东北农业大学学报（社会科学版），2022，20（02）：28-34.

[2] 王林丽 . 城乡社会保障一体化的实践探索及启示 [J] . 农村经济与科技，2022，33（07）：187-189.

[3] 倪晔，袁亮，夏正晶 . 扬州市城乡居民社会保障公共服务均等化研究 [J] . 市场周刊，2022，35（01）：4-6.

[4] 李若青，赵云合，何灵 . 城乡社会保障理论与实践 [M] . 云南：云南大学出版社，2021.

[5] 夏雪 . 共享发展理念视域下四川省统筹城乡社会保障的研究 [D] . 四川：电子科技大学，2020.

[6] 王悦 . 辽宁省城乡社会保障制度差距调查与分析：基于对沈阳市沈北新区农民的问卷调查 [J] . 现代农业，2020（10）：13-15.

[7] 吴丽丽，卢成会 . 共享发展理念下城乡社会保障权益分化治理路径探讨 [J] . 吉林工商学院学报，2020，36（04）：76-79.

[8] 覃黎黎 . 统筹推进武汉市城乡社会保障体系建设研究 [J] . 科技智囊，2020（07）：29-31.

[9] 刘德浩 . 我国城乡社会保障制度的发展与演进：从“城乡二元”走向“城乡融合” [J] . 中国劳动，2020（03）：56-69.

[10] 韩宝徽 . 关于城乡社会保障一体化的文献综述 [J] . 智库时代，2019（32）：270-271.

[11] 何春丽，曾令秋 . 要素市场扭曲对我国缩小城乡居民消费差距的影响 [J] . 改革，2019（07）：150-159.

[12] 张旭，石宏伟 . 精准扶贫背景下农村最低生活保障的困境与突破：基于统筹城乡社会保障视角 [J] . 中国集体经济，2019（19）：12-13.

[13] 邓悦，郅若平 . 新时代下城乡社会保障制度整合现状与路径分析 [J] . 理论月刊，2019（06）：131-136.

[14] 李丹，裴育 . 城乡公共服务差距对城乡收入差距的影响研究 [J] . 财经研究，2019，45（04）：111-123+139.

[15] 孙忍静.城乡二元体制对城乡社会保障的影响分析[J].山西农经,2019(06):3-4.

[16] 周潇.城乡社会保障差距对人力资本投资影响的实证研究 [D] .上海:上海师范大学，2019.

[17] 杨冲美.统筹推进城乡社会保障体系建设的方法研究 [J] .纳税，2019，13（04）：215-216.

[18] 单丽，李敏贤.京津冀一体化背景下城乡社会保障共享研究：以养老保险为例 [J] .现代职业教育，2018（31）：32-33.

[19] 陈曦，边恕，范璐璐，等.城乡社会保障差距、人力资本投资与经济增长 [J] .人口与经济，2018（04）：77-85.

[20] 张心田.共享发展理念视阈下城乡社会保障水平差异性分析及对策研究[D].沈阳：沈阳农业大学，2018.

[21] 刘飞，王欣亮，白永秀.城乡协调分异、社会保障扭曲与居民消费差距 [J] .当代经济科学，2018，40（03）：35-44，125.

[22] 余尤骋.我国社会保障水平城乡差距的应对之道 [J] .农业经济，2018 (05)：79-80.

[23] 张心田.我国城乡社会保障有哪些差异，如何统一？ [J] .劳动保障世界，2018（08）：23.

[24] 中国共产党新闻网.同心协力，十四亿人共筑复兴伟业 [Z] .

[25] 人力资源和社会保障部.全国就业局势总体稳定：2022 年，城镇新增就业累计实现 1206 万人 [Z] .

[26] 中华人民共和国中央人民政府.习近平主持召开中央财经委员会第十次会议 [Z] .

[27] 郑功成.中国社会保障：现状、挑战与未来发展 [J] .中国社会保障，2022.